大学生
安全防范与教育新论

苏基协　李崇容　唐敦　梁宇 ◎ 编著

中南大学出版社
www.csupress.com.cn
·长沙·

图书在版编目（CIP）数据

大学生安全防范与教育新论／苏基协等编著. —长沙：中南大学
出版社，2017.9

ISBN 978－7－5487－3026－2

Ⅰ.①大… Ⅱ.①苏… Ⅲ.①大学生－安全教育－研究－研究
Ⅳ.①G641

中国版本图书馆 CIP 数据核字（2017）第 241178 号

大学生安全防范与教育新论

苏基协　李崇容　唐　敦　梁　宇　编著

□责任编辑	陈应征
□责任印制	易红卫
□出版发行	中南大学出版社
	社址：长沙市麓山南路　　　　邮编：410083
	发行科电话：0731－88876770　　传真：0731－88710482
□印　　装	长沙印通印刷有限公司

□开　　本	787×1092	□印张 13.5	□字数 342 千字		
□版　　次	2017 年 9 月第 1 版　　□2019 年 8 月第 4 次印刷				
□书　　号	ISBN 978－7－5487－3026－2				
□定　　价	32.00				

图书出现印装问题，请与经销商调换

前　言

　　校园安全工作，作为教育工作的重要组成部分，牵动着广大家长的心，关系着家庭的安宁与幸福。对大学生进行安全防范与教育，是高校思想政治教育的一项重要内容，也是大学生知识体系中不可缺少的一部分。做好大学生安全防范与教育，是大学生顺利完成学业的重要保障，是落实以生为本的重要体现，同时是创建平安校园、和谐校园的必然举措和要求。

　　随着市场经济的不断发展，社会转型时期新旧观念、新旧体制中的诸多矛盾和摩擦不可避免地涉及大学校园，社会环境对学校和学生的影响将越来越大，学校的安全和稳定工作也将遇到越来越多的新情况、新问题，加强安全防范教育，建设和谐、安全、稳定的校园环境，是学校、社会、家庭各方面共同的责任，也是帮助学生在错综复杂的社会环境中明辨是非、避免伤害事故、保护自身安全的需要，是实施素质教育的一项重要内容。近几年来，涉及高校和高校学生的凶杀、他杀、自杀、诈骗等案件有所增多，在校学生的人身安全、合法权益受到侵害，学校正常的教学、科研秩序受到严重影响，同时，也增加了社会不稳定因素。大学校园治安、刑事案件的发生固然与严峻的治安形势等外部环境有关，但当事人的安全防范意识及自我保护能力较差，也是不可忽视的重要因素。

　　当今社会是一个快速发展和高度开放的社会。随着我国经济和世界接轨，教育领域也逐步和世界教育接轨。在校大学生的生活空间不断扩展，与社会各个领域的接触、交流也不断拓宽。在校期间，学生除了校内的学习生活外，还要走出学校参加各种各样的社会活动，有的学生还要勤工助学打工赚钱。一些缺乏社会经验尤其缺乏安全常识的大学生，很可能成为各种不安全问题和案件的受害者。所以，加强高校安全教育，不断增强大学生的安全意识和自我防范能力，已成为高校的一项必须做好的重要工作。

　　湖南信息职业技术学院历来重视学生安全教育，每届新生入学教育时均专门组织了安全防范与教育。在日常学生教育管理中，注重通过消防演习、专题报告、社团活动等形式增强学生的国家意识、安全意识和自我保护意识。由多年来从事学生教育管理工作的几位同志编著的《大学生安全防范与教育新论》一书，内容涵盖了国家与社会安全、校园安全、个人安全、应急自救等内容，立足校园，放眼未来，对加强大学生安全防范与教育具有积极的作用。

　　本书在编写过程中，参考了有关著作及论文，吸收了其中不少有价值的成果，其中大部分已在参考文献中说明，文中不再一一注明和列举，在此向原作者致以诚挚的谢意！同时，由于编者知识水平有限，加之时间仓促，书中难免有不足和不妥甚至错误和疏漏之处，恳请各位同仁、专家、学者及广大读者批评指正！

编　者

2017 年 8 月 20 日

目　录

第一章　安全防范概述 ·· （1）

　　第一节　安全防范的重要性 ··· （1）

　　　　一、安全概述 ·· （1）

　　　　二、大学生目前所处的安全环境 ····································· （1）

　　　　三、安全是大学生应时刻关注的问题 ······························ （5）

　　第二节　大学生安全教育的意义 ··· （5）

　　　　一、当前大学生安全防范意识缺乏 ································· （5）

　　　　二、大学生安全教育的必要性 ··· （6）

　　　　三、大学生安全教育的重要性 ··· （8）

第二章　国家与社会安全 ·· （11）

　　第一节　依法维护国家稳定 ··· （11）

　　　　一、公民的游行示威权依法受保障 ································· （11）

　　　　二、游行示威须事先经主管机关批准 ······························ （11）

　　　　三、违法的游行示威活动将被追究法律责任 ··················· （12）

　　第二节　维护国家安全和保守国家秘密 ································ （12）

　　　　一、维护国家安全 ·· （13）

　　　　二、保守国家秘密 ·· （18）

　　第三节　遵纪守法和文明上网 ·· （20）

　　　　一、文明上网，不造谣，不信谣，不传谣 ······················ （20）

　　　　二、如何做到文明上网 ··· （22）

　　第四节　反邪教 ··· （22）

　　　　一、什么是邪教 ··· （22）

　　　　二、邪教组织的基本特征 ··· （23）

　　　　三、邪教的社会危害性 ··· （24）

　　　　四、案例追踪 ·· （24）

　　　　五、大学生应如何防范和抵制邪教 ································· （25）

第三章　校园安全 ·· （28）

　　第一节　学习、运动安全 ·· （28）

　　　　一、校内实训安全 ·· （28）

二、校外实训安全 ………………………………………………… (38)

三、文体活动安全 ………………………………………………… (41)

四、实验室安全 …………………………………………………… (47)

第二节 消防安全 …………………………………………………… (50)

一、火灾预防知识 ………………………………………………… (50)

二、灭火方法 ……………………………………………………… (51)

三、火灾脱险知识 ………………………………………………… (52)

四、火灾的处置 …………………………………………………… (55)

第三节 网络安全 …………………………………………………… (57)

一、网络不良信息对大学生的侵害 …………………………… (57)

二、预防网络不良信息的侵害 ………………………………… (59)

三、预防网络违法犯罪 ………………………………………… (62)

四、网络成瘾 ……………………………………………………… (66)

第四节 饮食安全 …………………………………………………… (70)

一、食物中毒常识 ………………………………………………… (71)

二、常见食物中毒的预防与处置 ……………………………… (71)

三、细菌性食物中毒怎样识别与预防 ………………………… (73)

四、急性中毒怎样进行现场紧急救护 ………………………… (73)

五、酒精中毒 ……………………………………………………… (74)

第四章 个人安全 ……………………………………………………… (76)

第一节 人身安全 …………………………………………………… (76)

一、人身伤害事故的预防与应对 ……………………………… (76)

二、校园建筑物安全防范 ……………………………………… (80)

三、中毒和窒息的基本安全知识 ……………………………… (81)

四、防滋扰 ………………………………………………………… (83)

五、心理健康安全 ………………………………………………… (85)

第二节 交通安全 …………………………………………………… (104)

一、步行怎样注意交通安全 …………………………………… (104)

二、骑自行车怎样注意交通安全 ……………………………… (105)

三、乘车怎样注意交通安全 …………………………………… (105)

四、交通事故的处置 …………………………………………… (106)

第三节 用电安全 …………………………………………………… (107)

一、宿舍用电安全 ………………………………………………… (107)

二、家庭用电安全 ………………………………………………… (108)

三、安全用电须知 ………………………………………………… (109)

四、触电事故的处置 …………………………………………… (109)

第四节 财产安全 …………………………………………………… (113)

一、偷盗扒窃的预防 …………………………………………… (113)

　　　　二、诈骗抢劫的预防 ···（122）
　　　　三、传销及其预防 ···（134）
　　第五节　社交安全 ···（139）
　　　　一、交友安全 ···（139）
　　　　二、社团安全 ···（144）
　　　　三、聚会安全 ···（148）
　　　　四、公共活动安全 ···（151）
　　第六节　就业与创业安全 ···（153）
　　　　一、实习和兼职 ···（153）
　　　　二、平平安安就业 ···（162）
　　　　三、安全创业 ···（167）

第五章　应急自救 ···（174）

　　第一节　公共突发事件 ···（174）
　　　　一、突发事件的含义 ···（174）
　　　　二、突发事件的分类与分级 ···································（174）
　　第二节　常见突发事件的应对 ·····································（177）
　　　　一、自然灾害 ···（177）
　　　　二、公共卫生事件 ···（180）
　　　　三、事故灾害 ···（181）
　　第三节　正当防卫与紧急避险 ·····································（182）
　　　　一、正当防卫 ···（182）
　　　　二、紧急避险 ···（185）
　　　　三、正当防卫与紧急避险的异同 ·····························（186）
　　第四节　艾滋病的预防 ···（187）
　　　　一、艾滋病的概述 ···（187）
　　　　二、艾滋病的症状 ···（188）
　　　　三、艾滋病的危害与预防 ·····································（189）

附　录 ···（190）

　　附录一　普通高等学校学生管理规定 ·······························（190）
　　附录二　普通高等学校学生安全教育及管理暂行规定 ···············（198）
　　附录三　高等学校校园秩序管理若干规定 ·························（201）
　　附录四　学生伤害事故处理办法 ·································（203）

参考文献 ···（208）

第一章

安全防范概述

安全需要伴随人类历史发展的全过程，安全是社会发展的前提，是人类个体生存和发展的保障，是人们历来关注的重点。高校"象牙塔"中的大学生也难免面对各种危险，或是潜在的，或是明显的，或是因无知造成的，或是由于明知故犯带来的，等等。学习和掌握一些安全知识将会使同学们终生受益。

第一节　安全防范的重要性

一、安全概述

安全就是指没有危险，不受威胁，不出事故。安全是一个大学生完成学业的保证，安全是一个学生思想进步、健康成长和立志成才的基本条件。

大学生在入学之前，基本上都是从家门到校门，他们的人身安全和健康主要由家长和学校老师在负责，在家长和学校老师的呵护下，社会上的各种危害和不安定因素对学生的影响相对较小。如今他们千里迢迢走出家门，来到高校学习，一切事情都得靠自己去安排，他们需要增长安全知识，增强自我保护能力；需要转变观念，学会独立处理问题，包括一些复杂问题。

大学生一方面要通过多种形式学习安全知识，增强安全防范意识，要学法懂法，能依法保护自己的合法权益，使国家财产和自己的人身、财产不受侵害；另一方面要全面提高自身素质，增强法制观念，自觉遵纪守法，不去侵犯国家、集体的财产和他人的人身、财产安全，不危害社会，不参与违法犯罪活动。

二、大学生目前所处的安全环境

（一）社会安全形势分析

社会安全情况总是随着社会发展的各个阶段而呈现不同的态势。我国现阶段正处于深化改革的关键时期，社会治安形势总的状况是"基本稳定，形势严峻"。我国是一个发展中国家，根据目前研究发展理论的通行说法，在发展中有一关键阶段，在这个阶段最易产生社会不稳定，有人认为这个阶段人均年收入1000~3000美元。我国虽然大力发展教育，实施科技扶贫等提高国民文化素质的举措，但文盲仍占有相当大的比例。著名的社会学家亨廷顿在其

《变化社会中的政治秩序》一书中列举的一些统计数字表明，世界上识字率低于 10% 的国家有 50% 的不稳定，识字率在 25% 到 60% 之间的国家有 95.6% 的不稳定，而识字率高于 90% 的国家却只有 21.7% 的不稳定。从以上论述中可以看出，我国社会治安的形势是严峻的，任务是艰巨的。在现阶段，我国的社会安全状况，虽然在社会各界的共同努力下有了一定的改善，但我们应该看到，在未来的 5～10 年中，我国正处在一个经济体制和政治体制改革的发展时期，是建立社会主义市场经济新秩序的过渡时期。在这个时期里，积极因素的不断增长，将在抑制犯罪方面发挥巨大作用。例如，社会主义精神文明建设的加强，法制的不断完善等。但这一时期，社会运行机制的各个方面不可能一下子都健全和完善起来，相反，由于某些消极因素和经济、政治、社会、思想文化问题的影响，新的矛盾会不断产生，社会不安定因素仍然会普遍存在，犯罪的产生和发展不可避免。

（1）经济犯罪案件将呈上升趋势。在我国经济的高速发展时期，一些犯罪分子在金钱的诱惑下，制贩假货、骗取钱财等案件尤为突出。如利用增值税发票及其他发票所具有的抵扣税款的功能，大肆进行虚开、伪造、倒买倒卖和盗窃增值税发票及其他发票方面的活动，使国家税款大量流失，严重破坏了我国税制改革的进行。此外，各种形式的经济诈骗案也呈上升趋势。有的伪造印章，利用支票作案；有的签订假经济合同；有的以联营、合资为名行骗；有的利用信用卡行骗；有的利用吃喝手段，骗取信任后作案；还有的以举办培训班、研讨会为名，收取费用，进行诈骗……

（2）"黑社会"性质犯罪继续增多。"黑社会"是指进行犯罪活动和非法活动的秘密社会组织。黑社会犯罪具有成员的结伙性、侵害的预谋性、手段的暴力性、作案过程的连续性和发生案件的突发性等特点，危害十分严重。

（3）制毒贩毒犯罪有较大增长。有一首歌这样唱道："不是我不明白，这世界变化快。"在改革开放迅猛发展的中国，每天都有数不清的事情在发生，突然的快节奏，使得某些过惯了安逸平和生活的中国人一夜之间发现自己身处困境，陡增危机感。同时，信仰的丧失，使相当一部分人不愿面对现实世界，而追求精神上的虚无和所谓的超脱。于是一些人开始吸毒以寻找刺激。由于吸毒人数的增多，使得贩毒具有一定的活动市场，而毒品买卖的暴利，使一些人置国家法令法规于不顾，铤而走险。虽然我国对毒品犯罪的打击力度逐年加大，但专家认为，未来 5～10 年，制毒贩毒的案件还会呈上升趋势，摆在我们面前的任务仍是艰巨而复杂的。

（4）性犯罪不可低估。受西方自由化思潮的影响，尤其受性自由观念的影响，某些人的性观念不同程度地在改变，从而带来性犯罪的增加。

（5）智能犯罪、技术犯罪有所增长。目前，犯罪活动的形式和手段都在向智能方向发展。从已掌握的一些动向分析，未来 10 年，智能犯罪、技术犯罪活动的特点是：

①逐步趋向普遍。犯罪分子一般懂得作案后设法毁掉现场痕迹；懂得破坏警犬嗅源；懂得如何充分利用现代通信、交通工具联络作案，甚至一些罪犯还不同程度地懂得一些反侦查技能。

②作案方式和手段的改进、更新、变化速度越来越快，甚至比安全防范措施的改进更新还要快。

③随着科学技术的发展，当前犯罪分子已会利用银行密码、计算机等科技手段盗窃或诈骗巨款；利用麻醉药品、枪支实施抢劫犯罪；盗用电话通信号码、复制移动电话号码犯罪等。

④为适应作案的需要，犯罪分子能制作特殊的作案工具。

（6）其他违法犯罪行为的发生率也逐年增长。除了以上列举的几种社会不安定因素以外，其他各种形式的违法犯罪活动也有所上升。

（二）校园治安状况

随着改革开放的不断深化，高校的体制和办学方式也发生了重大变化，由过去的封闭型逐渐向开放型转变，形成教学、科研、开发一体化的办学格局。在高校这种社会化程度日益加深的情况下，高校的安全工作也呈现了新的态势。

1. 大学生在校园的犯罪

由于受资产阶级自由化和无政府主义思潮的影响以及享乐主义、拜金主义和极端个人主义思想的侵袭，大学校园中学生的违法违纪现象屡屡发生，个别学生甚至走上犯罪道路。

（1）盗窃犯罪逐年增加。据有关部门统计，全国 1000 多所大学，每年因盗窃作案触犯刑律受判刑、拘留、开除学籍等处分的学生在数千人以上。据统计，北京理工大学在 1994—2004 年的 11 年间自行车报失增加了 6.8 倍，平均每天报失一辆，其他许多学校也有类似情况。

（2）打架斗殴现象普遍。一些大学生的个人主义色彩强烈，法律意识淡薄，行为的责任意识差，对公共利益漠不关心，我行我素，随心所欲，企图凌驾于周围人之上。某重点大学法律系三年级两名学生发生纠纷，不是"和平"解决，而是升级为"全武行"，结果两败俱伤，一个被匕首刺入胃部，另一个也被拉力棒击断右臂，双双昏死于厕所。2004 年 12 月的一个晚上，长春某学院两个班男生在教室发生集体械斗事件，其中一个班的男生全部参加，并且每个人都带了棍子，另一班的两名同学带了两把斧子，械斗结果是 6 名受伤缝针，4 名住院。

（3）性犯罪呈上升趋势。改革开放后，资产阶级思想和生活方式的侵蚀对于日益发展的当代中国，无疑是一个巨大的冲击，人们的道德观念也在发生着变化。一些大学生鼓吹和称赞西方的性解放、性自由，甚至把模仿西方淫荡的生活方式作为新潮。

（4）凶杀、强奸、抢劫等恶性犯罪不同程度地存在。据有关专家调查分析，当前我国在校学生中有很大一部分不同程度存在着心理不健康因素，这些不健康因素如得不到很好的解决，就会导致一些恶性案件发生。有的学生为了实现个人的目的，采取各种卑劣的手段，而当目的达不到时，竟表现出其品质中极端残忍的一面。如某公安学校一学生，课程考试不及格，多次去找老师要求改分，当老师坚持原则拒绝给其改分后，他竟残忍地将老师及其家人杀害。某学校一名女生，因一点小事与同学间产生了猜忌，她竟将老鼠药撒放到全寝室同学的水瓶里。某大学周某，爱上同籍女同学，苦苦追求却屡遭拒绝，便由爱生恨，身藏菜刀闯入该女生宿舍，杀死该生并砍伤其他相劝的同学。众所周知的河南财政专科学校"六一八"特大投毒事件，使近 800 名学生中毒受害，造成直接或间接经济损失 100 多万元，而罪犯竟是该校二年级的女学生李兰。

2. 社会上的流氓、不法分子在校园的犯罪

社会上的流氓、不法分子对高校的滋扰时常困扰着校园，一些犯罪分子在校园内抢劫盗窃，在公共场所寻衅闹事，社会上的一些闲散人员也常穿梭于校园之中"顺手牵羊"、扰乱治安。一些流氓、不法分子抓住大学生思想单纯、防范意识差等特点，把大学校园当成自己的"主战场"，给高校的治安工作带来极大的困难。

（1）流氓滋扰较为严重。一些师范院校和艺术类院校，女生比重较大，一些流氓分子为

了寻求刺激,把这类学校作为实施流氓行为的场所。2001 年春季的半个月内,北方某师范大学就抓获露阴、扒女生厕所、对女生性骚扰的流氓犯罪分子 7 名。几乎每两天就有一名流氓犯罪分子在学校活动,严重影响了学校女生的正常生活,也给学校带来了不稳定因素。

(2)诈骗犯罪有增无减。大学生虽然有较高的文化知识,但缺少社会经验,一些骗子利用他们的无知,谎称自己被窃被扒,有的学生出于单纯的学雷锋助人精神,结果受骗上当。特别是与同龄陌生青年交往,往往由于"谈得来"而失去警觉,擅自留宿生人,甚至借钱给对方,而遇窃遭祸。2002 年 6 月,一名诈骗分子到长沙某学校,谎称是本校学生处教师,联系假期社会实践活动,骗取一名长春籍女学生的信任,了解到学生家庭住址后,找到学生家长,对家长谎称是其女儿的同学,其女儿在校得急病,正被老师和同学送到医院,让家长带 1000 元到医院去,借交款之机,将钱骗到手溜掉。2001 年 8 月,一名诈骗分子佩戴北京大学校徽,在火车上与长沙某校的女大学生相遇,通过投石问路的方式,探明女学生的身份,然后谎称是该校某系主任的儿子,谈得很投机。下车后,这名诈骗分子暗中尾随女学生到校,正遇女学生换宿舍搬运行李,便主动帮忙搬运。一同帮忙的男同学对其礼貌相待,中午留下喝酒,并留到男生宿舍休息。趁其他人上课之机,这名犯罪分子将室内现金和衣物盗走。另外,近年来由于高校不断扩大自主权和经营规模,办起各类公司和工厂,有的诈骗分子以贸易经商、签订合同等名义行骗,往往一次作案就达数十万元。

(3)盗窃发案率居高不下。个别学生利用"天时、地利、人和"在学校进行"内盗",校外不法之徒也展开了对高校的"强大攻势"。据武汉市公安局文保处 2003 年统计,在其所辖的 37 所学校中,发生在学生宿舍的盗窃案件共 187 起,其中外盗(区别于大学生作案)113 起;自行车被盗案共 819 起;在这些盗窃犯罪中,校外人作案的比例都超过 60%,尤其是高科技产品的被盗案达到 80% 以上。这些案件直接干扰了学校内部正常的学习、工作和生活秩序,对学校内部的稳定造成直接影响。

(4)破坏、凶杀等恶性案件时有发生。高校在发展中,社会化程度日益加深,一些不法之徒看中高校这块"风水宝地"伺机作案,当其犯罪行为被发现或制止时,有些犯罪分子往往现出其凶残本性,实施杀人、破坏等行为。北方某大学外语系一名女学生同一有劣迹的社会青年邢某交朋友,当邢某提出性要求时,该生不从,邢某便对该生施以强暴,遭到反抗后,残酷地把该女生杀死。华北水利学院保卫干部徐某在巡逻时发现两名可疑分子,上前盘问,遭到二人的袭击,徐某身受 5 处重伤。

3. 高校稳定工作任务艰巨

稳定压倒一切。在社会主义市场经济体制建立初期,维护稳定更具有重大战略意义。稳定是社会主义市场经济体制建立、发展、完善和保持国民经济持续、快速、健康发展的重要保证。高校稳定对社会稳定关系极大,当前和今后一个时期继续维护高校稳定是高校安全工作压倒一切的中心任务。但我们应该看到,这一时期,世界发生重大转折,各种政治力量的斗争错综复杂,国际敌对势力不会放弃对我国进行"西化"和"分化"的图谋,国内顽固坚持资产阶级自由化分子、破坏分子也不会停止活动。他们会利用改革开放中出现的一些新矛盾、新问题制造事端,兴风作浪,所以高校的稳定工作是十分艰巨的,具体表现在:

(1)在高校师生中,由于受西方思想、文化的影响而出现的资产阶级自由化言论,其特点是美化西方资本主义社会、政党,对社会主义制度或国家领导人散布不满言论。

(2)个别人因个别事情对学校领导不满,张贴大小字报,影响校园稳定。如北方某所高校在合并过程中不满上级的有关决定，一些教师在校园内张贴大字报，给学校的正常教学秩序带来一定冲击。

（3）一些高校内部的行政管理、治安问题等处理不及时，引起职工和学生不满，形成不安定隐患。

三、安全是大学生应时刻关注的问题

青年是一个国家进步与发展的决定力量，大学生作为受高等教育的青年人，在国家社会生活与各个领域都起着举足轻重的作用。对大学生进行必要的安全教育，是保护大学生生活、学习、工作的正常秩序和维持社会稳定的需要，更是我们社会主义现代化建设的需要。学生时期是人一生中最为活跃的时期，所以校园总是充满着朝气和活力。但是校园并非"世外桃源"，与现实社会无时无刻不发生着各种各样的联系，在静谧和欢乐的校园中也存在着许多学生必须时刻关注的安全问题。

某校一位学生出差途中住在宾馆。当夜，住处突发火灾，该生惊醒后发现变形的门锁已无法打开，惊惶之中他在房内不断地狂呼乱叫。救援人员赶到后破门而入，却奇怪地发现：事主烧伤并不严重，却因狂呼乱叫时吸入了过多烟雾而窒息身亡。就当时房屋中的烟雾情况来看，专家分析，事主若能保持正常呼吸也许还有生还的可能。如果略有一点自救常识，在这种情况下用棉被泡水后将自己头部罩住，推开或打破离火源较远的玻璃窗，将脸部贴近缺口，身体短时间内并不会被烧到，呼吸也不会受阻，这样便可为营救工作争取一些时间。一点点的机智，即可以挽救一个人的生命，况且机智并不需要特殊的才能。

学校是神圣的殿堂，学生更是青春勃发。然而，就在这样的一群年轻人当中，也不可避免地存在一些害群之马。某校一位新生入学一个月后，就向同班和周围同学伸出了"罪恶的黑手"：他一天之内竟盗出两张存折并取出了存款；更为恶劣的是，他盗窃了同学的学习用具后，竟以低价出售给不知情的其他同学。大学校园里类似的内盗现象屡见不鲜，盗窃的对象有的是计算机或计算机零件，有的是贵重物品和衣物。更有甚者，某专科学校学生宿舍有一位女生，竟同社会上的违法团伙相勾结，疯狂地残害了同宿舍的其他女同学。上述这些事件，让人感到十分痛心。因此，学校必须注意安全问题，时刻注意提高大学生的安全意识和防范能力。

第二节　大学生安全教育的意义

走进大学校门的大学生，不仅要用科学知识武装自己的头脑，更要用敏锐的眼光观察社会，建立起科学的世界观、人生观、价值观，处理好知识、智力、素质、爱国之间的关系。这里，知识、智力十分重要。而素质，尤其是安全素质是这一切的基础和保障。所以说，加强大学生安全教育、增强大学生的安全知识、强化大学生的安全意识是十分必要的。

一、当前大学生安全防范意识缺乏

高校校园内违法案件居高不下，且呈连年上升势头，除了犯罪分子活动猖獗以及内部防

范工作相对薄弱等原因之外，高校的学生缺乏安全防范意识也是个重要原因，这主要反映在以下几个方面：

1. 出入宿舍时不注意关锁门窗，为犯罪分子作案提供方便

这个问题说明，一是在盗窃案件中，入室盗窃案件居多，二是教学区和学生宿舍发案多。因为教室和宿舍都在教学区，是学生学习和居住的地方，人员密集，存放贵重物品集中，是犯罪分子侵财作案的主要目标。而我们的大学生思想上缺乏安全意识，离开宿舍时往往不注意关锁门窗，给犯罪分子创造了作案的条件。

2. 自我管理能力差

无论在宿舍还是在教室、图书馆、体育馆（场）、食堂等公共场所，贵重物品随意放，为犯罪分子"顺手牵羊"作案提供条件。由于这些场所人员流动性大，案发现场难以保护，犯罪分子留下的痕迹易被破坏，破案困难，因此这些场所是犯罪分子经常涉足的地方。

3. 交友不慎

每个人必须合理构建自身所拥有的一切社会关系。作为刚刚步入大学的新同学，尤其是独生子女，社会交往较少，社会经验缺乏，更是需要交往。同学之间需要互相关心，互相帮助，共同完成学业，但是交往不能只顾感情，不顾防范。

4. 轻信陌生人

大学生缺乏社会经验，有时会轻易相信陌生人的话，而且，轻率地向陌生人谈起自己或者自己的亲属、朋友、同学的有关情况，还有的把陌生人带到学校、宿舍，甚至留宿，结果不但自己上当受骗，而且还连累其他人。

二、大学生安全教育的必要性

党和政府、教育部及各级教育、公安部门对高校安全教育一直十分重视。在对加强高校安全保卫工作发出的文件中，都包含着加强高校安全教育、提高师生员工安全防范意识的精神。特别是原国家教委在1994年发出的《关于对高等学校新生加强安全教育的通知》中明确指出："各地教育部门和高校要认真总结各方面经验，结合本地、本校实际，进一步加强对学生特别是新生的安全教育。"同时我们也应该看到，要为高校教育改革和发展提供稳定的政治局面和安定的治安环境，加强高校安全教育也是一个不可缺少的重要环节。

1. 大学生安全教育是建设中国特色社会主义理论的课题中应有之义

"百年大计，教育为本。"在建设中国特色社会主义理论中，我们国家明确指出："必须把教育摆在优先发展的战略地位，努力提高全民族的思想道德和科学文化水平。"我们在理解上述有关教育问题的论述中应清醒地看到，大学安全教育在保证大学生良好的学习环境、培养高素质的现代化人才的过程中的重要作用，对大学生进行全面的安全教育也正是这一理论课题中应有之义。

2. 对大学生进行安全教育是维护稳定的需要

在当前，稳定已成为我国社会主义建设中压倒一切的中心问题，没有稳定的政治局面，就不会有我国经济的持续、稳定、快速发展；没有稳定的政治局面，我国的综合国力提高就会受到阻碍。要保持稳定就离不开对大学生进行安全教育。青年学生是社会的未来，是当今社会的中坚力量，一个民族青年的素质标志着一个民族的素质。高校是优秀青年的聚居地，也最容易成为国内外反动势力的前沿阵地。所以应加强对大学生进行安全教育，使他们在政

治上保持清醒的头脑，站稳立场，不受诱惑，在思想上提高对安全工作的重视，预防不安全事件的发生，在行动上能自觉地为维护学校稳定、社会稳定做积极的贡献。大学安全教育不是一句话、几个动作、制订个计划、上几堂课、开几次会就能完成的，而是要有领导、有组织、有内容、有步骤、有措施才能完成，是一个系统的实施过程。对大学生进行安全教育，一方面是维护学校稳定的需要，建立安全稳定的学习、生活、工作秩序是我们每个青年学生的愿望，也是青年学生得以完成学业的外部环境保证；另一方面，学校的稳定健康的小环境又可对社会的大环境产生积极影响，从而使社会秩序沿着良性演进的轨道上发展。所以我们说，稳定的社会环境需要大学安全教育，大学安全教育是稳定的社会环境的前提和保障。

3. 大学生安全教育是社会治安综合治理的需要

社会治安问题是许多社会矛盾和消极因素的综合反映，对社会治安实行综合治理是解决我国社会治安问题的根本出路。要完成社会治安综合治理任务，达到其要求和目标，就必须运用政治的、经济的、行政的、法律的、文化的、教育的等多种手段来进行治理。中共中央、国务院在1991年2月《关于加强社会治安综合治理的决定》中规定了社会治安综合治理的工作范围，主要是包括"打击、防范、教育、管理、建设、改造"六个方面。从中可以看出，教育是其工作范围的重要方面，而大学安全教育是教育中的重要内容。社会治安综合治理是一个系统工程，在这个系统里，如果缺了哪一环或哪一环比较薄弱，系统就不能正常运转或运转不灵，从而也达不到综合治理的预期目标。对大学生进行安全教育，一方面使这些未来社会的主导力量具有自我防范意识和自我安全保卫能力，能承受意外或非意外的不安全打击；另一方面，使他们牢固树立法制观念和安全意识，不去做违法乱纪的事情和危害公共安全的事情，并以自己的良好行为影响周围的人，对于深化综合治理的内涵和扩大综合治理的结果有很大的帮助。可以说，大学生安全教育不但是社会治安综合治理系统工程中不可缺少的重要环节，而且也是这个系统工程的润滑剂，可以推动社会治安综合治理系统工程的快速运转，是社会治安综合治理的需要。

4. 大学生安全教育是学校安全工作的重要组成部分

原国家教委和公安部在1996年9月《关于进一步加强高等院校安全保卫工作的通知》中就明文规定："要在师生员工和住在校内的职工家属中切实加强'四防'安全教育。"随后，原国家教委在《普通高等学校学生安全教育及管理暂行规定》中又要求："高等学校应将对学生进行安全教育作为一项经常性的工作列入学校工作的重要议事日程，加强领导。学校各部门和有关群众团体或组织要相互配合，积极开展安全教育，普及安全知识，增强学生的安全意识和法制观念，提高防范能力。"

人的行为是受其世界观支配的。人们在实践中形成的看待问题的立场、观点和方法，无时无刻不对人的行为施加影响。有了正确的世界观、人生观，个人的发展就会不走邪路、弯路，就不会做出有悖于自己未来发展的行为。同样，一个人安全观念的形成，也必将对其在安全问题中的行为予以有效的影响。大学安全教育是高校学生形成正确安全观念的主要途径。通过教育，大学生能明确安全的含义，确立安全意识，形成安全观念，从而为维护高校和社会的安全与稳定做出积极贡献。可以这样说，大学生安全教育是高校安全工作的首要内容，是高校形成稳定、安全局面的有利保障，也是高校安全工作得以顺利开展的前提和条件。

三、大学生安全教育的重要性

(一)大学生安全教育与成才

高等学校的教育，尤其是大学生的安全教育，从某种意义上讲，直接关系着学生是成为栋梁之才，还是堕为废才。

1. 大学生的国家安全教育为其自身成才奠定了坚实的政治基础

高校是培养人才的摇篮，是知识分子和人才密集的地方，从某种意义上讲，高校的稳定与否直接关系到国家政权能否稳定，关系到国家机器能否正常运转，关系到人心能否安定，关系到经济建设能否顺利进行。而西方敌对势力则把高校作为"渗透"和"和平演变"的重要战略目标，重点放在了中青年知识分子和在校大学生身上，一方面向他们大肆散布"人权""自由""民主"等西方观念，对其施加影响，一方面别有用心地搞宣传、收买、间谍活动等。邓小平同志曾尖锐地指出："十年来最大的失误是在教育方面，思想政治工作薄弱。"惨痛的教训告诉我们，"谁掌握了青年，谁就拥有了未来"。任何时候，高校都不能忘记培养社会主义事业建设者和接班人这个根本的历史使命，更不能忽视高校大学生的国家安全教育。因为大学生正处于成长期，树立什么样的人生观、价值观，确立什么样的信仰，都离不开正确思想的引导。如果没有及时用正确的手段和措施加以引导，在敌对势力强大的攻势面前，这些青年学生很容易在政治上误入歧途。因此，在大学生的成长过程中，国家安全教育是极为重要的。应该说，高校的地位有多重要，高校大学生安全教育工作的地位就有多重要。

2. 校园安全教育为大学生的健康成长提供了有利的环境保障

《关于加强社会治安综合治理的决定》中规定了社会治安综合治理的工作范围，主要包括"打击、防范、教育、管理、建设、改造"六个方面，从中可以看出，教育是其工作范围的重要方面，高校安全教育应是重要内容。维护高校治安秩序，离不开安全教育，尤其是校园安全教育，它不仅是一项战略性措施，而且是争取校园治安好转的根本途径。

唯物主义者认为，人们的社会存在决定着人们的意识，环境是社会存在的重要因素，也是学生成才的重要条件。常言道："近朱者赤，近墨者黑。"学校的根本任务是培养德、智、体全面发展的社会主义的建设者和接班人，良好的教育环境对学生的成长起着积极的促进作用。在整个社会主义精神文明建设中，如果学校成为最好的小环境之一，那么，它将对大环境的优化做出积极贡献。作为培养社会主义事业接班人的基地，高等学校不但要有育人的目标，更要研究和创造达到育人目标所需要的环境，因为校园安全教育关系到学校的发展与稳定，是校园环境建设的重要组成部分，同时，校园安全教育关系到学生的切身利益和成长，更是搞好育人工作的条件。可以说，校园安全教育直接反映着校园的文明程度，亦反映了校园风气、人际关系、道德水准等，是大学生健康成长的有利的环境保障。

3. 加强大学生的自身安全教育意识是大学生健康成长的基础

孩子从呱呱落地到长大成人，从小学到中学再升入大学到走出校门，成为建设祖国的栋梁之才，无时不牵动着父母的爱心、引起社会和国家的关注。毛泽东同志曾说过："青年是早上八九点钟的太阳。"江泽民同志也指出："青年是社会中最富有活力的部分，是我们事业的希望。"作为大学生不仅要明确自身的学习任务，更要意识到自身所担负的历史使命。那么，大学生在其成才的过程中，就不仅要接受专业知识的教育，更不能忽视自身的安全教育，因为它是大学生健康成长的基础所在。

（二）大学生安全教育与素质教育

从现代教育理论的角度了解"应试教育"和"素质教育"的内涵后，可以知道：高校大学生的安全教育，其实就是从高校治安综合治理的角度提高学生的素质，增强学生的遵纪守法观念。同时，为学生的健康成长和全面成才创造良好的外部环境和文化氛围。

学生、教师和教辅人员是高校的三大主体，如果缺少了学生，教师和教辅人员的存在将不再具有意义。高校安全教育的重要对象是学生，直接目标也是为了学生。教书育人、科学研究、社会服务是高校的三大职能。如果说"教书"侧重于知识的传授和技能的掌握，那么，"育人"更多地体现了高等学校的政治责任感和历史使命，而大学生安全教育应该是高校育人的重要方面。学生一方面需要自我约束，遵守宪法和法律，另一方面其学习和生活又要有必要的外部条件和稳定的治安秩序给予保障，而大学生安全教育恰恰在这两方面都得到了全面体现。

办学质量的高低在很大程度上体现了学生素质的优劣，如果能从各个方面通过各种途径和方法使学生的个人素质和整体素质得到全面提高，我们就可以称这所学校办学质量好。而安全教育是"素质教育"中不可缺少的一部分，是不容人们忽视的。为了全面提高大学生的素质，必须从如下两方面加强对大学生的安全教育：

（1）文化知识教育。大学生的安全教育的推进以必要的文化知识为基础，安全教育知识也可以看做是文化知识的一个重要组成部分；同时，安全教育又与法律不可分割。原国家教委规定，普通高等学校的学生都要学习法律基础理论课程，规定法律课是基础教育中的"必考科目"，这就为推进依法治校和提高大学生安全教育工作提供了良好的条件和扎实的基础。

（2）思想政治教育。大学生的安全教育是在高校党委的领导下，运用思想的、法律的、行政的以及其他的方法，稳定校园的社会治安，预防学生违法犯罪行为的产生的教育。加强大学生的思想政治教育、提高他们的思想政治素质是大学生国家安全教育的重要方面。思想政治教育主要包括如下内容：人生观（世界观）教育、道德品质教育、理想教育、社会公德教育、社会主义教育、爱国主义教育、集体主义教育等。

（三）大学生安全教育与"三育人"

高等学校担负着培养高层次、高素质人才的重任，发挥着"教书育人、管理育人、服务育人"的积极作用，培养能担当起建设有中国特色的社会主义历史使命的人才，是高校的一项艰巨而繁重的任务。大学生的思想品德状况、科学文化素质和安全教育直接影响着我国社会主义现代化建设战略目标的实现，关系到我们党和国家的命运和前途。

1. 大学生安全教育与"教书育人"

教书育人是指教师在教学过程中有目的、有计划地使学生获得知识能力，树立人生理想和形成道德观念的活动。这里"教书"和"育人"是不可分割的，即知识的教学不仅给学生以知识体系与思维能力，也同时逐渐形成学生的人生观与世界观。"育人"融于"教书"之中。

高校的根本任务是育人。帮助大学生在学习文化知识的同时增强法制观念和思想道德品质，不仅对预防和减少违法犯罪、维护校园稳定有着非常重要的作用和意义，而且是加强社会主义民主法制建设，培养社会主义建设者和接班人的需要。因此，党和政府历来十分重视加强青年大学生的法制教育。在新形势下，通过知识的传授，使广大青少年学生在学法、懂法、守法，提高公民意识、法制观念的基础上，增强社会责任感，特别是增强对国家和社会做贡献的使命感，养成依法办事的好习惯，促进校园文明建设，共同创造良好的大学校园环境，就成了当前高校"教书育人"的一个重要方面。

2. 大学生安全教育与"管理育人"

大学生的管理教育是高校管理的重要方面，在高校的各项管理工作中占据一定的地位。目前，绝大多数的在校大学生年龄在 18 到 22 岁之间，这一年龄段是他们一生中最活跃的特殊时期，在生理、心理和对待社会的态度上都将逐渐走向成熟，是他们的人生观、世界观形成的最佳阶段。因此，高等学校的任务就不仅是知识的传授和正确思想的灌输，还必须辅以正确的管理教育和引导，即"管理育人"。做好"管理育人"的意义就在于，做好学生的一般管理工作，不仅有利于大学生身心的健康成长，还有利于形成良好的学风和校风，更有利于学校和社会的安定。

青年大学生常被人们称为"三门生"，即从家门到中小学校门再到大学校门。他们平时生活多数依赖父母，到学校后，连内务卫生都不会整理，自我管理能力较差。他们中有些人，时常门窗不关、抽屉不锁、现金及贵重物品随便放置，宿舍内失窃现象因而经常发生。这些情况均说明，要搞好宿舍的管理，必须提高学生的自我管理能力和防范意识，必须加强大学生的安全教育。但这种教育是从教育学生成才、维护校园的治安秩序、加强大学生安全教育的角度出发的，是有组织的、严密的、科学的、文明的，更是有法可依的。

3. 大学生安全教育与"服务育人"

学校的任务是培养人，学校的一切工作都应该围绕培养人来进行，大学生的安全教育自然也不例外。对学校的各个职能部门来说，既要为大学生的学习、生活、锻炼、娱乐提供各方面的服务，保证他们有一个良好的成长环境，又要在为他们服务的过程中，贯穿安全教育这一内容。大学生们在入校前，大多在父母无微不至的关怀照顾下学习和生活，因而缺乏社会经验，生活自理能力较差；入大学后生活要自理，对他们来说，这是人生旅途的一个重大变化。高校不是世外桃源，当前社会治安形势严峻，大学校园里扰乱学生正常学习秩序的治安事件和刑事案件时有发生；大学生还要面临防火、防盗、防滋扰、防交通事故等一系列实际安全问题。大学生只有掌握必要的安全知识，才能确保自身的学习正常进行，才能平安度过大学生活。

安全教育要贯穿大学生活的始终。入学教育第一课，对大学生的印象会极为深刻，保卫组织首先要抓住入学教育第一课的机会进行安全教育。平时，保卫组织也应结合实际，经常进行安全教育。春天，进行外出旅游安全教育；夏天，进行游泳安全教育；冬天，风雪天气容易发生交通事故，进行交通安全教育；寒暑假前，进行假期安全教育；去学校（工厂、农村）实习或外出社会实践前，进行实习、实践安全教育；毕业前，进行毕业派遣和报到途中的安全教育；还要结合大学生中发生的安全事故，随时随地进行安全教育。

在我们国家，学校的根本任务是用马列主义、毛泽东思想和邓小平理论教育学生，培养德、智、体全面发展，有理想、有道德、有文化、有纪律的社会主义建设者和接班人。为了实现这一目标，原国家教委对学校提出了"教书育人、管理育人、服务育人"的"三育人"要求。大学生安全教育作为高等教育不可分割的重要组成部分，与"三育人"的宗旨不但是统一的，而且是密不可分的。

第二章

国家与社会安全

大学生在校学习期间，既要成为遵法守法、具有社会公德和文明行为习惯的合格公民，也要培养自身的国家意识和社会意识，关注和维护国家与社会安全，为今后成长为积极进取、诚实守信、敬业乐群、报效祖国、具有社会责任感和创业精神的高素质劳动者而奋发图强。

第一节　依法维护国家稳定

一个人如果轻视自己的国家和当下的社会，就等于无视自己的生命，那他所做的和所得到的一切，都有可能因为国家与社会安全问题而付之东流。

我国作为一个新兴的发展中大国，在世界舞台上的分量与日俱增，影响力也在不断地扩大，但同时也面临着更多的风险与挑战。

改革开放30多年来，我国一方面越来越多地同世界经济融为一体，但另一方面也越来越受到外部不确定性因素的冲击和干扰。因此，我国的发展和当今世界息息相关，每一个中国人都应该了解国际形势和国际动向，只有全国人民拧成一股绳，相信党、拥护党，有组织、有原则，才能更好地解决问题。

一、公民的游行示威权依法受保障

游行是指在公共道路、露天公共场所列队行进、表达共同意愿的活动。示威是指在露天公共场所或者公共道路上以集会、游行、静坐等方式，表达要求、抗议或者支持、声援等共同意愿的活动。

游行示威权是《中华人民共和国宪法》（以下简称《宪法》）规定的公民的一项基本权利。《宪法》第三十五条规定："中华人民共和国公民有言论、出版、集会、结社、游行、示威的自由。"为保障公民的游行示威权，《中华人民共和国集会游行示威法》作了进一步规定："公民行使集会、游行、示威的权利，各级人民政府应当依照本法规定，予以保障；对于依法举行的集会、游行、示威，主管机关应当派出人民警察维持交通秩序和社会秩序，保障集会、游行、示威的顺利进行。"

二、游行示威须事先经主管机关批准

除国家举行或者根据国家决定举行的庆祝、纪念等活动以及国家机关、政党、社会团体、

企业事业组织依照国家法律、组织章程举行的集会外，游行、示威活动必须事先经过主管机关的批准，未经允许不得举行游行示威活动。《中华人民共和国集会游行示威法》第七条规定："举行集会、游行、示威，必须依照本法规定向主管机关提出申请并获得许可。"集会、游行、示威的主管机关，是集会、游行、示威举行地的市、县公安局、城市公安分局；游行、示威路线经过两个以上区、县的，主管机关为所经过区、县的公安机关的共同上一级公安机关。需要申请集会、游行、示威的，其负责人必须在举行日期的五日前向上述主管机关递交书面申请。

申请举行的集会、游行、示威，有下列情形之一的，不予许可：①反对《宪法》所确定的基本原则的；②危害国家统一、主权和领土完整的；③煽动民族分裂的；④有充分根据认定申请举行的集会、游行、示威将直接危害公共安全或者严重破坏社会秩序的。

三、违法的游行示威活动将被追究法律责任

公民游行、示威、集会的申请获主管机关批准后，应按照许可的目的、方式、标语、口号、起止时间、地点、路线及其他事项进行。公民不得在其居住地以外的城市发动、组织、参加当地公民的集会、游行、示威。

违法的游行示威活动可能被追究相应的法律责任。《中华人民共和国集会游行示威法》第二十六条、第二十八条分别规定："举行集会、游行、示威，不得违反治安管理法规，不得进行犯罪活动或者煽动犯罪。""举行集会、游行、示威，有违反治安管理行为的，依照治安管理处罚法有关规定予以处罚。"该法第二十九条进一步规定："举行集会、游行、示威，有犯罪行为的，依照刑法有关规定追究刑事责任。携带武器、管制刀具或者爆炸物的，依照刑法有关规定追究刑事责任。未依照本法规定申请或者申请未获许可，或者未按照主管机关许可的起止时间、地点、路线进行，又拒不服从解散命令，严重破坏社会秩序的，对集会、游行、示威的负责人和直接责任人员依照刑法有关规定追究刑事责任。包围、冲击国家机关，致使国家机关的公务活动或者国事活动不能正常进行的，对集会、游行、示威的负责人和直接责任人员依照刑法有关规定追究刑事责任。占领公共场所、拦截车辆行人或者聚众堵塞交通，严重破坏公共场所秩序、交通秩序的，对集会、游行、示威的负责人和直接责任人员依照刑法有关规定追究刑事责任。"同时，在举行集会、游行、示威的过程中，破坏公私财物或者侵害他人身体安全造成伤亡的，还应当依法承担赔偿责任。

在校学习的大学生应该勿忘国耻，努力学习，提高技能，努力使自己成为一名合格的社会主义建设者，这才是最好的爱国行为。

第二节　维护国家安全和保守国家秘密

维护国家安全和保守国家秘密，历来是国家十分重要的两项工作，也是公民的基本义务。国家的安全和利益是最根本的利益，没有国家的安全和利益，也就没有人民的安全和利益。一旦国家秘密被泄露，就会影响国家的安全和利益，因此，维护国家安全和保守国家秘密，与每一个公民息息相关。我国宪法规定，维护国家安全和保守国家秘密是每个公民应尽的义务。为保障改革开放和社会主义建设事业的顺利进行，一切国家机关、武装力量、政党、

社会团体、企事业单位和公民都有维护国家的安全和利益、保守国家秘密的义务。当前，世界总的潮流是和平与发展，但各国在政治、军事、经济、科技以及其他领域的竞争十分激烈，意识形态领域的斗争、间谍与反间谍及窃密与反窃密的斗争比以前任何时期更尖锐、更复杂。随着我国改革开放的深入发展以及加入 WTO，我国同世界各国和地区在政治、经济、军事和文化等各个领域的交往日益广泛。这种交往，是我国现代化建设的需要，但海内外的敌对势力、敌对分子和情报机关利用我们对外开放的条件，加强了对我国进行渗透和颠覆的活动，并通过派遣特务、间谍，采取各种方法和手段，收集、窃取各种情报，这给我国的国家安全和利益造成了巨大的威胁。因此，每个公民都要重视国家安全和保密问题，把维护和保卫国家安全和利益，保守国家秘密，看成是巩固国家政权和社会主义制度的大事，是维护人民根本安全和利益的大事，绝不能有丝毫懈怠、麻痹。大学生是祖国的未来，是社会主义建设的接班人，因此，学习有关国家安全和保密知识，对增强大学生的国家安全和保密意识具有十分重要的意义。

一、维护国家安全

（一）国家安全的概念

国家安全是指国家的独立、统一、主权和领土完整不受侵犯，国家的政权、政治制度、经济制度、社会制度不被破坏。国家安全包括国民安全、领土安全、主权安全、经济安全、政治安全、军事安全、文化安全、科技安全、生态安全和信息安全等内容。国家安全的概念和内容随着形势的发展而不断变化。

（二）国家安全工作

国家安全工作有广义和狭义之分。广义的国家安全工作，是指保证国家的根本制度不受破坏，保证国家的独立、统一和领土完整不受侵犯，保证国家有良好的政治、经济、社会秩序。狭义的国家安全工作，是指国家机关为保障国家安全和社会政治稳定，推进祖国统一，保卫和促进社会主义现代化建设所进行的各类专项工作。

（三）我国国家安全工作的特征

1. 政治性

敌对分子无论来自国外还是国内，其危害国家安全的行为无论是经济方面还是军事方面，其最终目的都是针对我国的国家政权，都是为了颠覆我国的人民民主专政。因此，维护国家安全的斗争从根本上说就是政治斗争。我国的国家安全工作是为无产阶级和劳动人民服务的，是隐蔽战线上的对敌斗争。它使用无产阶级专政的手段，坚持无产阶级党性原则，坚持中国共产党的领导，反对任何"非党化""非政治化"等自由化思潮。

2. 防御性

我国的国家安全工作，坚持"以维护国家安全、促进经济建设为宗旨"，坚持"不对别国进行颠覆活动"的积极防御的国家安全战略，对外不搞侵略、扩张，不干涉他国内政，不图谋危害他国独立自主、领土完整，不图谋改变他国的社会制度。

3. 正义性

我国的国家安全工作奉行正义的宗旨和战略，遵循正义的原则、立场和政策，采取正义的策略、手段和方法。

4. 尖锐性

国家安全工作所涉及的矛盾都具有对立性，斗争的性质是对抗性的，斗争的焦点是核心要害的，斗争的范围和场所是全方位的，而且斗争也是长期的、复杂的。

5. 艰巨性

国家安全工作所涉及的工作对象十分复杂，其背后都有国家、地区政权或政治组织给予支持，其活动手段诡秘。国家安全工作责任重大，其成效得失，对于国家政权巩固和社会政治稳定关系重大。

6. 广泛性

国家安全涉及国家社会生活的方方面面，除了国家主权、领土完整外，还有公共安全、经济秩序、社会秩序、财产所有权和公民的人身安全等各种权利保障。

7. 全民性

维护国家安全与所有国家机关、企事业单位、社会团体以及每个公民都有关系，"有国才有家"体现了这一特征的深刻含义。

（四）维护国家安全的基本内容

（1）维护国家独立，保障国家主权不受侵犯，内政不受干涉。

（2）保卫国家领土完整，防止外国入侵。

（3）维护国家的统一和国家的荣誉，维护民族尊严和民族团结，防止分裂活动。

（4）保卫现行的政权、政治制度和社会制度，防止国内外敌对势力的破坏，保持政治稳定和社会稳定。

（5）维护国家的经济制度，保障独立自主地发展经济，促进科技进步和民族文化的发展，增强综合国力。

（6）维护人民生命财产不受外来侵害。

（7）防止国内外间谍、敌对势力和恐怖组织的各种破坏活动和窃密活动，防范、制止各种危害国家安全的行为。

（8）维护地区和世界的和平与稳定，为本国的生存与发展谋求有利的外部环境。

（五）危害我国国家安全的主要危险

（1）国际反华势力积极推行"西化"、分化和弱化战略，对我国国家安全构成了严重威胁。一是西方的反华势力，始终把我国作为推行"和平演变"的主要目标。从 20 世纪 50 年代美国艾森豪威尔政府的国务卿杜勒斯提出对中国实施"和平演变"的思想，将"和平演变"的希望寄托在中国的第三代人、第四代人身上以来，"和平演变"中国就成为西方某主要国家历届政府对华政策的基本方针之一。它们称："我们要通过电台开辟思想战场，同共产主义国家进行一场真正的战争，达到不战而胜的目的，通过思想战场播下的种子，有朝一日会结成和平演变的花蕾。"我国高等学校是西方敌对势力"和平演变"进攻的重点目标，它们已经制定出了一整套"和平演变"青年学生、青年知识分子的策略，并正在实施。二是炮制"中国威胁论"，不断掀起敌视中国的情绪，鼓动我国周边国家扩军备战，并或明或暗结成军事同盟，对我国国家安全构成了严重威胁。三是在台湾问题上玩弄两手政策，虽然口口声声表示坚持一个中国政策，却顽固坚持它们所谓的"对台关系法"，并不断提升它们之间的"关系"，在对台湾出售武器上违背承诺，一而再、再而三地售台先进武器，助长"台独"势力分裂祖国的嚣张气焰，企图阻挠我国和平统一进程。

（2）境外间谍情报机构加紧对我国进行情报窃取和渗透活动。冷战结束后，西方间谍情报机构已经将中国列为进行情报渗透的主要目标国家。西方反华势力利用我国改革开放之机，加紧对我国进行颠覆渗透、分裂和破坏活动。其主要方法一是依靠先进的科技手段，或利用间谍卫星，或派遣电子侦察飞机到我国沿海侦察飞行，截获我国空中信号。二是通过各种渠道以外交官、商人、记者、专家学者、教师和留学生等各种身份、名义，派遣大批间谍入境，并向我党、政、军等要害部门进行渗透，在收集我国政治、经济、军事和科技情报的同时，还千方百计勾引、策反我国内部人员，在我国要害部门安插"钉子"，企图建立长期稳定的情报关系。

（3）国内外敌对组织、敌对分子在国际反华势力的支持下，内外勾结，千方百计诋毁我国国际形象，破坏我国社会稳定。一是利用人权、宗教、西藏和台湾等问题，大造反动舆论，攻击我国对外开放政策，丑化我国国际形象。二是组织境外反动势力向我国境内渗透，与我国境内的敌对分子相互勾结，结党结社，利用我国推进经济改革、优化产业结构遇到的暂时困难，大做文章，散布谣言，蛊惑人心，制造事端，破坏我国社会稳定。三是资助、支持和利用"法轮功"邪教组织在国外大肆进行反华活动。反人类、反科学和反社会的"法轮功"，已完全沦为西方敌对势力反华的工具。

（4）民族分裂势力、宗教极端势力和恐怖势力在我国西藏、新疆等少数民族地区的活动也较为猖獗。一些国家的反华势力积极与它们联系，对它们的分裂和破坏活动进行庇护和"声援"，并提供物质支持。境外敌对势力还以帮助出国、免费留学等为诱饵，吸引我国边境地区青年到国外"学经"，借机向他们灌输分裂祖国的思想。在我国境内人员出国经商期间利用一切可乘之机对他们进行分裂主义宣传煽动。在境内的民族分裂主义分子打着宗教外衣的旗号进行分裂宣传，非法设立经文学校，培养人员。民族分裂主义分子还在新疆地区不断制造恐怖事件，使分裂和反分裂斗争异常激烈、复杂。现在，境内外的宗教极端势力和民族分裂势力进一步相互勾结，妄图使民族问题国际化，暴力恐怖活动专业化，非法宗教活动政治化，反动宣传公开化，武器装备现代化。这些行为和举动，不但影响了我国西北地区的稳定，对我国实施的西部大开发战略带来不利影响，更对我国的国家安全造成了极大的危害。

（5）国际政治军事框架变化对我国国家安全带来的影响。一是美国宣布退出"反导条约"，使国际社会30年来在限制导弹核武器和裁军方面的努力前功尽弃，严重损害了国际防核扩散机制。不论美国能否真正拥有导弹防御能力，都会进一步助长其在国际事务中的单边主义及使用和威胁使用武力的倾向，从而进一步增加了世界和有关地区的不稳定因素。2002年3月12日，美国《洛杉矶时报》透露了美国国防部向美国国会提交的重组核力量的一份"秘密报告"，其中就把中国列入7个核重点打击目标国家之内，并公然声称美国准备在台湾发生战事时使用核武器。二是日本利用以支援美国打击阿富汗塔利班和"基地"组织的军事行动为名，于2001年11月9日、25日向印度洋先后派出6艘军舰、8架军机和1600多名自卫队员。这是战后日本首次向海外派遣军事力量，标志着日本安保政策的重大突破，引起了亚太特别是日本周边国家的高度重视。我国及其他一些亚洲国家，曾饱受日本军国主义侵略、蹂躏之苦，因此我们更要对日本右翼势力的抬头和日本军国主义的发展保持高度的警惕。

（六）危害国家安全的行为

《中华人民共和国国家安全法》（以下简称《国家安全法》）及其"实施细则"中所称的危害

国家安全的行为，是指境外机构、组织和个人实施或指使、资助他人实施的，或者境内组织、个人与境外机构、组织和个人相勾结实施的下列危害中华人民共和国国家安全的行为：

（1）预谋颠覆政府，分裂国家，推翻社会主义制度的。

（2）参加间谍组织或者接受间谍组织及其代理人的任务的。

（3）窃取、刺探、收买和非法提供国家秘密的。

（4）策划、勾引和收买国家工作人员叛变的。

（5）进行危害国家安全的其他破坏活动的。

（七）危害国家安全的法律责任

危害国家安全的行为都要被追究法律责任，受到国家法律惩罚。

《中华人民共和国刑法》（以下简称《刑法》）规定：

（1）阴谋颠覆政府、分裂国家的，处无期徒刑或者十年以上有期徒刑。

（2）策动、勾引和收买国家工作人员、武装部队、人民警察和民兵投敌叛变或者叛乱的，处无期徒刑或者十年以上有期徒刑。

（3）进行下列间谍或者资敌行为之一的，处十年以上有期徒刑或者无期徒刑，情节较轻的，处三年以上十年以下有期徒刑：①为敌人窃取、刺探和提供情报的。②供给敌人武器军火或者其他军用物资的。③参加特务、间谍组织或者接受敌人派遣任务的。

另外，第七届全国人民代表大会常务委员会第三次会议决定对《刑法》做出补充规定：为境外的机构、组织和人员窃取、刺探、收买和非法提供国家秘密的，处五年以上有期徒刑；情节较轻的，处五年以下有期徒刑、拘役或者剥夺政治权利；情节特别严重的，处十年以上有期徒刑、无期徒刑或者死刑，并剥夺政治权利。

（八）维护国家安全的义务和权利

《国家安全法》明确规定了公民和组织有维护国家安全的义务和权利。

《国家安全法》规定公民和组织在维护国家安全方面应尽的义务有：①对本单位人员进行维护国家安全的教育和动员，组织本单位人员防范和制止危害国家安全的行为。②为国家安全工作提供便利条件或者其他协助。③发现有危害国家安全的行为，应及时报告。④在国家安全机关调查了解有关危害国家安全的情况时，应如实提供相关情况和积极协助。⑤有保守国家秘密的义务。⑥不得非法持有属于国家秘密的文件、资料和其他物品。⑦不得非法持有和使用窃听、窃照等专用间谍器材。

《国家安全法》规定公民和组织在维护国家安全方面享有的权利有：①有受国家法律保护的权利。②有检举和控告的权利。③对受行政处罚不服有提出申诉复议和提起诉讼的权利。④对维护国家安全有功的有受奖励和表彰的权利。

（九）维护国家安全可以受到保护和奖励

《国家安全法》明确规定，国家对支持、协助国家安全工作的组织和个人给以保护，对维护国家安全有重大贡献的给以奖励。权利保护的规定是："对协助国家安全机关工作或者依法检举、控告的公民和组织，任何人不得压制和打击报复；公民和组织支持、协助国家安全工作，有权要求国家安全机关、公安机关采取有效措施，防范、制止侵犯其合法权益的行为。"

下列情形属于重大贡献，并应给以奖励：①为国家安全机关提供重要线索，发现、破获严重危害国家安全的犯罪案件的。②为国家安全机关提供重要情况，防范、制止严重危害国家安全的行为发生的。③密切配合国家安全机关执行国家安全工作任务，表现突出的。④为维护国家安全，与危害国家安全的犯罪分子进行斗争，表现突出的。⑤在教育、动员和组织本单位的人员防范、制止危害国家安全行为的工作中，成绩显著的。

（十）大学生维护国家安全注意事项

有国家就有国家安全工作，古今中外，概莫能外。无论处于什么社会形态，或者实行什么样的社会制度，国家和人民都会视国家利益为最高、最根本的利益，将维护国家安全列为首要任务。因此，每位大学生都应当成为国家安全和利益的自觉维护者。

1. 要始终树立国家利益高于一切的观念

邓小平同志指出："国家的主权、国家的安全要始终放在第一位。"一位已故的政治家也说过："没有永久不变的国家友谊，只有永久不变的国家利益。"国家安全涉及国家社会生活的方方面面，是国家、民族发展的首要保障。科学技术是没有国界的，但知识分子不能没有自己的祖国。因此，把国家安全放在高于一切的地位，是国家利益的需要，又是个人安全的需要，也是世界各国的一致要求。

2. 要努力熟悉有关国家安全的法律、法规

有人统计，涉及有关国家安全和保密工作的法律、法规和规章制度有100多种，对此我们都应该有所了解，弄清什么是合法的，什么是违法的，什么可以做，什么不能做。其中，特别应熟悉以下一些法律法规：《宪法》《国家安全法》《保守国家秘密法》《刑法》《刑事诉讼法》和《科学技术保密规定》等，对遇到的法律界线不清的问题，要肯学、勤问和慎行。

3. 要善于识别各种伪装

从理论上讲，有关国家安全的常识、规定都比较完善了，依规行事不会出什么大问题。但是，实际生活比我们想象的要复杂得多。比如，有的间谍情报人员和负有特殊使命的记者等，常以人们能接受的面孔出现，用交朋友、做学术研究、出国经济担保、旅游观光和新闻采访等五花八门的手段，套取国家秘密、科技政治情报和内部情况。如果丧失警惕，我们就可能上当受骗，甚至违法犯罪。因此，在对外交往中，既要热情友好，又要内外有别、不卑不亢；既要珍惜个人友谊，又要牢记国家利益；既可争取各种帮助、资助，又不失国格、人格。识别伪装既难又易，关键在于淡泊名利。发现别有用心者，要依法及时举报，进行斗争，绝不准其恣意妄行。

4. 要克服妄自菲薄等不正确思想

任何国家都有自己的安全与利益，也有别人没有的政治、经济、文化、军事、科技、资源和秘密，还有独具特色的传统工艺，等等。也就是说，再富有的国家不可能应有尽有，再贫穷的国家也不可能一点没有别国羡慕的东西。中国是发展中国家，但又是不可小视的国家，虽有许多落后，但绝不是样样落后。所以，作为中国人要挺直腰板，绝不能妄自菲薄、悲观失望。要看到我们也有许多世界第一和"中国特色"，有一系列国家秘密和单位秘密。对于这一切，如果没有正确的认识，就可能在许多问题上产生错误的看法，乃至做出亲者痛仇者快的事情来。

5. 要积极配合国家安全机关的工作

国家安全机关是国家安全工作的主管机关，是与公安机关同等性质的司法机关，分工负责间谍案件的侦查、拘留、预审和执行逮捕等工作。当国家安全机关需要大家配合工作的时

候，在工作人员表明身份和来意后，每个学生都应当按照《国家安全法》规定的七条义务的要求，认真履行职责，尽力提供协助，如实提供情况和证据，做到不推、不拒，更不以暴力、威胁方法阻碍执行公务，还要切实保守好已经知晓的国家安全工作的秘密。

二、保守国家秘密

（一）国家秘密的概念

国家秘密关系国家的安全和利益。国家秘密是指依照法定程序确定，在一定时间内只限一定范围的人员知情的事项。国家秘密包括下列事项：

（1）国家事务重要决策中的秘密事项。

（2）国防建设和武装力量活动中的秘密事项。

（3）外交和外事活动中的秘密事项以及对外承担义务的事项。

（4）国民经济和社会发展中的秘密事项。

（5）科学技术中的秘密事项。

（6）维护国家安全活动和追查刑事犯罪中的秘密事项。

（7）其他经国家保密工作部门确定应当保守的国家秘密事项。

国家秘密按其秘密程度划分为绝密、机密和秘密三级。绝密是最重要的国家秘密，泄露会使国家的安全和利益遭受特别严重的损害；机密是重要的国家秘密，泄露会使国家的安全和利益遭受严重的损害；秘密是一般的国家秘密，泄露会使国家的安全和利益遭受损害。

保守国家秘密按其工作对象分为：科学技术保密、经济保密、涉外保密、宣传报道保密、公文保密、会议保密、政法保密、军事军工保密、通信保密和电子计算机保密等。

国家秘密和商业秘密的关系：商业秘密是指不为公众所知悉，能为权利人带来经济利益，具有实用性并经权利人采取保密措施的技术信息和经营信息。有些商业秘密泄露后，不仅会给权利人带来严重的损失，也会使国家的安全和利益遭受损害。因此，有的商业秘密也是国家秘密。

（二）保守国家秘密的意义

（1）国家秘密事关国家安全，保守国家秘密就是保护国家安全利益。西方敌对势力和"台独"势力千方百计窃取我国政治、军事和国防科技等诸方面的情报，以便了解和掌握我国国防军事实力。一旦获得这些情报，它们将采取措施危害我们国家的安全，达到它们不可告人的目的。

（2）保守国家秘密关系国家经济利益。当今的国际竞争突出表现在经济实力方面的竞争。为此，许多国家想方设法地窃取他国的经济、科技情报。如果我国的有关国家秘密被窃取，将会给我国的经济利益带来巨大的损失。

（3）保守国家秘密也事关每一个公民的切身利益。一些重要的商业秘密同时也是国家秘密，它关系到一个国家经济发展的速度，也影响着一个国家的经济秩序。如果被窃密，将给国民的生活带来直接的影响。

（三）失密、泄密的原因

尽管保守国家秘密有非常重要的现实意义，但还是经常会有一些国家秘密被失密和泄密，这是由什么原因造成的呢？有关部门通过调查分析后，认为造成国家秘密失密、泄密的原因主要有以下几个方面：

（1）新闻出版工作失误造成泄密。国内新闻泄密案件占整个新闻出版泄密案的一半以上，特别是科技、经济方面的泄密，给国家造成了巨大的损失，同时也在政治上产生了严重影响。境外的一些中国问题专家在谈到搜集中国情报的方法时，认为其主要手段就是分析研究中国的报刊和出版物。境外谍报组织广泛收集我国公开发行的报纸、杂志、官方报告、人名通信录、企业电话号码簿以及车船、飞机时刻表等，经过选择让专家分析研究。美国中央情报局把凡是能弄到手的每一份共产党国家的出版物都买下来，每月有 20 多万份，它们认为，所需要情报的 80% 都可以从这些公开的材料中得到满足，并称之为"白色"情报。如 20 世纪 60 年代，当我国大庆油田的开发使我国刚刚甩掉贫油国的帽子的时候，日本情报机关就从《中国画报》上刊登的大庆油田的照片上获得了大庆炼油能力、规模等情报。

（2）违反保密制度，在不适宜的场所随意公开内部秘密。这主要表现在接待外来人员的参观、访问和贸易洽谈之时，违反保密制度，轻易地将宝贵的内部秘密泄露出去。

（3）不正确使用手机、电话、传真或互联网技术造成泄密。一些谍报组织借助科学技术成果，利用先进的间谍工具进行窃听、窃照、截取电子信号和破获电子信件等获取机密。

（4）保密观念不强，随身携带秘密载体造成泄密。有些保密观念不强的人，随意将一些秘密资料、文件、记录本和样品等携带出门，一旦丢失、被盗、被抢和被骗，很快就会造成泄密事件。

（5）保密意识淡薄，或无保密意识，有意无意地把秘密泄露出去。有些保密意识淡薄、缺乏保密常识的人，不分场合，随意在言谈中或通信中涉及国家秘密或秘密事项，或炫耀自己的见识广博，不料"道者无意，听者有心"，不经意间造成了泄密。

（6）极少数人经不住金钱和物质的诱惑，被谍报组织拉拢腐蚀出卖国家秘密。

（四）树立保密意识，养成保密习惯

大学生在校学习期间，有的会参与一些国家科研项目的研究，有的会接触一些科研秘密。因此，大学生头脑里要有敌情观念，绝不能因为自己的保密意识淡薄、麻痹大意而给国家和人民造成不应有的损失。

保守国家秘密，大学生要自觉做到以下几点：

（1）认真学习《中华人民共和国保守国家秘密法》（以下简称《保密法》）及相关的保密法律法规，学习保密常识，接受保密知识教育，正确认识保密与窃密的斗争，增强保密意识。

（2）提高防范意识，在对外交往中坚持内外有别。在与外籍人员接触、交往过程中，凡涉及国家机密的内容，要么回避，要么按上级的对外口径回答，不要随便提及内部的人事组织、社会治安状况、科技成果、技术诀窍和经济建设中各种未公开的数据资料。在与境外人员接触时，不要带秘密文件、资料和记有秘密事项的记录本，对方直接索取科技成果、资料、样品或公开询问我内部秘密时，要区别情况，灵活予以拒绝。不经主管部门批准，不带境外人员参观或进入非开放区。不准境外人员利用学术交流、讲课的机会进行系统的社会调查。不经有关部门批准，不得填写境外人员的各种调查表，或替他们写社会调查方面的文章。

（3）在媒体上发布信息或新闻时，要注意保密原则，不得随意刊载有关国防、科研等事关国家机密的事项。参加国际学术会议或在国外刊物上发表文章时，要按规定办理审查手续，也不得为境外人员提供或代购内部读物和资料。

（4）严格遵守保密制度。做到不该说的机密，绝对不说；不该问的机密，绝对不问；不该看的机密，绝对不看；不该记录的机密，绝对不记录；不在普通电话、明码电报、普通邮局传达机密事项；不携带机密材料游览、参观、探亲、访友和出入公共场所；不在通信中谈及国家机密，不在普通邮件中夹带任何保密资料。

（5）提高警惕，与泄密或窃密行为作斗争。在平时工作或生活中，有时会无意中发现国家秘密失密或遭到窃取的迹象，为了保守国家秘密，应立即果断采取措施：①拾获属于国家秘密的文件、资料和其他物品时，应当及时送交有关机关、单位或保密工作部门。②发现有人买卖属于国家秘密的文件、资料和其他物品时，应当及时报告保密工作部门或者公安、国家安全机关处理。③发现有人盗窃、抢夺属于国家秘密的文件、资料和其他物品时，应制止并立即报告保密工作部门或者公安、国家安全机关。④发现泄露或可能泄露国家秘密的线索时，应当及时向有关机关、单位或保密工作部门举报。

保密是公民的义务，也是大学生的社会责任。每个大学生都应该自觉贯彻遵守保密法规，自觉履行保密义务，坚决同泄密行为和窃密行径作斗争。

第三节　遵纪守法和文明上网

不以规矩，不成方圆。不守规矩可能要付出生命的代价，不要把遵纪守法当做刻板的行为，当做可有可无的东西，更不应把遵守各种安全规范看成多此一举。请牢记：遵守规矩在一定场合就是珍爱生命。

以交通安全为例，我们都知道在马路上要遵守"红灯停，绿灯行"的规矩，但我们也常在马路上见到人行道红灯亮着，行人埋头硬闯，与汽车抢行的现象，这些不遵守交通规则的行为给自己和他人的生命带来了极大的危害。

同样，遵守法律规定也是保护自己和他人、珍爱生命的表现。大学生要主动树立遵纪守法意识，自觉遵守宪法和其他法律，做到知法、守法、用法，自觉依法维护国家、集体和自身的权利。

一、文明上网，不造谣，不信谣，不传谣

随着社会的发展，互联网在经济建设和各项事业中得到了日益广泛的应用，使得人们的生产、工作、学习和生活方式发生了深刻的变化，对加快我国国民经济、科学技术的发展和社会服务信息化进程具有重要作用。同时，如何保障互联网的运行安全和信息安全已经引起了全社会的普遍关注。

互联网的积极作用表明，它不仅是一场技术革命，更助推着社会各个方面的进步。与此同时，互联网也展现出其"双刃剑"的另一面，诸如"食用碘盐能防核辐射"的谣言、虚假广告的传播、"僵尸粉丝"的买卖……不仅损害了社会公共利益和公众利益，也引起了网站、用户和公众的不满。

案例

2014年3月14日16：30，成都市著名步行街春熙路一带，数百人在不明原因的情况下狂奔。

据一位现场目击者称，事发时他正在商场内试衣服，突然听到有人喊"砍人了"，商场周边不明真相的群众以讹传讹，恐慌情绪进一步蔓延，并迅速波及春熙路商业圈，随后商场内所有人四处奔跑，引起街面秩序混乱，造成了恶劣的社会影响。17 时许，成都市公安局官方微博发布通告称："刚才有人通过网络发布不实信息。经核实，春熙路及周边地区没有发生任何危害公共安全的案件，也没有任何人员伤亡。"

最终警方查明，锦江区上东大街某商场部分员工因误信火灾险情纷纷涌出商场奔逃，同时，网络上不法分子刻意编造不实信息，制造恐怖气氛，加剧了事态恶化，进而引发了这起事件。

2014 年 3 月 15 日，锦江区公安分局根据调查结果，依法做出处理决定：李某某(男，18 岁，四川资阳人)因涉嫌编造虚假恐怖信息(该不实信息被点击浏览 10 余万次并大量转发)，影响极其恶劣，其行为触犯《中华人民共和国刑法》第二百九十一条之规定，依法对其刑事拘留；谢某某(女，21 岁，在校学生)因涉嫌编造虚假信息，但认错态度较好，并主动删除不实信息，根据《中华人民共和国治安管理处罚法》第二十五条第一款第一项之规定，依法给予其治安处罚，并交由校方教育管理；陈某某(商场店铺商家)因误信、误传火灾险情，加剧恐慌情绪蔓延，根据《中华人民共和国治安管理处罚法》第二十五条第一款第一项之规定，依法给予其治安处罚。

(来源：《华西都中报》2014 - 03 - 05)

案例

秦火火事件

秦火火，原名秦志晖，男，30 岁，湖南省衡南县香花村人，高中毕业，曾是北京尔玛互动营销策划有限公司的员工。

他利用互联网蓄意制造并传播谣言、恶意侵害他人名誉，是非法攫取经济利益的网络推手公司的一员，2013 年 8 月因涉嫌寻衅滋事罪和非法经营罪被北京警方刑事拘留。2013 年 8 月 19 日，秦火火在沈阳被北京警方抓获。

秦火火被警方立案调查，缘于群众的举报。2013 年 4 月，一则严重诋毁雷锋形象的信息被网名为"秦火火"的人发布在互联网上并迅速传播，信息称"雷锋 1959 年为自己添置的皮夹克、毛料裤、黑皮鞋等全套高档行头，皮夹克、毛料裤、皮鞋加起来当时在 90 元左右，而当时雷锋一个月才 6 块钱。"这则消息引发大量网民对"秦火火"不满，北京公安机关接到不少网民的报警，要求彻查诋毁雷锋形象的谣言制造者。

北京警方迅速开展侦查，发现以"秦火火""立二拆四"为首的北京尔玛互动营销策划有限公司通过互联网策划制造网络事件，蓄意制造并传播谣言及低俗、媚俗信息，恶意侵害他人名誉，严重扰乱网络秩序并非法牟取暴利。

公诉机关认为，秦志晖捏造损害他人名誉的事实在网络上散布，造成了恶劣的社会影响，严重危害社会秩序；编造虚假信息在网络上散布，起哄闹事，造成了公共秩序严重混乱，其行为分别触犯了《刑法》第二百四十六条、第二百九十三条第一款第四项之规定，应当以诽谤罪、寻衅滋事罪追究其刑事责任。

(来源：《星星直播间》2013 - 08 - 13)

在上述两个案例中，警方出手严查网络造谣，这再次提醒人们，网络社会也是法治社会，只要行为越过了法律所允许的边界，就要受到法律制裁。

二、如何做到文明上网

作为高校大学生，我们应该不造谣、不信谣、不传谣，文明上网，对出现的各类危害信息要判明情况，安全有序地规避，不要惊慌失措，如遇可疑情况及时报警。具体应做到：

（1）树立法律意识，严格遵守互联网法律法规，文明上网，自觉远离网络谣言，坚决切断网络谣言传播链。

（2）增强社会责任感，强化道德正义感，站稳立场、明辨是非，切实做到不信谣、不传谣，让网络谣言失去滋生的土壤。

（3）从自身做起，在主观思想上建立一道防线，抵制网络上反动、腐朽、不健康的内容对自己精神的侵蚀，树立与之斗争的信念与决心。

（4）努力学习网络知识、技能，提高操作水平，自觉维护网络安全，建设网络文明，勇做倡导和维护网络安全的先锋。

（5）互联网作为崇尚科学知识、传播先进文化、塑造美好心灵、弘扬社会正气的主阵地，我们要共同营造积极向上、和谐文明的网络舆论氛围。

第四节　反邪教

据统计，全世界邪教组织有1万多个，信徒数亿人。在未来社会，由于人类情感的需要和人格的变异，邪教组织具有进一步发展扩大的趋势。邪教通过对痴迷者进行精神灌输，导致很多惨剧的发生。近些年来这些形形色色的教派在各国均有所发展，其中以"末日论"为宗旨的邪教组织至少使几千万信徒被卷入恐惧和狂乱，他们渗透到地球的每个角落，成为社会不安定因素，令各国政府和人民不得安宁。1992年，活跃在世界上的48个国际恐怖组织中，约有1/4打着宗教的旗帜进行邪教活动，危害了人民的正常生活。邪教反人类、反科学、反社会、反政府的本质，对人类和社会造成了极其严重的危害，绝大多数国家的司法机构都严厉打击邪教。在我国，铲除"法轮功""全能神"这样的邪教组织，已成为人类社会共同承担的责任。邪教势力的扩张不仅摧残其信徒的身心健康，危害他们的生命安全，而且严重威胁社会的发展和稳定。我们要依照法律来惩治邪教的违法犯罪行为，维护社会的稳定，维护人民生命财产的安全，推动民主法治、公平正义、诚信友爱、充满活力、安定有序、人与自然和谐相处的社会主义和谐社会建设。

一、什么是邪教

法国专家们经过深入研究，认为从社会学角度出发，以"危险性"来界定邪教：一个团体，以科学、宗教或治病为幌子，掩盖其对信徒的权力、精神控制和盘剥，以最终获取其信徒无条件效忠和服从，并使之放弃社会共同价值观（包括伦理、科学、公民、教育等），从而对社会、个人自由、健康、教育和民主体制造成危害，即为邪教。

结合现代司法学来讲，邪教是指危害社会、危害家庭、危害人权的具有"教主崇拜、精神控制、秘密结社、聚敛钱财、残害信徒、危害社会"六大特征的一种违法组织。"邪教"一词是中国传统文化中对这种反社会组织的称呼，现代国外一般称这种组织为"极端膜拜团体"。

我国现行法律对"邪教"的定义是，邪教组织是指冒用宗教、气功或其他名义建立的一种神化首要分子，利用制造、散布迷信邪说等手段蛊惑、蒙骗他人，发展控制成员，危害社会的非法组织。同时，《最高人民法院、最高人民检察院关于办理组织和利用邪教组织犯罪案件具体应用法律若干问题的解释》作出了明确规定，其中第四条规定："组织和利用邪教组织制造、散布迷信邪说，指使、胁迫其成员或者其他人实施自杀、自伤行为的，分别依照刑法第二百三十二条、第二百三十四条的规定，以故意杀人罪或者故意伤害罪定罪处罚。"第七条规定："组织和利用邪教组织，组织、策划、实施、煽动分裂国家、破坏国家统一或者颠覆国家政权、推翻社会主义制度的，分别依照刑法第一百零三条、第一百零五条、第一百一十三条的规定定罪处理。"我国《刑法》第三百条规定："组织和利用会道门、邪教组织或者利用迷信破坏国家法律、行政法规实施的，处三年以上七年以下有期徒刑；情节特别严重的，处七年以上有期徒刑。组织和利用会道门、邪教组织或者利用迷信蒙骗他人，致人死亡的，依照前款的规定处罚。组织和利用会道门、邪教组织或者利用迷信奸淫妇女、诈骗财物的，分别依照本法第二百三十六条、第二百六十六条的规定定罪处罚。"

二、邪教组织的基本特征

邪教组织都是以拯救人类为幌子散布迷信邪说，都有一个自称超自然力量的教主作为信徒顶礼膜拜的偶像，都是以秘密结社的组织形式控制群众，都不择手段地敛取钱财。与正常的宗教相比较，邪教具有以下一系列专有的特征：邪教的"精神领袖"至高无上，是一切信徒所必须永远服从的。这个"精神领袖"往往在世，也是邪教的创立者，他要么假借其他宗教的躯壳，要么自创一个教派。如"科学神教"借助基督教，控制着信徒的所有行动，而他自己则可以不受教规的限制，他能够解释一切现象。

邪教组织具有十个特点：

（1）邪教对其信徒实行精神控制，信徒必须遵循"精神领袖"的旨意而行动。这种精神控制之严重，早已超出人们的想象。

（2）邪教通过信徒大肆敛财。邪教头目几乎都这样做，因此邪教往往拥有强大的经济实力。邪教敛财的手段也是多种多样的。有的邪教要求入会者交纳"会费"，有的通过举办培训班收取费用，有的出版会刊、教刊等。

（3）邪教脱离正常社会生活。邪教的内部法则高于正常的社会法规，信徒必须首先遵守会规。使信徒脱离社会，就能使信徒失去家庭和朋友的帮助，彻底被纳入邪教内部去了。有的即使后悔，也难以脱身了。

（4）邪教大多侵犯个人身体。特别是对女性信徒和儿童来说，人身侵犯包括性侵犯已是邪教信徒中经常出现的悲剧。

（5）邪教吸收儿童入会。我国法律是禁止向儿童传授宗教内容的，但邪教则毫无顾忌。

（6）邪教具有反社会性质，即社会是如此"丑恶"，只有加入"教会"才能净化灵魂。

（7）邪教扰乱社会正常秩序。

（8）邪教不断引起司法纠纷。如"科学神教"对一位写书揭露其邪教实质和内幕的记者富贝尔进行围攻和提出起诉，说他无理攻击"科学神教"。法院最终判处"科学神教"败诉。

（9）邪教经常性地转移资金。

（10）邪教试图渗入公共权力机构，以求扩大影响。

三、邪教的社会危害性

邪教对于人类，不仅毒害人的肌体，而且侵蚀人的灵魂。邪教对于社会的危害是多领域、多方面的。

（1）危害国家政治稳定。表现在：破坏国内安定团结的政治局面；向公职部门渗透，侵蚀国家机构；挑战现行政治体制，反对国家政权。

（2）危害国家经济秩序稳定。表现在：非法敛财，危害人民群众财产安全；进行经济犯罪，破坏社会生产及财政金融秩序。

（3）危害社会秩序稳定。表现在：破坏社会治安；蔑视法律，危害公共秩序；诬告滥诉，干扰司法正常进行；毒化社会风气；干涉婚姻，违背人伦，破坏家庭。

（4）危害社会思想稳定。表现在：编造歪理邪说，制造思想混乱；制造恐慌心理和恐怖气氛；反科学、反文明，亵渎人文精神。

（5）践踏人权。表现在：残害生命，践踏人的生命权；扼杀自由，侵害人的政治权；诋毁宗教，伤害信教群众的名誉权。

四、案例追踪

邪教组织近年来屡屡制造危害社会安定、伤害民众安全的恶性事件。下面是邪教组织残害生命的真实案例，提醒广大师生提高警惕，引以为戒：

（1）1978 年 11 月 18 日，美国邪教组织"人民圣殿教"的信徒在教主吉姆·琼斯的胁迫下，在南美洲圭亚那琼斯镇集体自杀。共有 913 人喝氰化物中毒身亡，其中包括 276 名儿童，那些拒绝自杀的人被强行灌下氰化物，或被枪杀、勒死。吉姆·琼斯随即开枪自尽。整个营地只有四人幸免于难，其中两人是冒死逃跑的。另两个是行动不便和耳聋的老人，由于被别的信徒忘却而幸存。

（2）1995 年 5 月 20 日，日本邪教组织"奥姆真理教"在东京地铁释放沙林毒气，造成 12 人死亡，超过 5000 人中毒。

（3）2000年3月17日，乌干达邪教组织"恢复上帝十诫运动"在鲁昆吉里地区卡农古镇教堂里集体焚烧信徒，造成一千多人死亡。

（4）2001年1月23日，5名"法轮功"邪教组织信徒在北京天安门广场自焚，造成2人死亡，3人重伤。

（5）陕西西安"全能神"信徒王涛相信妻子被"邪灵"附体，需要消灭肉体才能消灭"邪灵"，再由"圣灵"带来重生。2012年3月4日上午9时，王涛对妻子进行殴打、猛击后，用枕头捂住妻子的面部直至其窒息身亡。随后，王涛又用菜刀向妻子尸体头部、胸部和腹部连砍十余刀。这一切结束后，王涛还希望附在妻子身体上的"邪灵"尽快死去，期待着"神"的来临，能使妻子"死而复生"。

（6）河南兰考两个月婴儿被母亲当"小鬼"割喉杀害。2011年1月10日早晨7时许，河南省兰考县谷营乡谷东村的邪教"实际神"成员李桂荣用剪刀割断自己仅有两个月大女儿的喉咙，将其残忍杀害。据悉，李桂荣将自己在邪教内"降职"归因到女儿身上，认为女儿是小鬼，处处纠缠她，致使其没有时间信神、读书，而产生了杀女的想法。

（7）安徽省霍邱县卢庆菊加入"全能神"两年后，想要退出，却被当时的"介绍人"威胁："你要是不干了，神一定会惩罚你的，灭了你和你的家人，包括你的孙子！"卢庆菊曾经看过教会惩罚不听话的人，想起那种毒打场面、威胁的话，不敢再多说一句。2011年11月，卢庆菊迫于"全能神"的威胁，为了不牵累家人投水自尽。

（8）2014年5月28日21时许，山东省招远市一麦当劳快餐厅内发生一起命案。事发当天，犯罪嫌疑人张立冬等6人为宣扬邪教、发展成员，在招远市罗峰路麦当劳快餐厅内向周围就餐人员索要电话号码。当索要被害人吴硕艳（女，35岁，山东省招远市人）电话却遭其拒绝后，张立冬等人认为其为"恶魔"、"邪灵"，应将其消灭，遂实施殴打，致被害人死亡。

2014年10月11日，该案在烟台市中级人民法院第一审判庭公开宣判。张帆、张立冬被判死刑。吕迎春被判无期徒刑，张航、张巧联分别被判处有期徒刑十年和七年。11月28日，山东省高级人民法院对上诉人张帆、张立冬、吕迎春等涉邪教杀人案二审宣判，维持原判。2015年2月2日，经最高人民法院核准，山东省烟台市中级人民法院依法对犯故意杀人罪、利用邪教组织破坏法律实施罪的罪犯张帆、张立冬执行死刑。

五、大学生应如何防范和抵制邪教

（1）首先要树立崇高的理想信念，筑牢抵制邪教的思想基础，树立正确的世界观。广大青年学生一定要树立崇高的理想信念和正确的世界观，培养高尚的道德情操，在服务祖国、服务社会中实现自己最大的人生价值，确保中国特色社会主义事业兴旺发达、后继有人。

（2）掌握科学知识，树立科学理想。作为跨世纪的青年一代，一定要树立科学观念，不断地更新知识，厚积知识储备，掌握科学方法，培养科学精神，养成科学的思维方式，用科学的理念分析、判断来应对伪科学的东西，切实提高辨别是非、真伪的能力，用自己的实际行动抵制邪教，远离邪教。

（3）认清邪教本质，增强抵御能力。要充分认清邪教的本质及其危害，不断增强识别邪教、抵制邪教的能力；要深刻认识稳定、和谐是国家的大局，是民族振兴的关键；防范和处理邪教问题工作，就是消除不稳定、不和谐因素，构建和谐社会的重要环节。因此，广大青年学生要充分认识这场斗争的复杂性、艰巨性和长期性，增强社会责任感，自觉地参与到处置邪教、构建和谐社会的具体工作中，支持和协助学校和地方政府认真开展反邪教警示教育和帮教转化工作，积极承担起抵制邪教、防范邪教的社会政治责任。

（4）要崇尚科学，关爱家庭，珍爱生命，反对邪教。青年学生要加强自身反邪教知识的学习，自觉成为崇尚科学、反对邪教的实践者、宣传者和教育者，切实提高识别和抵制邪教的能力。坚持以科学的态度对待一切，生病了就要及时到医院就诊；要加强心理科学知识的学习，始终保持良好健康的心态，遇到不顺心的事要学会放松和缓解，正确对待人生的坎坷，千万不要为寻求精神寄托而误入邪教的泥潭。

（5）珍爱生命，关爱家庭。邪教通过欺骗、引诱、胁迫等手法，把人们的命运牢牢地套在它们的"精神控制"之中，一些愚昧的信教人员在"世界末日"、"升天"等歪理邪说的驱使下，放弃生命，不顾生死、不顾家庭，走向极端，充当了邪教的"殉葬品"。作为我们每一名热爱生活、珍爱生命、关心家庭的青年学生来说，必须充分认清邪教泯灭亲情人性、残害他人生命的邪恶本质，认清邪教对人们自身、对家庭、对社会的严重危害。

（6）崇尚文明，反对邪教。崇尚文明、反对邪教是全人类的共同任务。作为青年一代，要树立科学健康的生活方式，不断增强免疫能力。我们要从"法轮功"等邪教组织危害社会、祸国殃民的例证中认清其反人类、反社会、反科学的邪教本质，大力倡导科学精神，弘扬精神文明，积极参与科学文明、健康向上的校园文化科技活动，用科学理论和知识武装头脑，做一个遵纪守法、崇尚科学、反对邪教的新一代。

（7）要坚决做到不听、不信、不传。为了避免上当受骗，免受迷信之苦、邪教之害，青年学生要始终做到不听、不信、不传，即不听邪教的宣传，不相信邪教的谬论，更不要传播邪教。如果自己在原籍误练上"法轮功"或其他邪教，入校后，要主动向学校讲清自己的情况，积极接受学校的帮教，坚决与邪教组织决裂；如果自己的同学、亲属、朋友信了邪教，要提醒他们千万别上当，要脱离邪教；对于邪教人员的拉拢，要提高警惕，防止受骗；家里收到邪教宣传信件，要及时劝家长上交到居委会、村委会或单位；本人若收到邪教寄来的信件、光盘等反动宣传资料要及时上交给老师或学校保卫部门；在网上电子邮箱中收到法轮功等邪教的邮件时，要立即删除，不要相互传看。

（8）坚决抵制邪教的各类非法活动。对邪教的渗透活动，要坚决地抵制。见到邪教人员在散布邪教言论、非法聚会、搞破坏活动时，要及时向学校或公安机关报告。如果发现自己的父母、亲戚或朋友信了邪教或参与聚会、串联等违法活动，要敢于揭发，及时制止规劝；发现有人在校园内或公共场所散发、张贴邪教传单、标贴，要立即向学校或公安机关举报。特别是对境外"法轮功"组织抛出的"九评"系列反动文章,要坚决做到不传、不看,彻底挫败"法轮功"邪教组织通过所谓的"正邪大战"进行反动宣传的图谋。要同各种邪教做坚决的斗争。

(9)积极主动参与帮教活动。作为青年学生,要积极参与反邪教警示教育活动,不仅自己主动受教育,还要动员和帮助周围的同学和亲友受教育,要用学到的有关反邪教的知识,帮助他们揭穿邪教骗人的"鬼把戏";对迷上邪教的父母、亲朋好友或同学,要竭力劝说,并主动参与帮教工作。用亲情、真情和友情去感化他们,帮助他们早日脱离邪教,回到正常人的生活中来。积极投身传播科学文明的行列,大力弘扬科学精神,带头践行文明健康的生活方式,积极参与健康向上的校园文化体育活动,努力把自己培养成为富有朝气、积极进取、全面发展的新时期大学生,为创建"无邪教校区"作出贡献。

反邪教是一项社会系统工程,任重而道远,需要全社会共同努力才能够做到,需要加强国际合作才能够见效。但我们相信,正义终将战胜邪恶!作为当代大学生,我们必须充分认识邪教活动的现状和危害,提高识别、抵御和有效防范邪教的能力。只要我们坚持"珍爱生命、反对邪教",倡导科学健康的生活方式,我们的大学生活一定能够充满快乐和幸福!

第三章

校园安全

第一节　学习、运动安全

学习，是大学生活的主旋律，来自五湖四海的学子们，经历了高考的考验与煎熬，迈入了高等学府，开始接受高等教育的培育。大学生在大学繁忙的学习之中也不能忽视安全意识的培养，安全是第一位的，也是追求一切的基础。所以，要从点滴做起，提高安全防范意识，确保大学生活安全愉快地度过。

一、校内实训安全

校内生产性实训课程为师生创造了真实的职业环境，是提高技能人才培养质量、实现专业教育目标的关键环节。学生在校内真实的生产环境中，首先要注意的就是安全，广泛的安全教育、科学的安全管理、先进的安全技术是实训安全的重要保障。校内实训必须做到以下安全要求：

（1）学生实训前应接受系统的安全教育，提高安全意识。

（2）学生应在规定时间内进入实训室，不得无故缺席、迟到或早退。

（3）参加实训的学生，必须听从实训指导教师的指导，自觉遵守纪律，做好实训的安全防护工作。

（4）在实训过程中，牢固树立"安全第一"的思想，严格执行安全管理规定和安全操作规程，服从管理，正确着装和使用劳动保护用品。在进入实训室前，必须穿好工作服、工作鞋，不得穿短裤、背心、拖鞋、裙子、高跟鞋、戴围巾，长发学生应戴帽子。

（5）学生操作前，应检查所用设备、用具、仪器等是否完好无损，如有损坏立即报告指导教师。操作中如设备出现故障，应立即停止操作。

（6）学生应爱护实训设备、仪器，节约用水用电，节约材料。

（7）学生实训时，严禁乱串岗位，打闹嬉戏。未经指导教师许可，不得擅自离开操作岗位。

（8）学生实训时，不能用湿手或湿物接触电插销或带电物体。操作完毕后，一定要切断电源。操作机器设备、仪器装备应在指导教师的指导下进行，严禁擅自开动机器设备及仪器装备，避免意外、不测事故发生，确保人身、设备安全。

（9）实训中，不服从指导教师和工作人员管理及违反安全管理规定、操作规程要求者，情节较轻的给予批评教育,情节较重或造成严重后果的要按学生违纪处分条例进行处理。

(10)实训结束后,及时切断水、电、气源,清点用具,做好设备及仪器的清洁工作。

(一)化验室安全

在学校化验室中,会经常与毒性很强、有腐蚀性、易燃烧和具有爆炸性的化学药品直接接触,常常使用易碎的玻璃和瓷质器皿,以及在煤气、水、电等高温电热设备的环境下进行着紧张而细致的工作,因此,必须十分重视安全工作。

根据化验室危险性种类及事故的统计分析,应该制定出切实可行的化验室安全规定,并严格遵守。

1. 防止中毒

(1)严禁在化验室进餐、吸烟。化验室一切器具都不得做食具使用。使用有毒物品进行工作后,离开化验室前必须仔细洗手、漱口。

(2)所有配好的试剂都要有标签。剧毒试剂(包括已配制的溶液)要放在专用柜中,双人、双锁保管,建立严格的使用登记制度。剧毒的物质洒落时,应立即全部收拾起来,并把接触过剧毒物质的桌子和地板洗净。

(3)严禁试剂入口。用移液管吸取任何试剂溶液都必须用洗耳球操作,不得用嘴吸,如需用鼻鉴别试剂,应将试剂瓶口远离鼻子,用手轻轻扇动,稍闻其味即可,严禁鼻子接近瓶口。

(4)使用易挥发的有毒试剂或做反应中产生有毒气体的实验,如氮的氧化物、氯、溴、硫化氢、氢氰酸、氟化氢、四氟化硅等,必须在通风橱中进行。

(5)取有毒气体试样时必须站在上风头;采用球胆、塑料袋取样时,要事先进行试漏,用完后要放在室外排空放净。

2. 防止燃烧和爆炸

(1)挥发性有机液体试剂或样品应存放在通风良好处,若放入冰箱则必须密封,不得漏气;易燃试剂如乙醚、二硫化碳、苯、汽油、石油醚等不可放在煤气灯、电炉或其他热源附近。

(2)开启易挥发试剂瓶时,尤其在室温较高时,应先用水冷却,且不可把瓶口对着自己或他人,以免有大量气液冲出,造成伤害事故。

(3)实验过程中对于易挥发及易燃性有机溶剂如需加热排除时,应在水浴内或密封的电热板上缓慢加热。严禁用火焰或一般电炉直接加热,也不准在烘箱中烘烤。

(4)身上或手上沾有易燃物时,应立即清洗干净,不得靠近明火,以防着火。沾有氧化剂的衣服,稍微加热即能着火,应注意及时清除。

(5)严禁把氧化剂和可燃物放在一起研磨,不能在纸上称量过氧化钠。

(6)进行易发生爆炸的实验时,如用过氧化钠熔融、用高氯酸进行湿法氧化时,要加强安全措施,使用防护挡板,佩戴防护眼镜。

(7)爆炸性药品(如高氯酸和高氯酸盐、过氧化氢及高压气体等)应放在低温处保管,不得与其他易燃物放在一起。

(8)在进行分析实验时,有时需要对加热处理的溶液在隔绝二氧化碳(指空气中的二氧化碳)的情况下冷却,冷却时不能把容器塞紧,以防冷却时爆炸,可在瓶塞上装碱石灰管。

3. 防止腐蚀、化学灼伤、烫伤、割伤

（1）腐蚀类刺激性药品，如强酸、强碱、浓氨水、浓过氧化氢、氢氟酸、溴水等，取用时要戴胶皮手套和防护眼镜。

（2）稀释浓硫酸时必须在烧杯等耐热容器中进行，在不断搅拌下把浓硫酸加入水中，绝不能将水加入浓硫酸中。在溶解 NaOH、KOH 等能产生大量热量的物质时，也必须在耐热容器中进行。如需将浓酸、浓碱液中和，则必须先稀释后中和。

（3）在压碎和研磨 KOH、NaOH 及其他危险物质时，要戴防护眼镜，注意防范小碎块飞溅，以免造成烧伤事故。

（4）切割玻璃管及给塞子钻孔时，必须戴劳保手套。用玻璃管连接胶管时，必须正确选择其直径，不要使用薄壁玻璃管，须把管口烧圆滑后才能插入胶管。向玻璃管插入塞子时，必须握住塞子侧面，不要把塞子握在手掌上。

（5）装配或拆卸仪器时，要防备玻璃管和其他部位破损而造成严重割伤。使用后的仪器上常留有能刺激伤口和使伤情复杂化的脏污，拆卸时更应小心。

（6）使用马弗炉、电烘箱时注意事项如下：

①马弗炉、电烘箱接线时，须由电工进行，不准随意处理。

②使用马弗炉、电烘箱前，必须对温度调节控制系统进行检查，若温度调节器控制失灵，须经修复后，方可使用。

③马弗炉、电烘箱内严禁烘烤易燃、易爆、易腐蚀的物品，严禁在马弗炉、电烘箱附近存放易燃、易挥发的物品。

④使用马弗炉、电烘箱时，不得超过其允许温度。进行加热操作或具有易燃、易爆危险的操作时，操作者不得离开现场。

⑤马弗炉使用完毕后，不能立即打开炉门，以免炉膛突然受冷破裂。应先切断电源，然后开一条小缝，使其降温后，再用坩埚钳取出被灼烧物体。灼烧物体不得直接放在实验台上。

⑥马弗炉、电烘箱必须有良好的接地线，电线不能紧挨箱体，以免电线烤坏，发生事故。马弗炉、电烘箱用完之后，应及时关闭电源开关。

4. 其他

（1）严禁将一切固体不溶物、浓酸和浓碱废液倒入下水道，以防堵塞和腐蚀下水管道；易燃、有毒有机物也不能倒入下水道，以免中毒和着火。

（2）化验室工作人员应该清楚化验室内煤气、水阀和电闸的位置，以便必要时加以控制。

（3）分析实验结束后，应当进行安全检查，使用过的器皿都要洗涤干净，放回固定位置，下班或离开时，关闭电源、热源和水源。

（二）机械实训安全

1. 机械伤害基本知识

（1）机械伤害的定义。

机械伤害是指机械做出强大的功能作用于人体而造成的伤害。

（2）机械伤害事故的特点。

机械伤害事故的后果惨重，如搅死、挤死、压死、碾死、被弹出物体打死、磨死等。当发现有人被机械伤害的情况时，虽及时紧急停止设备运转，但设备因惯性作用，仍可对受害者造成致命性伤害,乃至身亡。

(3)形成机械伤害事故的主要原因。

①检修、检查机械时忽视安全措施。

②缺乏安全装置。

③电源开关布局不合理。

④自制或任意改造机械设备,不符合安全要求。

⑤在机械运行中进行清理、下料、上皮带蜡等作业。

⑥任意进入机械运行危险作业区(采样、干活、借道、捡物等)。

⑦不具备操作机械资质的人员上岗或其他人员乱动机械。

2. 常见机械伤害

(1)切削加工常见伤害。

①常见伤害。

a. 机器缠绕,如机床的齿轮、丝杆、卡盘等旋转部件将操作者的衣服、手、臂或头发卷入;工件碰伤或飞出伤人。

b. 切屑造成烫伤、划伤、割刺。

c. 砂轮碎裂伤人等。

②主要原因。

a. 操作者违章作业或未按规定穿戴劳动防护用品。

b. 金属切屑机床本身有缺陷,如没有安全保险装置或安全防护装置、零部件损坏或失灵。

c. 工件装卡不牢,模具破裂,工件、工具飞出伤人,飞溅的切屑伤人。

d. 工作场地照明不良,温、湿度不合适,地面有油、水、乳化液等。

③防范措施。

a. 按要求穿戴好防护用品。

b. 设备的布局要合理,便于操作、清理、维修和检查。

c. 严格遵守安全技术操作规程,及时做好设备的三级保养。

d. 各类机械设备的刀具要按规定选用,保证刀具完好,装夹要牢固可靠,防止刀具飞出伤人。

e. 各类切屑应用钩子等专用工具清除,缠到或粘在工件上的切屑应在停车后清除,防止切屑伤人。

f. 装夹完工件后,应将各种工具、量具放在规定的工具箱内,不要随手放在工作台或主轴变速箱上,防止其掉落或卡在设备中,造成事故。

g. 暂时不用的机床其他部位,应停留在适当位置并锁紧,各手柄应在空挡位置,避免误启动或与工件相撞。

h. 工作完成后,要切断动力电源,将设备擦拭干净,工件摆放整齐,场地清扫干净,润滑各部位及导轨后,关闭工作灯,才能离开工作场地。

(2)冲压作业常见伤害。

①常见伤害。

a. 手指被切断。

b. 工件被挤飞伤人。

c. 齿轮、传动机构或卷辊将操作人员绞伤。

d. 钢板卷、钢筒起重、安装、拆卸时造成砸伤、挤伤。

e. 冲模或工具崩碎伤人。

②主要原因。

a. 私自拆除安全装置或安全装置失效，导致事故发生。

b. 停机检修时，未采取保护措施，机器突然启动发生事故。

c. 多人操作时，动作不协调，发生误操作。

d. 违反操作规程，在压力机正要运行时，用手进入模内进行调整作业。

e. 身体不适、疲惫、体力不支，发生误操作。

③防范措施。

a. 按要求穿戴好防护用品。

b. 设备的布局要合理，便于操作、清理、维修和检查。

c. 严格遵守安全技术操作规程，及时搞好设备的保养。

d. 努力实现从送料到卸料整个过程的机械化和自动化，是防止人身伤害事故、提高劳动生产率和减轻劳动强度的有效措施。

e. 禁止在没有安全防护装置的机械设备下连续作业。

（3）起重、运输机械常见伤害。

①常见伤害。

a. 挤伤。

b. 吊运物体砸伤。

c. 吊运物体压伤。

d. 钢丝绳打伤。

e. 起重机倾翻或折臂伤害。

②主要原因。

a. 操作原因。

• 起吊方式不当、捆绑不牢造成的脱钩、起重物散落或摆动伤人。

• 违反操作规程，如超载起重、人处于危险区工作等造成的人员伤亡和设备损坏，以及因司机不按规定使用限重器、限位器、制动器或不按规定归位、锚定造成的超载、过卷扬、出轨、倾翻等事故。

• 指挥不当、动作不协调造成的碰撞等。

b. 设备原因。

• 吊具失效，如吊钩、抓斗、钢丝绳、网具等损坏而造成的重物坠落。

• 起重设备的操纵系统失灵或安全装置失效而引起的事故，如制动装置失灵而造成重物的冲击和夹挤。

• 构件强度不够导致的事故，如塔式起重机的倾倒，是由于塔吊的倾覆力矩超过其稳定力矩所致。

• 电器损坏而造成的触电事故。

• 因啃轨、超磨损或弯曲造成桥式起重机的出轨事故等。

c.环境原因。

•因雷电、阵风、龙卷风、台风、地震等强自然灾害造成的出轨、倒塌、倾翻等设备事故。

•因场地拥挤、杂乱造成的碰撞、挤压事故。

•因亮度不够和遮挡视线造成的碰撞事故。

③防范措施。

a.起重运输作业人员须经有资格的培训单位培训并考试合格,取得特种作业人员操作证后,才能上岗。

b.起重运输机械必须设有安全装置。

c.严格检验和修理起重、运输机件,报废的应立即更换。

d.建立、健全维护保养、定期检验、交接班制度和安全操作规程。

e.起重机运行时,禁止任何人员上下,也不能在运行中检修。

f.起重机悬臂能够伸到的区域不得站人。

g.吊运物品时,不得从有人的区域上空经过,吊物上不准站人,不能对吊挂物进行加工。

h.起吊的物品不能在空中长时间停留,在特殊情况下应采取安全保护措施。

i.开车前必须先打铃或报警,操作中接近人时,也应持续打铃或报警。

j.按指挥信号操作,对于紧急停车信号,不论任何人发出,都应立即执行。

k.确认起重机上无人时,才能闭合主电源进行操作。

l.工作中突然断电时,应将所有控制器手柄扳回零位,重新工作前,应检查起重机是否工作正常。

m.在轨道上作业的起重机,当工作结束后,应将起重机锚定住;当风力大于6级时,一般应停止工作,并将起重机锚定住。

3.机械伤害救护

由于撞击、摔打、坠落、挤压、摩擦、穿刺、拖曳等造成人体闭合性或开放性创伤和骨折、出血、休克、失明等时,现场救护的基本方法有止血、包扎、固定、搬运四个方面。

案例

戴手套操作机器伤手

1.事故发生时间

2002年4月11日。

2.事故发生经过

2002年4月11日下午5点40分左右,船体设备操作者宋某开动三辊卷板机为钢板卷制弧形,船体联谊队刘某配合作业。在卷制过程中,联谊队工人刘某卷制弧度过大,便用左手拿样板准备对照测量,宋某此时将卷板机停了下来,但卷板机由于惯性继续在转,这时钢板突然动了一下,刘某左手食指远端被带进卷板机挤伤。

3.事故原因分析

人的不安全行为:

(1)刘某违反操作规程,在机器没有完全停止的情况下用手接近机器转动部位。

(2)刘某戴手套操作。

4.预防措施

(1)强化安全操作规程,卷板机、钻床等严禁戴手套操作,油压机、剪板机等在工作中禁止身体任何部位进入上下胎具之间。

(2)机器运行中手不准接近转动部位,防止手被卷入。

(3)进一步强化岗位安全生产责任制,设备操作者应对其他配合作业人员的违章行为及时进行警告并制止。

5.评析

从上面的事故发生的原因来看,主要是施工人员在施工过程中习惯性违章所致。所谓习惯性违章,是指操作者固守旧有的不良作业传统和工作习惯,违反安全规程的行为。习惯性违章是导致事故的人为因素,危险点则是引发事故的客观因素,习惯性违章与危险点相结合,很容易造成事故。在具体的作业过程中,如果人们坚持按照安全操作规程操作,不渗入习惯性违章的成分,就不会生成危险点。但是,如果固守违反安全操作规程的旧有的传统做法和工作习惯,本来不存在危险点的作业过程也会生成新的危险点,进而危及身体健康与生命安全。

案例

一心二用,电动葫芦断手指

1.事故经过

1990年3月24日,某铝厂产品库房电动葫芦检修之后在辊筒上缠绕钢丝绳,检修工用左手(戴着线手套)拉紧松散的钢丝绳,用右手(也戴着线手套)拿着按钮盘电动按钮,企图将钢丝绳缠紧在辊筒上。但是,辊筒转动后操作按钮卡住、停不了车,以致检修工的左手离辊筒很近时未能及时将手脱开而被绞进辊筒上的钢丝绳间,造成4根指头被压断,直到别人将电源闸刀拉下,反转辊筒,才将受伤的手取出来。

2.原因分析

(1)检修工一心二用,操作失当。他一个人用左手缠绕钢丝绳,另一只手既要抓住按钮盘又要操作该盘上的电动按钮,用力方向不准确,使按钮歪斜卡住、停不了车,心里一慌乱,顾此失彼,忘记将左手脱开,是造成左手断指事故的主要原因。

(2)错误地戴手套操作,导致右手按电动按钮失衡,左手触感迟钝,等触感到了,手已难以及时抽出。

(3)检修工风险意识差,该检修工是老师傅,多次习惯性地错误操作,无人制止、教育,自认为很有经验;同时,检修操作规程也没有相关的明确规定。

3.教训及防范措施

(1)电动葫芦按钮盘必须一人双手操作,即一手持盘,一手按钮,同时不得戴手套操作。

(2)检修中缠紧钢丝绳的操作必须由两人共同进行,一人缠绕钢丝绳,一人操作按钮,而且要分工明确,配合默契、协调,两人都不得戴手套。在电源刀闸开关处还要有人守护,以防备按钮失灵时能及时拉下刀闸开关。

(3)在操作规程中明确补充上述内容,使得工人有章可循。

(4)加强对职工的安全教育,增强其风险意识,对老师傅也要一视同仁,而且尤其要在他们中间开展反习惯性违章的教育。在生产实践中,"老人"容易习惯性违章,需要反复强调违章与事故的关系，提高其安全意识，消除侥幸心理，珍惜生命，珍惜健康，遵章守纪，不怕麻烦。

（三）焊接实训安全

1. 电焊机的安全使用

（1）必须将电焊机平稳地安放在通风良好、干燥的地方，不准靠近高热及易燃、易爆危险物。

（2）注意防止电焊机受到碰撞或剧烈振动。在室外使用的电焊机必须有防雨雪的防护措施。

（3）电焊机必须装有独立的专用电源开关，其容量应符合要求；电焊机不允许超负荷使用；电焊机运行时的温升不应超过标准规定的温升极限；禁止多台电焊机共用一个电源开关。

（4）一般情况下，电焊机的电源线长度为 2～3 米，当有临时任务需要较长电源线时，应沿墙布线，高度必须距地面 5 米以上，不允许将电源线拖在地面上。

（5）使用插头、插座连接的电焊机，插销孔的接线端应用绝缘板隔离，并安装在绝缘板平面内。

（6）禁止连接建筑物金属构架和设备等作为焊接电源回路。

（7）电焊机外露的带电部分应有完好的防护（隔离）装置，电焊机裸露接线柱必须设防护罩。

（8）要特别注意对整流式弧焊机硅整流器的保护和冷却。

（9）禁止在电焊机上放置任何物件和工具，启动电焊机前，焊钳与焊件不得短路。

（10）采用连接片改变焊接电流的电焊机，在调节焊接电流前应先切断电源。

（11）电焊机必须经常清洁保持干净，清扫灰尘时必须断电。焊接现场有腐蚀性、导电性气体或粉尘时，必须对其进行隔离保护。

（12）电焊机受潮时，应当用人工方法干燥处理，受潮严重的必须进行检修。

（13）电焊机每半年应进行一次维修保养。当发生故障时，应立即切断电焊机的电源，及时进行检修。

（14）经常检查和保持电焊机电缆与接线柱接触良好，保持螺帽紧固。

（15）工作完毕或临时离开工作现场时，必须及时切断电焊机的电源。

2. 电焊实训操作安全要求

（1）学生进入实训室前，必须进行安全教育、安全生产考核，合格后方可开始实习操作。进入实训场地后，应服从老师安排，并按规定穿戴好工作服、防护面罩。

（2）工作前应检查线路，如发现线路或电焊手钳的绝缘层损坏，应立即向任课老师报告。

（3）未经许可，不得任意闭合电闸。工作时先接通电源开关，然后开启电焊机；停止时，先要关电焊机，才能拉断电源开关。

（4）禁止将电焊手钳放在工作台上，以防造成短路。

（5）在进行焊接时，禁止一只手拿电焊手钳，另一只手拿其他工具（非优良绝缘体）接触正在进行焊接的工件。

（6）在进行焊接时，身体不要靠在电焊机及工作台上。

（7）没有戴防护面罩时，不要去看电弧光。敲焊渣时应戴防护眼镜。

（8）当焊接正在进行时，禁止调节电流及拉开闸刀，以免烧坏电焊机或闸刀。

（9）启动直流电焊机前，启动手柄必须放在零位上，手柄必须先在中间位置略停一下，等电机的转数慢慢升高后再转到正常工作位置。

（10）发生故障时，应立即拉开闸刀切断电源，并报告任课老师，等待查明原因，排除故障，不得擅自处理。

（11）实训结束后，应切断电源，关闭各种气体瓶总阀，清理安放好所使用的工具、量具，按规定保养、清扫设备，并做好实训室的清洁卫生工作。

3.电焊灼伤眼睛的处理办法

电焊工作对眼睛主要有两方面影响：

（1）对眼角膜上皮的影响。

电焊操作中如果防护不当，可引起电光性眼炎，即没戴防护眼镜直接受到紫外线的照射，几个小时后发生的眼睛发红、疼痛、强烈的异物感、流泪以至眼睑水肿和痉挛等现象，多在夜间发病，一般情况下24～48小时后就可以痊愈，不会留下后遗症。

（2）对晶状体的伤害。

长期小剂量或一次大剂量的光辐射都可以引起辐射性白内障，也就是所说的晶状体浑浊，这也是电焊工的职业病。预防电焊灼伤眼睛的方法主要是加强对光的防护，灼伤后具体做法如下：

①电焊的火焰打到眼睛时，必须立即去医院就诊，不能耽误。还有一种是没有打到眼睛，只是长时间看着电焊引起的电光性眼炎，其症状没有前一种严重，但还是需要去医院就诊。因此，电焊时要做好保护眼睛的措施。

②如果症状比较轻，可以用冷毛巾敷一下并涂一些抗生素眼药膏，注意闭眼休息，也可同时服些止痛药片，一般一天就会好转。严重的就必须及时就医治疗，以免延误病情。

③引起电光性眼炎后，最简便的应急措施是用煮过而又冷却的人奶或鲜牛奶点眼，也可止痛。使用方法是：开始每隔几分钟点一次，而后随着症状的减轻，点眼间隔时间可适当地延长。还可用毛巾浸冷水敷眼，闭目休息。经过应急处理后，除了休息外，还要注意减少光的刺激，并尽量减少眼球转动和摩擦。一般经过一两天即可痊愈。

案例

焊工擅自接通焊机电源遭电击

1.事故经过

某厂有位焊工到室外临时施工点焊接，焊机接线时因无电源闸盒，便自己将电缆每股导线头部的胶皮去掉，分别接在露天的电网线上，由于错将零线接在火线上，当他调节焊接电流时用手触及外壳，遭电击身亡。

2.主要原因分析

由于焊工不熟悉有关电气安全知识，将零线和火线接错，导致焊机外壳带电，酿成触电死亡事故。

3.主要预防措施

焊接设备接线必须由电工进行操作，焊工不得擅自进行。

案例

焊工未按要求穿戴防护用品，触电身亡

1. 事故经过

某机械厂结构车间，用数台焊机对产品机座进行焊接施工，当一名焊工右手合电闸、左手扶焊机的一瞬间，随即大叫一声，倒在地上，经送医院抢救无效死亡。

2. 主要原因分析

(1)电焊机机壳带电。

(2)焊工未戴绝缘手套及穿绝缘鞋。

(3)焊机接地失灵。

3. 主要预防措施

(1)工作前应检查设备绝缘层有无破损、接地是否良好。

(2)焊工应穿戴好个人防护用品。

(3)推、拉电源闸刀时，要戴绝缘手套，动作要快，并站在侧面。

(四)电气实训安全

为了保证电气实训教学工作的顺利进行，保障学生安全，学生在进行实训时，应严格遵守操作规程，遵守实训室的各项规章制度，同时，还要掌握以下电气实训安全知识。

1. 发生电气责任事故的主要原因

(1)人员缺乏基本的电气安全知识。

(2)人员冒险违章作业。

(3)设备设置、维护、保养不良。

(4)设备制造有缺陷。

(5)偶然因素。

2. 造成电工作业事故的主要原因

(1)电气线路和电气设备安装不符合要求。

(2)电气设备运行管理不当，使绝缘层损坏而漏电，又无有效的安全措施。

(3)缺乏规章制度，非电工人员随便处理电气事务。

(4)检修工作中，安全组织及安全技术措施不完备。

(5)接线错误，特别是插销座接线错误。

(6)高压线落地形成的跨步电压等。

还要注意的是，大多数触电事故不是单一原因造成的，而是由两个以上的原因造成的。

3. 减少和避免电气事故的方法

(1)电气设备要设置相应的安全保护装置，有保护接地、保护接零、防雷电等设施。

(2)生产人员不得随意拆卸电器和接线，如发现有裸露的电线及接头要及时用电工胶布包好。

(3)不允许在输电线或电器上搭挂衣物。

(4)手湿或出汗时不得触及电器，更不可用手试带电体是否有电。

(5)在有关规定内，机床、设备照明灯和井下照明灯应选择安全电压以下的电源供电。

（6）不能用额定电流大的保险丝保护小电流电路。

（7）按规定穿戴保护用品，如绝缘手套、绝缘鞋等。

（8）严禁违章冒险作业。

（9）一般不允许带电操作，如遇紧急情况必须带电作业时，要预先做好防护工作。

二、校外实训安全

为确保学生在校外实习期间能够安全、圆满地完成实习任务，并顺利返校，各专业应在实习工作开展前，加强对学生的安全责任教育，使学生注意校外实习期间的有关安全问题。学校应针对学生校外实习中某些环节做相应的安全教育，各实习点在此基础上再进行相应的补充教育。

（一）校外实习安全教育

学生在校外实习进入实习岗位之前，必须经过入厂教育，熟悉实习生产工艺，了解本岗位的特点和操作规程，遵守劳动纪律。因此，学生在生产实习岗位的实习过程中必须做到以下几点：

（1）明确生产实习任务，遵守安全操作规程，注意保密工作，严格遵守劳动纪律、工艺纪律、操作纪律、工作纪律。严格执行交接班制度、巡回检查制度，禁止脱岗，禁止与生产无关的一切活动。

（2）实习成效的好坏在很大程度上取决于每个学生的实习态度，学生应在短时间内与自己的实习指导人建立起良好的师生关系，工作中要积极主动，遵守纪律，服从实习指导人的工作安排；对重大问题应事先向实习指导人反映，共同协商解决，学生不得擅自处理。要认真执行岗位安全操作细则，防止刀伤、碰伤、砸伤、烫伤、踩空跌倒及身体被卷入转动设备等人身事故和设备事故的发生。

（3）设备开机前，必须全面检查设备有无异常，对转动设备，应确认无卡死现象、安全保护设施完好、无缺相漏电等情况，并确认无人在设备旁作业，方能启动运转。启动后如发现异常，应立即检查原因，及时反映；在紧急情况下，应按有关规程采取果断措施或立即停止设备。

（4）严格遵守特种设备管理制度，禁止无证操作。正确操作特种设备，开机时必须注意检查，发现不安全因素应立即停止使用并挂上故障牌。

（5）按章作业，搞好岗位安全文明生产，发现隐患（特别对因泄漏而易引起火灾的危险部位）应及时处理及上报。及时清理杂物、油污及物料，切实做到安全消防通道畅通无阻。

（二）校外实习期间安全注意事项

1. 校外实习安全要求

学生在校外实习时，进入到一个新的环境，所以在任何时候都要保持一个学生应有的素质，并遵守实习期间的各项规定。

（1）按要求参加学校实习动员会，认真听取实习实训的安全要求及注意事项。

（2）严格遵守实习单位的纪律要求和安全操作规程，按规定穿戴好工作服和其他劳动防护用品，要服从管理，虚心学习。注意保养和爱护实习单位设施设备，未经批准，不得擅自动、摸其他设备，私自动手造成人身和设备事故者，应承担相应赔偿责任。

（3）要注意维护学校及专业、班级的形象，维护集体荣誉，遵守公共道德，待人礼貌，着装规范；讲究卫生，不乱丢垃圾、杂物。

（4）严禁抽烟、酗酒，严禁进入社会娱乐场所、网吧，要维护自身安全；注重了解实习所在地习俗和民族习惯，与当地人交往注意分寸，避免引起纠纷；严禁夜不归宿、留宿外人，防止上当受骗。

（5）严格遵守外出实习的各项规定、按时作息，严格按照规定时间上、下班，不得私自外出，实习中途不得擅离岗位，有事须向带队指导教师或实习单位领导请假；如有特殊情况须离开实习实训单位时，必须向实习实训单位和学校提出申请，获得同意后方可办理自主或其他实习手续。

（6）外出参观或短时间外出实习时，请假须由随队辅导员、班主任、任课教师和实习单位共同批准；毕业实习实训临时请假必经实习实训指导教师同意并办理请假手续，请假三天以上由实习单位和学校实习科共同批准。

2. **校外人身安全**

学生在校外实习时，住地周围都有其他人员，对附近的环境又不太熟悉，因此，在实习过程中必须做到以下几点：

（1）要有预防的意识，保持良好的防护习惯。

（2）用法律维护自己的人身财产安全。特别是面对暴力犯罪，要坚决制止不法侵害。对正在进行的行凶、杀人、抢劫、强奸、绑架以及其他严重危及人身安全的暴力犯罪，应采取正当防卫行为。

（3）发生案件、发现危险时要快速、准确、实事求是地报警求助。

（4）留心观察身边的人和事，及时规避可能针对自己的侵害。遵守交通规则，预防交通意外。

（5）实习期间严禁下河游泳。

（6）性侵害的预防。正确识别性侵害，注意自身的言行举止，尽量避免在开放性场所独处；加强自身教育，增强性自卫能力；遭遇性侵害时，要沉着冷静对待，努力消除性侵害成功的机会和条件；加强性侵害过程中的自身防卫，积极报案，提供证据。

3. **校外防盗**

由于学生实习住地多处于城乡结合部，社会环境比较复杂，学生到实习单位实习时，若住所无人看管，易出现失窃情况，因此，要注意财物安全。

（1）出租屋或者宿舍防盗措施。锁好门，关好窗；不要留宿外来人员，注意盘查形迹可疑人员；防止推销小商品人员顺手牵羊；宿舍内不放大量现金，贵重物品不要放在明处；安装防盗门窗，及时修复损坏的防盗设施；保管好自己的钥匙；选址安全，谨慎交友。

（2）现金防盗措施。现金存入银行，日常生活费用贴身携带。

（3）存折、银行卡、电话卡防盗措施。设置一个既保密又不会遗忘的密码；保管好存折、银行卡。

（4）发生盗窃案件的应对办法。发现财物被盗时要迅速叫上他人，寻找和围堵嫌疑人；保护盗窃现场，切勿翻动现场物品；发现存折、银行卡、校园卡被盗，立即挂失，配合调查。

4. **校外防抢**

由于学生实习住所周边社会环境复杂，因此，在外游玩时一定要防止被抢劫的危险。

(1)要有遭遇抢劫、抢夺的心理准备。

(2)夜间不要单独到偏僻的地方行走。

(3)女生注意首饰、小包，以防被抢、被夺。

(4)不要外露财物。

(5)不走偏黑的道路。

(6)乘坐有营运执照的正规车或出租车。

(7)伺机逃脱。

(8)在有人时大声呼救。

5. 校外防骗

诈骗花样很多，有合同诈骗、假金元宝诈骗、借口帮忙诈骗、利用求财求子等心理诈骗、在特定场所如银行门前诈骗、中大奖骗局、利用公话诈骗、碰撞丢钱诈骗等。针对学生的诈骗主要是求职陷阱，包括试用期陷阱、收费陷阱、工资陷阱、智力陷阱等。

防骗的方法如下：

(1)学会观察。

(2)不贪钱财，不图便宜。

(3)保守自我信息、秘密。

(4)慎重交友，不感情用事。

(5)多与同学和老师斟酌。

(6)慎重对待他人的财物请求。

6. 校外防传销

传销是指组织者或者经营者发展人员，通过对被发展人员以其直接或者间接发展的人员数量或者销售业绩为依据计算和给付报酬，或者要求被发展人员以交纳一定费用为条件取得加入资格等方式牟取非法利益，扰乱市场经济秩序，影响社会稳定的行为。

防传销的方法如下：

(1)消除快速成功的心理。

(2)正确对待就业困难。

(3)学会用《禁止传销条例》保护自己。

(4)杜绝非法传销渗透的空间。

(5)尽快脱身，防止越陷越深。

(6)主动配合打击。

案例

2000 年 5 月，某学校学生在指导老师带领下到某水库进行毕业实习。在实习动员会上，班主任及指导老师反复强调，在实习期间一定要服从指导老师的统一指挥，绝不允许擅自单独行动。可就在实习期间，学生吕某和胡某趁老师及同学不注意，悄悄溜到该水库的另一侧游泳。由于当时水还凉，加上水下有很多杂草，在两人游泳过程中，吕某大腿痉挛，同时被水下杂草缠住，不幸溺水而死。

案例分析

学生外出实习要特别注意安全问题。可有些学生对于学校的要求和老师的教导置若罔闻，喜欢抱着侥幸心理和"不信邪"的想法我行我素，到头来发生人身伤亡事故，给父母及亲人带来巨大伤痛，也给学校造成巨大影响。案例中的吕某和胡某就是例子。我们应该从中吸取深刻教训，时刻做到安全第一，切不可按自己意愿擅自单独行动，从而造成不可挽回的伤害。

三、文体活动安全

文体活动是学生丰富课余文化生活、娱乐身心的主要内容。但是在文体活动中受到损伤是学生碰到的又一安全问题，学生在运动中受了伤，不仅影响自己的健康，还耽误自己的学习。如何预防在文体运动中受伤？

（1）使用文体设施或器材时，应先检查，排除其安全隐患。

（2）安排好锻炼时间和运动项目。应根据不同的时间选择不同的运动项目，如睡前可以选择散步等。

（3）对运动中负担较大和易受伤的部位要特别做好准备活动。

（4）大重量训练要适可而止。大重量训练时，如果没有把握，最好请人保护。

（5）正确掌握运动项目的技术要求，练习危险动作时要由教练或有经验的保护者进行保护。

（6）加强医务监督和训练场地的安全检查。

（7）锻炼过程中，必须遵循增强体质的生理规律和心理规律，适量选择运动负荷，因人而异，循序渐进，持之以恒。

（8）认真总结预防伤害的经验，明白伤害事故发生的原因，找出其发生的规律，从而找出更好的预防措施。

（9）运动前不应吃太饱或喝太多水，剧烈运动后，不要立即停下来休息，要坚持做好放松运动。

（一）文体锻炼的方法与注意事项

1.制订健身计划的方法

（1）制订阶段计划的方法。

在校学生一般确定一学期为一个锻炼阶段，也可把一学期按季度和月份分为几个阶段，再确定每一阶段锻炼的重点，锻炼的内容，锻炼的指标要求，每周的锻炼次数、时间和项目的安排。确定了锻炼阶段后，应根据客观条件（如气候、器材、场地）、运动项目的难度和自己锻炼的基础进行锻炼，同时要注意全面锻炼，运动项目不要太单一。每次运动量安排要大、中、小有节奏地交替进行。

（2）制订每次锻炼计划的方法。

根据阶段计划中安排的各项目来安排每次锻炼的内容，具体包括锻炼方法、重复次数、时间安排（包括锻炼前预备活动、基本锻炼的整理活动）。

2.制订和执行健身计划时应注意的事项

（1）应该根据自己的实际情况，特别是体质和健康状况以及所处的环境条件来制定，还要考虑自己参加运动所要达到的目标。

(2)健身计划的目标要简明，内容要简易可行，指标要定量化。

(3)制订计划时，注意运动项目不要太单调，可以按照季节不同安排不同的运动项目和不同的运动量，注意运动负荷要适宜。

(4)在执行计划过程中，要做到健身计划相对稳定。根据自我检查的情况或者遇到伤病，客观原因确有变化时，应及时调整和修订计划，防止盲目执行计划。

(5)执行计划时应坚持不懈，严格执行计划，注意质量，讲究实效。

3.文体锻炼的原则

文体锻炼是有目的地通过多次重复的身体练习，给人体各器官系统以一定的负荷刺激，使人体在生理功能、生物化学和结构形态等方面发生一系列变化。人体的这一积极适应过程，与刺激的性质、强度、时间和数量等因素密切相关。因此，在文体锻炼过程中，应遵循锻炼原则，以增强锻炼的科学性，并获得最佳的文体锻炼效果。

(1)循序渐进原则。

在进行文体锻炼时要贯彻循序渐进原则。文体锻炼的循序渐进主要表现为动作由易到难、技术由简到繁、运动负荷由小到大的过程。

生理学研究表明，机体对刺激的反应从属于刺激的性质、强度等。弱的刺激对机体引起的反应不大，锻炼效果也不明显；反之，过强的刺激则使机体产生不良作用。所以，刺激强度应控制在机体能承受的范围内，使之产生良好的效果，达到健康的目的。如果不遵守循序渐进原则，骤然从事未熟悉的复杂运动，或刚参加锻炼就承受很大的体力负荷，很可能会导致因神经系统和其他器官过分紧张而发生运动创伤，或产生过度疲劳。循序渐进原则既要贯穿在整个文体运动过程中，不断调整运动量，使机体不断适应，又要体现在每次锻炼中。每次锻炼开始，应做准备活动，然后逐渐加量或加速，保证锻炼任务的完成。

(2)坚持性原则。

坚持性原则又叫经常性原则，即要求参加文体锻炼者有合理的锻炼制度，常练不息，持之以恒，以达到良好的锻炼目的。

在文体锻炼中，一个动作从掌握到熟练，必须通过多次重复锻炼，历经"泛化、分化、巩固、自动化"四个生理过程才能实现。当动作掌握已经非常熟练时，在大脑皮质中已建立了巩固的运动条件反射，许多复杂的动作在大脑皮质运动区形成了运动动力定型。如一个熟练的太极拳选手，在打太极拳时，动作非常娴熟，完全可在无意识的情况下完成，要知道这是经过许许多多的练习才练成的。如果不经常锻炼，"三天打鱼，两天晒网"，这种复杂的运动条件反射是建立不起来的。即使已经掌握了，如不经常复习(强化)也会消退。"拳不离手，曲不离口"，指的是练拳的要经常练，唱戏的要经常唱，才能使已经掌握的技能不遗忘、不消退。同时，文体锻炼对机体生理机能的影响并不是短时间内能见效的。例如，锻炼使心肺功能增进，使神经系统功能提高，使运动系统的适应性加强等，并非是一朝一夕之事，而是因天长日久的锻炼而逐渐获得积累的结果。另外，由于天气寒冷或夜生活过久，或因考试、情绪挫折及兴趣转移等而中断文体锻炼，那么已经增强的肌肉会退化，心肺功能和其他全身功能也会逐渐降到锻炼前水平。如中断锻炼时间过久，则会前功尽弃，第二次锻炼又须从头开始。坚持锻炼，特别要坚持"夏练三伏，冬练三九"，就是说，气候条件越恶劣，锻炼越不能中断。因为在三伏天或三九天里，相对气候条件较差，在这种情况下进行锻炼，既能增强机体的适应能力，又能培养不怕苦、不怕难、敢于和困难作斗争的坚强意志。

（3）安全性原则。

安全性原则要求在锻炼过程中注意保护自己，做到安全第一。其主要内容包括：

①每次锻炼前，做好充分的准备活动，克服内脏器官的生理惰性，预防运动损伤发生。

②锻炼时，要适当交替运动和休息，掌握运动密度，使运动负荷适宜，避免过度疲劳发生。

③根据自己身体状况、年龄及过去的运动史，有区别地选择项目进行锻炼，不要强求一致。

④饭后或饥饿、疲劳时暂缓锻炼。生病刚愈不宜进行较大强度的锻炼。

⑤不要在雾中锻炼，因雾中含有许多有毒物质。

⑥对于不熟悉的水域，不要随便入水或潜水，以免发生意外。

⑦慢性疾病患者的锻炼，一定要在医生的指导下进行。

⑧每次锻炼后，要注重整理放松，防止血液滞留四肢（特别是下肢），促进静脉回流，以免发生"重力性休克"。在较寒冷环境中要注意保暖，防止感冒或其他疾病的发生。

⑨剧烈运动后，不宜即刻洗冷水澡。

（4）全面性原则。

人体是一个统一的整体，各器官系统是相互紧密联系的，身体素质和基本活动能力的发展也都是相互联系的。由于任何一种运动对身体的影响都有所侧重，所以锻炼必须着眼于整体。局部运动应与全身其他部位的运动相交替，而且各类运动应相穿插，使力量、耐力、速度、灵敏及柔韧等素质均得到发展。只有进行全面锻炼，才能使身体得到协调发展，才能为掌握更多的运动技术创造条件。

4. 文体运动的一般卫生知识

（1）运动前后要做好准备活动和整理活动。通过准备活动，克服内脏机能的惰性，提高中枢神经系统的兴奋性和全身的代谢水平；加强肌肉的柔韧性、弹性和黏滞性，扩大肌肉活动幅度，以提高运动的能力和预防创伤发生。运动后，通过整理运动使心跳逐渐恢复正常，使肌肉在逐渐放松时推动血液流动，防止血液淤积在下肢，引起血压下降而晕厥。

（2）运动时要有正确的呼吸方式。正确的呼吸方式能够很好地保护呼吸系统，提高运动成绩，增强呼吸功能。一般情况下，最好用鼻呼吸，因为鼻腔血管丰富，能提高通过空气的温度；鼻腔上的黏液能提高空气的湿度，清除空气中的尘埃和杂质。但在剧烈运动时，为了摄取更多的氧气，还需口鼻配合呼吸，呼吸宜慢而深。

（3）衣着要求。衣料要轻松、柔软、宽窄合体以不影响运动为宜。夏天应穿浅色、单薄服装，戴白色凉帽；冬天可根据寒冷程度及个人抗寒能力穿戴保暖的服装、手套和帽子，穿运动鞋或轻底布鞋，鞋袜不宜过紧，应勤洗。

（4）注意合理的饮食。食物应清洁、新鲜、富有营养，定时进餐，进食有节，三餐分配合理。进餐的时间合适，在进餐前后一定时间内不宜剧烈运动，休息 1~2 小时后可参加运动；运动后休息半小时再进餐，切忌不可暴饮暴食。

（5）跑步到终点时不宜马上停止。跑步时，下肢肌肉交替地收缩与舒张挤压血管，有利于血液回流心脏。如果跑步到了终点马上停下来，则下肢肌肉也停止挤压血管，加上地心引力的作用，血液蓄积在下肢，使回心血液减少，导致脑部供血减少，引起面色苍白、口唇发绀和头晕等,此称为"重力性休克"。

(6)天热时运动中及运动后不宜立即大量喝水或饮料。天热时运动出汗多,会咽干口渴,这时马上喝大量的水或饮料,有以下害处:①影响胃肠功能。运动时胃肠供血减少,功能下降,大量的液体若蓄积在胃肠里,会使人感到腹胀,还妨碍膈肌活动,影响呼吸。②加重心脏负担。运动后心脏更需要休息,这时大量喝水或饮料,则血容量骤增,加重心脏负荷。③若只喝水不补盐并不解渴。运动时出汗多其实是丢失了盐分。运动中及运动后咽干口渴,不一定是体内缺水,此时只需喝少量水或漱漱口,湿润口腔咽部黏膜就能解渴。

(7)讲究卫生。运动时排出大量汗液,运动后宜洗温水澡。因为温水可使毛细血管扩张,血液循环加快,促进代谢产物排出,有益于健康。相反,冷水澡使毛细血管收缩,血液流向心脏,加大心脏负荷量,会心慌、气短和头晕。

5.女子文体卫生

女子的生理特点与男子不同,在运动中必须考虑女子的身心发育特点,采取正确的方法进行文体活动。

(1)女子文体卫生的一般要求。

①女子在青春发育期,由于内分泌和生殖系统的迅速发育,特别是月经初潮时会产生心理、生理和智力行为等方面的一系列变化,所以,女子应与男子分组活动,在运动的时间、内容和要求上应有所区别。

②女生的运动成绩要求应比男生低一些,女生用的运动器械也应轻些,应按规定的女子项目开展文体活动。

③女子的肌肉比较纤细、心脏的容积和肺活量较男生小,这影响了她们的肺通气功能和换气功能,降低了她们的力量和进行耐力性运动的能力,因而运动负荷应小一些。

④女生的骨骼柔软,肩部较窄,肩带肌较细弱,因此进行两臂支撑、悬垂和大幅度的摆动动作较困难,在安排这些运动练习时,要注意循序渐进。

⑤女生在青春期时,骨盆发育尚不完全,不可做过多过重的负重跳跃练习,特别是不对称的负重练习。从高处跳下时,地面不可过硬,应注意落地姿势的正确,以免身体受到过分震动,影响骨盆的发育和形态。

⑥女生在运动时应特别注意加强肩带肌、腰背肌、腹肌和骨盆肌的锻炼,这有利于发展女生的肌肉力量以及肌肉的协调性、灵敏性和柔韧性。

⑦女生注意锻炼的自觉性。通过锻炼克服和改善自身的弱点,努力提高力量、速度和耐力等素质,以便在劳动和运动中承担更大的负荷量和掌握更高的运动技巧,使自己的身体更健康。

(2)经期运动卫生。

身体健康、月经正常的女青年,平时经常参加文体运动,经期继续参加适量的文体活动是有益的。因为适当的运动可以改善盆腔的血液循环,加上由于腹肌、骨盆骶肌的收缩和放松,对子宫会起到柔和的按摩作用,有助于经血的排出;并且可以调整大脑皮质的兴奋和抑制作用,减轻全身不适的感觉。一般来说,经期锻炼应注意以下几点:

①来月经的第一、二天可做少量轻微的活动。如健美操、徒手体操等,运动时间不宜过长。

②经期不宜参加剧烈运动和比赛,也不要做跳跃和收腹动作以及腹压过大的静力性训

练,以防引起出血过多或改变子宫位置。

③经期不宜游泳。因为经期宫口张开,子宫内膜破裂出血,容易感染细菌,引起炎症。

④经期有明显的不适,如腹痛、腰背痛,经血过多或过少等,可做轻微的文体活动,上文体课时可旁听见习。

经期能否参加训练的问题,因人而异。如月经正常、无特殊反应,可以参加训练,但应注意调节运动量,并加强医务监督。经期最好停止文体比赛。

(二)运动损伤及对策

1. 运动损伤的主要原因

(1)缺乏准备运动或准备运动不正确。

准备运动的目的:①使机体更好地适应运动时的需要。②有效地避免发生损伤和事故。③最大限度地发挥运动潜能。未做准备运动或准备运动不正确是运动损伤发生的原因之一。某学院调查发现准备运动问题占运动损伤原因的第二位。

(2)对预防运动损伤认识不足。

运动损伤的发生,常与认识不足、思想不重视、注意力不集中和预防措施不力等有关。尤其青年学生往往会心血来潮,过于自信,盲目做一些把握性不大的高难度动作,又缺乏自我保护意识,不采取积极预防措施,或对老师、教练员的要求和采取的预防措施不重视,所以容易发生损伤。

(3)身体机能和技能不良。

带伤带病、伤病初愈、过度疲劳和精神状况差等情况下参加文体运动,容易发生损伤。这时因为身体的生理机能相对下降,动作的协调性、反应性、灵活性及发挥技能的主动性都差。训练水平低、初学新动作、技能技巧不熟练、要领掌握不好、动作中错误多等也容易发生损伤。

(4)场地设备的缺点。

场地不平、过硬、过滑,有碎石杂物,沙坑过硬或坑沿过高,踏跳板与地面不平齐,照明光线不够,器械生锈或表面裂缝不平,器械的大小、重量与运动员的年龄、性别等不适应,运动服、运动鞋不合体,缺乏必要的护具(如护腕、护膝等)都容易发生损伤。

(5)运动量与运动技巧。

教学、训练和比赛中,应注意按照运动量从小到大、技术动作从易到难、运动项目从系统到专项的循序渐进的原则。若实施安排时未能做到按性别、年龄分别对待,也容易发生损伤。进行器械练习时若缺乏保护措施、组织不好、秩序混乱也容易发生损伤。

2. 运动损伤的预防原则

(1)做好准备活动。

准备活动的内容要有针对性,除先做一般性的准备活动外,还要做好专项准备活动,即做一些动作结构、节律、速度和强度与要进行的专项运动相近似的活动,对运动时负担较大或曾有过损伤的部位特别要做好准备活动。关于准备活动量有人认为心率控制在 90 ~ 110 次/分为宜,以使身体觉得发热、微出汗、兴奋提高到最佳状态为合适。时间约为 20 分钟。准备活动结束与正式运动之间相隔 1~4 分钟即可。

(2)加强教育,提高认识。

加强对文体运动的目的、运动损伤的防治知识和运动安全的教育。目的明确、认识提高、思想重视、注意力集中是预防运动损伤的关键。

（3）加强医务监督。

经常进行文体锻炼者或专业运动员，要定期进行体格检查，至少每年一次。在参加重大比赛前要做补充检查。应禁止带伤病或体检不合格者参加比赛。伤病初愈者参加比赛时，要经医生同意。做好自我监督，身体不适、精神不佳时，不宜参加大运动量的活动及练高难度动作。加强场地、设备及个人防护用具的安全检查。

（4）加强保护及自我防护。

加强保护及自我防护在竞技体操等项目中非常重要。因为空中动作多、难度大、要领复杂，容易出现错误或跌倒受伤，特别是初学者在练习高、难、新、尖动作时，应由有保护经验的人保护。练习者要学会自我防护方法，如摔倒时应屈肘、低头、团身，以肩背着地，顺势滚翻，而不要直臂撑地，以避免骨折或关节脱位。从高处跳下时，要以前脚掌着地，以增加缓冲作用。

（5）合理安排教学、训练比赛。

运动项目和运动量的安排要合理，按年龄、性别、训练水平、技巧熟练程度和健康状况等不同，分别对待，因人而异，从易到难，从简到繁，从分解动作到整体动作，从全面锻炼到专项提高，循序渐进。对不容易掌握的高难度动作、容易发生损伤的项目，要做好保护，预防损伤发生。

3.运动损伤的处理原则

运动损伤与其他原因致伤有所不同。其特点是轻伤多、重伤少，急性伤多、慢性伤少，闭合性伤多、开放性伤少，四肢损伤多、躯干头部损伤少，软组织损伤多、骨性损伤少。不同的运动项目的损伤好发部位也有所不同。了解其特点及预防原则，才能在损伤发生后及时正确处理。

（1）损伤处理要注意"三不宜"。

①不宜随便处理伤口。凡开放性伤，不论伤口大小、深浅或干净与否，均不宜自行处理，如用水冲洗、用纸或布片等擦伤口，或用红药水、紫药水、消炎粉之类处理伤口，应由医务人员处理。如伤口出血较多者，可立即用布条之类在伤口的近心侧离伤口不远处，捆扎压迫止血。

②不宜随便搬弄伤肢。凡从高处摔下，在未弄清伤情之前，不宜随便搬运伤者，尤其头颈部损伤更应慎重。如伤者感到头颈部疼痛、活动受限或失去知觉，应立即请医生处理，疑有骨节或关节脱位，不宜试图复位搬弄，以防伤处再伤或骨节端刺伤血管、神经及其他重要组织器官。

③不宜随便按摩或热敷伤处。一般来说，在伤后24小时内，不宜在伤处热敷或按摩。局部淤血或肿胀较严重者，要48小时后酌情处理。

（2）急性闭合性软组织损伤的分期处理。

①早期（伤后24～48小时）处理原则。

a.制动。伤肢休息，不活动或减少活动，尤其重伤者要严格制动。

b.止血。伤处淤血或肿胀明显者，可口服止血药，轻者一般不必服止血药。

c.防肿。重伤者或淤血明显者，应加压包扎伤处，24小时后拆除。休息时抬高伤肢，或外敷跌打膏药等。

d. 镇痛。伤处用冷冻喷雾剂或冷水袋冷敷，亦有助于止血防肿，痛者可服止痛药。

②中期(伤后 48 小时以上)处理原则。主要是改善局部血液或淋巴循环，促进新陈代谢，使淤血、渗出液及无菌性炎症吸收，防止粘连，加速修复再生。可选用热敷、按摩、理疗、中药外敷、痛点注射等。淤血及肿胀不明显者，可逐步进行适当的功能锻炼。

③后期处理原则。主要是增强和恢复功能，如针对功能进行锻炼、理疗、按摩等。

四、实验室安全

案例

2011 年，东北农业大学 27 名学生和 1 名老师在山羊解剖过程中被发现感染布鲁氏菌病——一种与甲型 H1N1 流感、艾滋病、炭疽病等 20 余种传染病并列的乙类传染病。至今，不少实验室还不时提起该事件，作为宣讲教材引以为戒。

2012 年 2 月，南京大学鼓楼校区化学楼内甲醛反应釜发生泄漏，从化学楼到靠近该校北门的路边弥漫着一股刺鼻的气味，上百名师生紧急疏散。事发后，据当地媒体报道，未发现有人员伤亡。

2012 年 6 月 3 日，北京大学微电子研究所一闲置实验楼突然起火，冒起数十米高的浓烟，还有火光映出。随后有人报警求救，两辆消防车赶到现场，半小时左右即将火势控制住。经检查，起火可能是电线老化所致，所幸当时楼内没有人。

案例分析

实验室起火、甲醛泄露、病菌感染等高校实验室发生事故的新闻频频见诸报端，事故原因则如出一辙，皆是因为实验人员的粗心大意。北京理工大学一位教授曾说："河里面淹死的多是那些会游泳的。"在具体的实验操作过程中，不少实验人员抱着侥幸心理，认为不会出事。他们要么没有按照实验步骤操作，要么没有仔细检查实验器具，从而导致实验室事故的发生。在上述案例中，东北农业大学发生病菌感染事故的一个重要原因是"开始动物实验时，指导教师未按规定对动物进行现场检疫"，从而导致 4 只未经检验的山羊进入了实验室。所以，"实验室出事多是人祸"的说法并非没有依据。

高校实验室是科学研究的根据地，本来就充满着各种未知的风险，这一点无法避免。但近些年暴露在公众视野下的，不仅有科学实验中"量杯碎，试管炸"的小事件，更有类似有毒气体泄漏的大事故，以至于有化学专业学生在高校 BBS 上将实验室里的研究生比作煤矿下的民工。这种说法当然有些夸张，但安全事故频发，还是有必要探讨其背后的原因，毕竟这关系着广大师生的人身安全。

1. 实验室基本安全常识

(1)初次进行实验前，应自觉接受安全教育，了解使用水、电、气及化学试剂的基本知识和紧急事故处理办法。

(2)进入实验室要穿实验服，必要的情况下应佩戴防护眼镜，不穿短裤、短袖、短裙、高跟鞋、拖鞋、凉鞋等进入实验室。

(3)做实验前根据所做实验的安全要求，做必要的准备和充分的预习，在得到老师允许的情况下，进入实验室开始实验。

（4）做实验时思想要集中，严格按照实验步骤认真操作，未经允许不随意改动实验操作的前后次序。

（5）仪器设备发生故障时，应立即停止使用，并及时报告指导老师，切勿私自拆卸。

（6）实验结束后，关闭门、窗、水、电、气等阀门，经指导老师检查认可后再离开实验室。

（7）加强管理，防止实验室感染。

2. 实验室用电注意事项

案例

当心着火

某师范大学硕士研究生魏某，上午在实验室做实验，中午出去吃饭未关电源，实验仪器"转子"还在运转，导致电线短路引发实验室失火。

某高校实验室的烘干机未按时清理，导致烘干机发生爆炸，大火烧光了一层楼。"几乎每个实验室都有烘干机，按规定应保持烘干机的通风口通畅。人离开实验室前必须拔掉烘干机的插头。虽然这些都是常识，却常常被忽略。"

在大学的实验课程中，很多都有涉及用电的实验，所以同学们一定要注意用电安全：

（1）实验线路装好后，一定要经指导教师检查，以防漏电或电击伤人。

（2）使用高温炉、红外线灯时，要注意遵守安全用电操作制度，不要靠近高压设备及电源箱等。

（3）严禁乱接电源和私自接拉电线。要做到人走灯灭，仪器断电。

3. 实验室安全标志

在实验室中，我们会经常见到张贴的很多图片标志，这些图片不仅可以给实验过程提供很多提示，同时也大大增强了实验的安全指数。所以，学习了解这些标志，对大学生来说非常实用。

4. 安全使用化学危险品

在石油化工类院校的应用化学实验教学中，经常使用压缩气体、强酸、强碱等易燃、易爆、毒性大、腐蚀性强的危险品，尤其要注意使用安全。

（1）在实验室使用和保存化学危险品应防明火（包括电子打火）、防潮湿、防高温、防日光直射。化学危险品不论存放在何处，均应以化学性质和灭火方法的不同，分门别类实行分室、分柜、分架存放，不得放置过高、过密。柜架之间要留有一定的安全距离，每室要限量保存危险品，最多不能超过 5 千克。

（2）搬运化学危险品时必须轻拿轻放，严防撞击、滚动。如发现破损、渗漏，必须立即进行安全处理。

（3）使用化学危险品要严格执行安全制度、操作规程。在进行蒸馏、精馏、萃取等危险性大的实验时，操作人员不得擅离岗位。

（4）实验后剩余的化学危险品，实验中产生的残渣、废液，不准存放或丢弃在露天处或楼道内，不准流入下水道，任何人不得将化学危险品带回宿舍和居室。

（5）禁止任何人住宿在存放化学危险品的实验室。未经过批准，不准带领同学、朋友和无关人员进入实验室游玩。

（6）对丢弃标签的无名药品、各类残渣废液，特别是剧毒物品残液，要及时报告指导教师和主管部门，送到指定单位进行销毁处理。

（7）正在使用的剧毒物品（包括残液）、放射性物品，由使用人负责登记领取量，同学之间不准相互转让或借用。

（8）对使用和保存的化学危险品，要经常进行安全检查，防止化学危险品混放、破损、自聚、自爆而引发事故。

5. 实验室防火防爆的安全措施

案例

爆炸，防不胜防

北京某大学微生物实验室，两名学生正在跟两名工程师学习刚买回的实验仪器调试，另一名教师在做自己的实验。突然，一声巨响，仪器在调试过程中发生气体爆炸，40平方米的实验室内几乎所有的玻璃器皿均被震碎，实验室内5人均被飞溅的玻璃碎片划伤。

某天下午，北京某校焊接馆发生了一起爆炸事故。当时，3名博士生在实验室利用高温熔炼炉进行实验，不料炉子发生爆炸，实验室门窗被炸飞，在气浪冲击下，震坏的木门与窗户飞出窗外。幸好3名博士生躲避及时，才避免了这场飞来横祸。

实验室一般精密贵重仪器较多，有许多可燃、易燃、易爆物品，操作中需用火、电等，故危险性大，要特别注意防火防爆。参加实验的学生应严格遵守安全制度与有关操作规定，切实做到以下几点：

（1）必须了解实验中存在的不安全因素或可能发生的不安全事故，掌握火灾事故的扑救方法；必须了解实验室内和周围的一切消防器材的存放地点及其使用方法，会一些简单操作，能扑灭初期火灾。

（2）必须熟悉水、电、气（包括气体钢瓶）的开关阀门，使用易燃易爆气体时要经常检查管道、阀门开关及气瓶是否泄漏。离开实验室前要注意关好水、气阀门，切断电源，仔细检查并关好门窗。

（3）减少易燃物和助燃物的接触，防止爆炸性混合物的形成和积聚，消除电火花、明火、高温表面、摩擦、撞击等点火源，通过避免光和热的聚集防止燃烧、爆炸。

（4）遇湿易燃物品遇水、遇潮时会发生剧烈化学反应，放出大量的易燃气体和热量，不需明火即会燃烧或爆炸，如金属钠、金属氢化物、磷化物、锌粉、电石等，使用时必须注意。用过的残留物千万不要倒入下水道，以免引起爆炸。遇湿易燃物发生火灾时，不能用水、泡沫、二氧化碳、卤代烷灭火剂灭火，否则会"火上加油"。

第二节 消防安全

火，在人类文明史上曾起了重要作用，人类取火，标志着人类掌握了支配自然的一种能力，使人类的文明进程大大加快了。至今，我们的生产和生活仍然离不开火。火给人类带来了光明和温暖，带来了健康和智慧，带来了文明和发展。但是，失去控制的火又能成为一种具有很大破坏力的灾害，给人类的生命和财产造成极大的威胁和伤害。据统计，20世纪90年代以来，我国因火灾造成的直接财产损失年平均达十几亿元，平均死亡人数达2000多人。1994年12月8日的新疆克拉玛依火灾，2000年12月24日的洛阳火灾，顷刻间吞噬了数百人生命。惨痛的事实告诉我们，消防安全从大的方面来讲，是关系到国家财产、经济发展、社会安定的大事；从小的方面来说，是关系到千家万户的家庭幸福和生命安全的大事，因此，青少年学生应牢固树立消防意识，初步学习、掌握一些消防常识，培养一些基本的自防自护自救能力，对个人、对家庭、对国家、对社会都具有重大意义。

一、火灾预防知识

火灾是人们共知的一种最危险的伤害人类，毁坏财产，造成的损失也最大的灾害事故。引起火灾的主要因素有以下几个方面。

（1）可燃油类及油脂引起火灾。

（2）易燃液体（挥发性的）如汽油、油漆稀释剂、乙醚等引起火灾。

（3）易燃气体如液化气、管道煤气、天然气等，虽然它们一般都贮于密封或管道系统中，但只要稍有跑漏或忘了关上开关都有可能酿成火灾。

（4）油漆、焊接或切割作业引起火灾。

（5）用电不当，如用电超负荷、电线漏电放出电火花等引起火灾。

（6）有些人习惯躺在床上吸烟，烟灰掉在床上的易燃物品上，容易引起火灾。

（7）对小孩看管不周，随意让孩子玩弄打火机、火柴或玩火造成火灾。

（8）在用电熨斗熨衣服时，忘记断掉电源开关就去做别的事情，容易引起火灾。

（9）做饭时用火柴把燃气灶点着后，随意将火柴棍扔掉，也容易引起火灾。

（10）用燃气灶做饭时兼做其他的事情，而忘记关火，或者锁门外出，结果引起火灾。

（11）在停电情况下，点燃火柴、蜡烛或用其他明火物来照明，到床铺或者储藏室寻找东西时，不慎将易燃物引着而引起火灾。

大多数火灾是由一连串原因造成的。掌握可能引起火灾的原因并设法消除，是预防火灾最重要的指导思想。要使火燃烧起来，燃料、热量、氧气三要素缺一不可。因此，要预防火灾，就得想法不让这三者凑到一起。大家知道，燃烧必须要有燃料，正如人需要吃饭才能维持生命一样，火也得有燃料才烧得起来。家庭对火灾预防的主要是燃料，如气体类有管道天然气、煤气、丙烷、丁烷、乙炔、氢气等；液体类有汽油、煤油、酒精、油漆等；固体类有煤、木材、纸、布、塑料等。我们在贮放一般液体、气体燃料时，不要将汽油、油漆和其他同类物质的存放地点与其他易燃物靠得太近，如：电冰箱必须与燃气灶及明火点燃处分开；电视机与电冰箱要隔开；干木材料及纸、布、海绵等易燃物的存放，要与电焊、气焊作业位置分开，因为在电焊、气焊作业时，产生的火花极易飞到附近的易燃材料上，造成火灾。

　　起火后如何将其扑灭呢？别忘了燃烧必须有三个要素，其中最主要的是挪走燃料，使火的燃料断绝，使火再没有什么可烧，从而有效地阻止火灾蔓延。火灾类别及灭火措施：火灾的类别一般以燃料种类划分，决定用何种灭火方法，及选用适合的灭火手段。一般可燃物如木材、纸张、干草和布匹等起火时，通常采取使温度降至燃点以下的方法，用水或水质灭火剂即可。可燃液体如食用油脂、油漆、汽油、酒精及其他酒类起火时，通常采用干粉化学剂或泡沫灭火剂隔绝氧气而扑灭。用水将燃烧物温度降至燃点以下的方法虽然也行，但水必须喷成雾状，直接洒反而会使火区扩大。带电的电气设备，如保险丝盒、烘箱、电动机、开关及其他电器起火时，必须用不导电的灭火剂，如干粉化学剂或二氧化碳等。绝对禁止使用水、泡沫灭火剂或其他水质灭火剂进行扑火。尤其要提醒的是，在灭火过程中，对电器设备灭火时必须先切断电源。一旦发现火势不易控制，千万不要存有侥幸心理，应立即打火警电话119，报告消防队。

二、灭火方法

1. 灭火方法

　　人类经过长期的灭火实践发现了火的奥秘，只有当以下三个条件都具备时，火才能烧起来，这就是我们通常所说的燃烧三要素，即：有能够燃烧的物质，如木材、纸张等；有能够帮助燃烧的物质，如空（氧）气等；有能够着火的温度。当其中某一个条件被去掉时，火就熄灭了。由此归纳出以下四种基本的灭火方法。

　　（1）冷却法。由于可燃物质起火必须具备相对的着火温度，灭火时只要将水、泡沫或二氧化碳等具有冷却降温和吸热作用的灭火剂直接喷洒到着火的物体上，使其温度降到燃烧所需的最低温度以下，火就会熄灭。这种方法在扑救家庭火灾中最常用，也很有效。

　　（2）窒息法。根据可燃物质起火时需要"呼吸"大量空气的特点，灭火时采用捂盖的方式，使空气不能继续进入燃烧区或进入很少；也可用氮气、二氧化碳等不燃气体"冲淡"燃烧区的空气，使燃烧因缺少氧气而窒息。如，炒菜时锅里的油起火，只要用锅盖一盖，火就会立即熄灭；人身上的衣服着了火，躺到地上用被褥将身体遮盖住，火焰马上被扑灭，就是这个道理。由此可见，窒息灭火法的实用性很强，不仅简便易行，灭火迅速，而且不会造成水渍损失。

　　（3）隔离法。燃烧必须有可燃物作为先决条件。根据这个道理，运用隔离法灭火主要采取以下两种方式：①扑救火灾时迅速将着火部位周围的可燃物搬移疏散开；②将着火物质转移到没有可燃物质的地方。比如，家中液化气钢瓶起火，只要把着火钢瓶搬到屋外，就可防止火势蔓延。当一家房屋起火向另一家蔓延时，只要迅速将蔓延方向前部的房屋扒开，火势就受到阻隔。当然，实际灭火时运用隔离法有一定难度，但它却是控制火势蔓延的一种好方法。

　　（4）抑制法。是一种化学灭火方法，目前主要采用1202、1211等卤代烷和干粉灭火剂往燃烧区内喷射，让灭火剂加入到燃烧反应的过程之中，使燃烧迅速停止。其优点是灭火效率高，尤其是1211灭火剂，灭火后不留痕迹，不会造成污损，是扑救电视机等家用电器、书籍、液化气和摩托车等火灾较为理想的灭火剂。但这些化学灭火剂缺乏冷却、覆盖和渗透作用；当起火物体表面的火焰被扑灭后，往往会因其阴燃或余热又超过着火温度而发生复燃或爆燃。此外，卤代烷灭火器的价格也较高。

综上所述，这四种家庭基本灭火方法各有所长。灭火时要遵循迅速有效、经济损失小的原则，以及起火物质的性质、部位和当时当地的具体情况来加以选择。

2. 怎样使用灭火器

（1）怎样使用二氧化碳灭火器。

二氧化碳是一种惰性气体，比重为 1.52，在常温下，用 60 个大气压力就可将它压缩成液体。灭火器里的二氧化碳一般是以液态灌装的。液态二氧化碳较易挥发成气体。当它从灭火器里喷射出来，部分变成白色的雪花（称为干冰），温度很低。干冰吸收热量气化为二氧化碳气体，覆盖在燃烧物表面，起稀释和排除空气的作用，使氧的含量降低，从而达到灭火的目的。使用时，先摇晃瓶，再拔去保险销，然后一手提瓶，一手紧握喷射管头，喷嘴对准着火物，即可将火扑灭。

二氧化碳不适宜扑救金属钠、钾、镁粉、铝粉和铅、锰等物质的火灾，因为它会同这些物质起化学作用。使用二氧化碳灭火器要站在上风方向。人不宜吸入过量的二氧化碳，当空气中二氧化碳含量达到 5% 时，呼吸就会发生因难。

（2）怎样使用泡沫灭火器。

泡沫灭火器是通过筒内酸性与碱性溶液混合后发生化学反应产生并喷射出大量泡沫，覆盖在燃烧物的表面隔绝空气，起到灭火效果的灭火器械。它运用于扑灭油脂类、石油产品及一般固体物质的初起之火。

泡沫灭火器主要由筒身、瓶嘴、筒盖、提环等组成。筒身内悬挂玻璃或聚乙烯塑料瓶胆。瓶胆内装酸性溶液，筒身内装碱性溶液。瓶胆用瓶盖盖上，以防蒸发或因震荡流出而与碱性溶液混合。

在提取灭火器奔赴灭火现场时，要注意筒身不能过分倾斜，以免两种药液混合。使用时颠倒筒身，使两种药液混合发生化学反应，产生泡沫和二氧化碳气体，由喷嘴喷出。使用时，必须注意不要将筒盖、筒底对着人的身体，以防止万一发生爆炸伤害人身。

（3）家庭没有灭火器失火怎样扑救。

我国目前一般家庭都没有灭火器，那么万一失火怎么办呢？失火刚开始的时候面积都是比较小的，因此，当事人只要不惊慌失措，方法得当是能够扑灭的。例如，油锅起火了，迅速用锅盖盖住油锅，锅内缺乏空气，火也就灭了。用沾水的衣服、被子、毯子或黄沙、干土、滑石粉覆盖在着火的东西上隔绝了空气，也能将火扑灭。假如刚起来的小火未能扑灭，有蔓延扩大的危险，则应迅速打电话向消防队报警，切不可犹豫不决延误时机，酿成灾害，造成重大损失。

三、火灾脱险知识

1. 逃生常识

在你被火烟困住时，当务之急要用衣服或者湿布捂住口鼻，如果烟雾较大，眼睛不能辨别脱险方向时，可将身体蹲低，紧贴着地面爬行逃离火灾现场。

（1）火场逃生时，保持镇静是十分重要的，因为火灾现场的温度是十分惊人的，而且烟雾会挡住你的视线。我们在电影和电视上看到的火灾场面非常清晰，那是在拍戏。在火灾现场，能见度非常低，甚至你在你熟悉的房间里也可能搞不清楚窗户和门的位置。在这种情况下，任何的慌乱和失误都有可能是致命的。因此，必须保持镇静，明确自己所处的位置，回忆防火通道和安全门的位置、走向，分析周围的火情，迅速在脑海中形成几条不同的逃生路线。逃生前，最好能找张棉被，浇湿后披在头部和身上，或将衣服淋湿。要准备好湿毛巾，捂住口鼻，以防吸入浓烟中毒或呛着。如果一时找不到毛巾和水，可脱下身上的衣服、撒泡尿淋湿后备用。确定好逃生路线后，就应马上行动，不能耽搁，千万不可贪恋财物或因衣不蔽体找衣服穿而耽误时间。要知道时间就是生命，生命比任何东西都重要。

（2）准备停当后，用湿毛巾捂住口鼻，弯着腰，紧贴墙根迅速按预定的路线逃离。因为热气和烟雾是向上升的，贴近地面的空气较新鲜，所以必须弯着腰；紧贴墙根一是便于确定方向，二是可以减少被建筑构件砸伤的危险。如果是自己所处的房间着火，出门时要随手把门窗关好，将火控制在一个房间内，这样也可阻止火势迅速蔓延，为自己也为他人逃离赢得时间。如果是邻室起火，出门前要摸一摸门，如果门很热，说明火场就在门外，此时千万不可开门，否则会引火入室或灌进浓烟。在这种情况下，要退回房间，用湿布条塞住门缝，并向门喷水。然后，到阳台或临街窗口大声呼救，并向外扔枕头、布垫等小物品或打手电等，引起救援人员的注意，等待救援。千万不要躲进阁楼、床底、橱柜等救援人员难以发现的地方，而这些地方一旦着火，逃生困难。同时，还要注意救援人员的喊话，救援人员会告诉你逃生的路线和方法。如果情况危急，已无法等待救援了，则应利用一切可以利用的器材自救逃生。如利用屋外的排水管、煤气管、自来水管等爬到上一层或下一层寻找逃生通道；利用绳索，没有绳索就用被单、窗帘、衣服等结成条，滑下求生；如果楼层不高，可将床垫、被褥等扔到楼下，然后往下跳；向床垫、救生垫跳时，应尽量团身以肩、背部着地，避免四肢、头部着地，这样容易造成重伤。现在，我们再回到房间，讲讲逃生时的另一种情况。如果摸门后并不热，说明火场不在附近或火势不大。应果断冲出门，认定防火通道或消防电梯逃生，千万不可搭乘普通电梯，因为火灾时，普通电梯井大都成为浓烟的通道，即使电梯仍能运行也是布满浓烟，火灾时搭乘普通电梯即使不被烧死也会被浓烟呛死，况且，大楼失火，电梯随时都可能因停运而"卡壳"，出门时同样要随手将门关好。如果防火通道也着火，不可硬冲，要停下来观察情况，如果火势不大，烟雾不浓，可身披湿棉被，用湿毛巾捂住口鼻迅速冲出；如果火势太大，又有浓烟，就应该折回房间或上到楼顶，按上述方法等待救援。如逃生时身上的衣服着火，应迅速脱掉或就地打滚，将火扑灭，千万不可狂奔乱跑，这样会火借风势，燃烧得更猛烈，还会把火种引向别的地方。

2. 在学校、影剧院、体育馆等公共场所遇火灾时的逃生

在教学楼、影剧院、展览厅、体育馆等公众场所，聚集的人比较多，幕帘、桌椅、联柜等可燃物较多。一旦失火，火蔓延迅速，逃离比较困难，因此必须注意提防。进入这些公共场所时，应该注意观察安全出口的位置，以便发生火灾时就近逃生，发生火灾时，要保持镇静，听从工作人员的指挥，有秩序地离开现场，切忌争先恐后，这样反倒有可能堵塞出口，造成践踏死伤。逃离火场后，应尽快向学校或家长报告自己的情况。下面就不同场合谈谈逃生方法。

（1）教学楼中遇火灾时的逃生。当发现楼内失火时，切忌慌张乱跑，要冷静探明着火方位、风向，并在火势未蔓延前，朝逆风方向迅速离开火灾区域。如楼道被烟火封死，应退回教室关闭房门和室内通风孔，防止进烟；或逃至楼顶，向外呼救。如有可能，找些布条、毛巾打湿塞住门缝，捂住口鼻，浇湿衣服。如果清楚了解走道没有堆放可燃物，火势不大，烟不

浓,可用湿毛巾捂住口鼻,弯腰低头,逃离火区。不可盲目跳楼,如楼层不高,可在老师的组织和保护下,用绳子从窗口降到安全区。

(2)影剧院、体育馆、展览馆等公共场所遇火灾时的逃离方法。这些场所一般都设有紧急出口、防毒面具等消防设施,发生火灾时应在工作人员的指挥下,有秩序地从安全通道撤离。撤离时尽量不要在通道的中央停留,应靠近承重墙或承重部位行走,以防火灾时建筑构件砸下伤人。

3.家庭起火后被烟火围困怎么办

家庭发生火灾后,人被烟火围困时烟雾对人的威胁很大。燃烧物品散发出的烟雾中有足以致人于死地的物质,如一氧化碳、二氧化硫等。有关资料表明,当空气中一氧化碳含量为0.09%时,1小时后人就会头痛、呕吐;含量为0.15%时,经过20~30分钟人就有死亡危险;含量为1.5%时吸气数次后人就会失去知觉,1~2分钟后就能中毒死亡。此时,可采取一些应急方法如用湿毛巾、口罩、手帕等捂住口鼻,以减缓中毒速度。如果身上的衣服着火,应脱下衣服或在地上滚动灭火,或用水将火扑灭。尽快找到烟雾稀薄的地方,逃离火场。烟雾较大时,要俯身或爬行,并尽快脱险。

4.高楼失火怎样自救

高层住宅一旦失火,住在楼上的人容易被火围困。因此,住楼房的人,不仅平时要做好防火安全工作,还要懂得一旦失火应怎样自救。楼房失火时,住在楼内,特别是上层楼的人千万不要惊慌,一定要想方设法迅速脱离火场。如果火势封门,不要盲目开门,以防空气对流,加速火势蔓延,这时应迅即用浸湿的被褥、毛巾被等封门,防止烟火进入。万一自家失火,更不能惊慌,应一边用湿毛巾掩住口鼻,防止吸入有毒气体,一边用简易的方法灭火,同时关闭门窗,到阳台上及时呼救,或者迅速从楼梯逃生。如果楼梯烧断,千万不能盲目跳楼。应一边呼喊等人施救,一边顺窗边的下水管道往下爬,还可以用结实的绳索或撕开床单等连接好后,牢固地系在阳台栏杆上,手拉绳索慢慢下滑。

从火海中脱险后,如果你受了伤或身体不适,应到空气流通的地方休息,安静地等待医务人员的救治。不要大喊大叫,这样会消耗你的体力和精力。如果身体无大碍,应该积极投入到抢救伤员的行列中去,特别是在医护人员尚未到来之前,对那些危重伤者实施急救,对挽救他们的生命具有极为重要的意义。对于一些危重伤员来说,早一秒施救,就多一分生还的希望。

火场中的被困者可能受到的伤害是:吸入浓烟造成中毒,呼吸道和肺部被炽热的浓烟灼伤,有的还可能被火烧伤。被抬出火场的伤员若已昏迷或半昏迷,我们首先要做三件事:第一,解开伤者的上衣,暴露胸部,松开皮带以散热。第二,一手从伤者的后颈处将其向上托起,一手按压伤者的额头让其头部后仰,使伤者的呼吸道尽量畅通。第三,将耳贴近伤者口鼻倾听有无呼吸声,观察胸部是否起伏,瞳孔是否放大,检查是否有心跳、脉搏。如果伤者呼吸或心跳停止,应立即对其实施人工呼吸或心肺复苏术,抢救不能停止,应坚持至医务人员到来。

对于烧伤患者,应立即将其衣服剥去,如衣服和皮肤粘连,可用剪刀剪开。对于烧伤创面,不可用水浸布擦,也不可涂抹红药水一类的药物,以免影响医生的诊断。正确的处理方法是:剥去衣服后,用干净的毛巾或衣服轻轻盖在伤者身上,等待医务人员处理。伤员经简易急救处理后,要尽快送往医院救治。忙完这些事后,你应该及时给家长、老师等亲友打个电话，报个平安。

四、火灾的处置

1. 发生火灾后怎样报警

发生火灾，首先要及时扑救；同时立即打 119 火警电话报告消防部门。报警时语言应简练准确，告知报警人的姓名、住址、工作单位、联系电话号码，详细说明失火的地点、路名、靠近的交叉路口、门牌、单位名称，要耐心回答 119 话务员的提问，如燃烧的什么物质，什么时间发生的，火势如何，是否有重要物品，周围有什么重要建筑等。报警后，要派人至有可能来的各个路口等待消防车到达火场，并主动向消防队介绍火场情况及水源位置。

2. 怎样保护火灾现场

第一，发现火灾时应该立即拨打 119 火警电话报警，并组织群众奋力扑救，同时划出现场保护范围，维护现场秩序。第二，注意观察风向、火势、火焰、烟雾的颜色和气味等。第三，尽量保护好起火点和引火物，不要随便移动起火点周围的物品。第四，引火物有被烧毁危险时，应尽量将其抢救出来，安全保管。第五，对已扑灭火灾的现场，应保持原状，保留燃烧后的灰烬、烟熏痕迹。火灾扑灭之后，还要配合公安机关：①事主要积极协助公安机关查明火灾的性质。②提供火灾的损失情况，现场上原有物件的种类、性质、特征、存放情况。③如实反映火场救火时的状况，诸如发现火灾的时间、地点、燃烧的情况等。④如属故意放火，要积极提供有关的可疑人、可疑物、可疑事等有关因果联系。⑤将扑救过程中收集到的对查明事件性质有帮助的物证移交给公安机关。

3. 人身着火怎么办

人身上的衣服着火后，常出现这样的情形：有的人皮肤被火灼痛，于是惊慌失措，撒腿便跑，谁知越跑火烧得越大，结果被火烧伤或烧死；有的人发现自己身上着了火，吓得大喊大叫，胡乱扑打，反而使火越扑越旺，结果也被火烧伤或烧死。上述情况说明，人身上衣服着火后，是既不能奔跑也不能扑打的。这是为什么呢？因为人身上的衣服着火后，若一味奔跑，胡乱扑打，正好鼓动了空气，有利于氧气助燃，当然也就越烧越旺了。那么，人身上衣服着火后应该怎么办呢？正确、有效的处置方法如下：

（1）当人身上穿着几件衣服时，火一下是烧不到皮肤的，应将着火的外衣迅速脱下来。有纽扣的衣服可用双手抓住左右衣襟猛力撕扯将衣服脱下，不能像往常那样一个一个地解纽扣，因为时间来不及。如果穿的是拉链衫，则迅速拉开拉链将衣服脱下。

（2）人身上如果穿的是单衣，着火时就有可能被烧伤。当胸前衣服着火时，应迅速趴在地上；背后衣服着火时，应躺在地上；前后衣服都着火时，则应在地上来回滚动，利用身体隔绝空气，覆盖火焰，窒息灭火，但在地上滚动的速度不能快，否则火不容易压灭。

（3）在家里，使用被褥、毯子或麻袋等物灭火，效果既好又及时，只要拉开后遮盖在身上，然后迅速趴在地上，火焰便会立刻熄灭；如果旁边正好有水，也可用水浇。

（4）在野外，如果近处有河流、池塘，可迅速跳入浅水中；但若人体已被烧伤，而且创面皮肤业已烧破时，则不宜跳入水中，更不能用灭火器直接往人体上喷射，因为这样做很容易使烧伤创面感染细菌。

4. 人体被烧伤后应该怎么办

人体被烧伤后，首先应进行急救处理，这样既能大大减轻伤者痛苦，又能为送往医院抢救提供有利条件。进行家庭急救处置的措施和注意事项如下：

（1）迅速采取急散热法。这是医学上急救处理小面积表皮浅层烧伤既简便又有效的措施，即烧伤后立刻使伤者离开热源，脱去着火的衣服，迅速用清洁的冷水、冰水浸泡或冲洗被烧伤的部位，不便浸泡的胸、背部位可用冷水浸湿毛巾进行冷敷。

这样做有什么好处呢？因为人体烧伤后皮肤的损坏程度和病理变化与温度高低及高温作用的时间长短有关。用冷水浸泡烧伤创面可以降低皮肤和皮下组织的温度，限制毛细血管扩张，使烧伤部位的皮肤和皮下组织的损伤程度控制在最小范围，从而达到减轻痛苦、减少损伤的目的。一般来说，小面积烧伤后用冷水浸泡的时间越早，治疗效果越好，浸泡时间应持续 20~30 分钟，至疼痛减轻或消失为止。

（2）保护创面，防止感染。在烧伤创面水泡已破的情况下，不能采用上述急散热法，因为冷水里的细菌会使创面感染；也不要自行涂抹紫（红）药水，以免影响医生对烧伤深度的判断，更不要涂抹未经消毒的东西。创面上起水泡时，自己不要随便将水泡刺破或剪去浮皮，也不要勉强去清除创面上附着的异物，应先用干净的白纱巾、手帕、毛巾或衣服等棉纺织品进行包扎，防止创面受感染。较大面积的深度烧伤者必须立即送医院抢救，为了防止送往医院途中创面受感染，要用清洁的布单包裹伤者的身体。天气寒冷时，还要注意保暖。

（3）口服、注射药剂。烧伤面积和深度较大时，伤者容易因为剧烈的疼痛而出现昏迷，这时应把伤者平放在床上，头部放低，脚部垫高，解开衣扣，给其嗅闻十滴水或针刺人中、百会、十宣穴；伤者如果出现呕吐现象，应将其头部歪向一侧，以免呕吐物被吸入气管或肺泡内。家里若有医务人员，可给伤者适当口服或注射止痛、镇静、抗破伤风和细菌感染的药剂，预防创面感染或出现败血症而导致伤势加重或死亡。

（4）补充盐水避免虚脱。烧伤面积和深度较大的伤者，一时难以送医院治疗时，为防止出现虚脱，可每隔 15 分钟左右给伤者喝半杯葡萄糖盐水或淡盐水（浓度为半茶匙盐）。切忌给伤者喝大量的白开水或糖水，因为这样做会加重伤者皮下组织水肿。

此外，家庭急救处理还应注意观察烧伤者是否有外伤或骨折。若烧伤者有大出血的伤口，应用干净的绳带捆扎止血，每隔 15 分钟左右松开 1 次；如果肢体或手足骨折应用夹板包扎固定；脊椎骨折的伤者，要平卧于硬板上搬运到医院，以防止加重伤者的痛苦。

5. 燃放鞭炮怎样防火

春节除夕的夜晚鞭炮齐鸣，增添了节日的气氛；喜庆之际燃放烟花，也会大增吉祥之乐。但燃放烟花爆竹或存放烟花爆竹时稍有不慎却会酿成悲剧。因此需注意：

（1）存放烟花爆竹要远离火源，防止引燃造成灾害。

（2）燃放烟花爆竹注意远离居民稠密区，远离一切易燃、易爆的物品。

（3）严禁在公安机关明令禁止的区域内燃放烟花爆竹。

6. 燃用蚊香怎样防火

夏季里为驱虫杀蚊，许多家庭都要燃用蚊香。蚊香是用液体的除虫菊和色料粉剂混合轧制而成的，具有易燃的特点。燃烧的蚊香其表面温度为 200℃ 左右，中心温度在 500℃ 左右。有些人在使用时往往对它掉以轻心，随便将它放在床头、桌上、凳上或靠近可燃物，这样当蚊香燃完或接近可燃物，或因其他原因，使可燃物接触到点燃的蚊香时，就容易引起火灾。预防的办法：一是使用蚊香时，要用金属架将其支起，放在地面和不燃的物体上；二是要与其他可燃物保持一定的安全距离。

7.缺氧的防范措施

遇到因缺氧晕倒者，应尽快将其搬移到空气流通的地方。当发现有人晕倒在浴池时，救援者应立即将患者抬到浴室外空气流通好的地方。当欲进入浴室时，应注意先将浴室门口打开，使外界的空气进入浴室，数分钟后再进入浴室，以免发生缺氧症状。

8.烧灼伤的防范措施

在日常生活中，烧灼伤的事故时有发生。特别是有小孩子的家庭，不要让小孩玩火；平时要将热水瓶放到小孩够不到、摸不着的地方。烧灼伤的救治知识一般有以下几个方面：

（1）火焰烧身。

应立即脱去着火衣服或在地上打滚（在地面上翻滚）压熄火焰，或往衣服上面浇水等，将火熄灭。

（2）强酸强碱灼伤。

应立即用大量清水长时间冲洗。如果被强碱灼伤时，除用清水冲洗局部外，也可以用食醋予以中和。

第三节　网络安全

随着社会经济和科技的发展，我们已经进入了一个计算机网络时代——网上购物、网上交易、网上注册、网上报名、网上办公、网上游戏等。网络已成为一种生存环境，它以其丰富的信息储藏量和更新速度，为大学生获取信息、定向搜索、休闲娱乐、高效工作、优化生活、思考、奋斗提供了越来越多的便利。网络的普及一方面提高了生产力、促进了社会发展，同时随着网络使用越来越广泛，大学生的学习行为方式、现实生活方式、思维方式、社会化方式、心理健康状态、人格结构也悄然发生了变化，在安全、管理、道德等方面向我们提出了严峻的挑战。

一、网络不良信息对大学生的侵害

网络在给学生生活、学习带来帮助的同时，网络不良信息也给大学生的世界观、人生观、价值观以及思想品德、行为等带来了一系列潜在的威胁。据中国互联网信息中心的一项调查显示，截至2011年底，中国互联网用户达5.13亿人。上网用户中，青少年是主体，其中10~29岁群体互联网使用率保持高速增长，已接近高位。学生是网民中规模最大的群体，占总数的30.2%。青少年作为一个庞大的网络使用群体，其数量和增长速度都大大超出了人们的想象。在享受着网络给他们带来巨大快乐和进步的同时，一些网络的负面影响也显现了出来：道德失范、沉迷网游、网上交友不慎等，都成了阻挠青少年自身发展的绊脚石。

据中国青少年网络协会发布的数据显示，我国9000万名网民中，82%为青少年。青少年网民更以每年翻一番的速度增长，而大学生占到其中相当大的比重。由于大学生辨别能力较弱、易于接受网络信息等特点，给网络不良信息侵害大学生以可乘之机。通常看来，网络不良信息主要包括不良政治信息和黄赌毒等信息两大类。

1.不良政治信息对大学生的侵害

网络不良政治信息包括宣扬邪教、封建迷信以及反动宣传信息。这部分信息往往是一些境外敌对势力针对我们国家而传播的，带有一定的隐蔽性，严重危害着我国的国家安全和社会安定。

我国大学生的年龄一般在 18～23 岁，精力旺盛，思维敏捷，但缺乏稳定性，心理发展还不够成熟，个体情绪随个人的好恶而变化剧烈。与同龄人相比，大学生有着更为强烈的政治意识和民族责任感，但他们同时又富于幻想，理想主义色彩浓厚，常常忽视现实与理想的区别和联系，缺乏对中国历史文化的深入了解，求成心切。面对社会上存在的种种落后现象和改革中的一些弊端，常常表现出情绪化的倾向，或者慷慨激昂或者悲观失望，对社会的复杂性和改革的艰巨性估计不足，很少能够做出全面的理性的分析，就很容易导致政治认知的偏差和政治情感的不稳定。

2. 黄赌毒等信息对大学生的侵害

黄赌毒是世界性的社会痼疾。这些古老的丑恶现象在人类旷日持久的努力中屡禁而不绝，展示了其内在的复杂性和人类对其认识的局限性，成为网络环境下的一种社会病和亚文化。黄色信息，也称色情信息，它的表现形式往往是一些人体裸露甚至性爱的画面，内容淫秽不堪。色情信息是网络不良信息中最具危害性的内容之一，严重破坏了我国文化传统和伦理道德。

赌博源于人对金钱的贪婪，既带有强烈的竞争性、胜负的偶然性、刺激性、投机性，又具有广泛性和娱乐消遣性。以钱财物作为赌注，投机取胜、以少博多、唯利是图是赌博的本质。赌博在表面的公平中刺激着人们的贪欲，娱乐的功能退却到无足轻重的地位。这种冒险手段煽起赌徒对于金钱浓厚的占有欲，成为他们不合理愿望实现的最好方式。

曾给中国人带来"三千年未有之祸"的毒品问题是一个严重的世界政治问题。不仅能成为境外势力征服一个民族的武器，而且极有可能集人类政治遗产中最丑恶的内容，形成独裁政治和纳粹政治，从而给世界带来更大的灾难。

毒害信息还包括一些宣传暴力、血腥和恐怖的信息。它往往以一些非法游戏为载体，宣传一些复仇、凶杀等血淋淋的场面，内容刺激，对大学生网民有极大的吸引力，甚至效仿，从而走上了不归路。网络时代为黄赌毒成为地下规模经济、产业化提供了可供依附的最佳工具，黄赌毒不良信息依附于网络作为传播、实现途径，增加了其隐蔽性，因而也更容易蒙混过关。由于互联网缺乏有效的监管，致使淫秽、色情、暴力等丑恶的内容在网上屡见不鲜。处于青春萌动的学生，自制力较弱，抵御网络诱惑能力较差，极有可能深陷其中、不能自拔。

有研究表明，好色、嗜赌、迷恋毒品是由人的消极成瘾性导致的。在人的生命过程中，常常在心理和生理的某种尝试中产生愉悦反应，这种反应的多次重复，就形成了对愉悦刺激补偿的渴求，渴求带来刺激的不断强化，于是就形成了对这种刺激的依赖，即成瘾性。成瘾性是生命的"双刃剑"，积极的成瘾性，如对科学、艺术等的迷恋，能将人类的智慧和理性推向文明的巅峰，让人类成为万物之灵；消极的成瘾性，如对黄赌毒的沉迷，则能将人性的弱点和非理性推向反文明的魔窟，让人堕落为丑恶的无耻之徒。那么如何利用这把"双刃剑"抵制不良信息对大学生的侵害呢？那就必须发挥它的积极成瘾性、抑制消极成瘾性，让大学生利用对网络、信息的好奇和兴趣，养成系统关注并积累某方面的知识的习惯，形成目标，采取实际行动，进行操作实践，做出有意义的成果。

3. 网上交友不慎的惨痛教训

作为"第四"媒体的网络，为人们学习知识、获取信息、交流思想、休闲娱乐提供了一个多姿多彩的平台。然而，随着上网成为时尚，犯罪分子也逐渐把目光转向互联网，因为网络犯罪隐蔽性更强，迷惑性更高。因此上网时一定要树立自我保护意识，不要把自己的姓名、家庭住址、电话号码等有关身份的信息轻易在聊天室或公共讨论区透露，也不要上网发布自己的照片，对那些聊天者和要求见面的网友需要慎之又慎。同时特别提醒女孩子，网络本身是一个虚拟世界，虚拟世界中的"白马王子"未必就是现实生活中的正人君子，见网友一定要慎重，不要轻易成为犯罪分子的猎物，为自己带来永久的伤害。

当代大学生情感已由情绪型向理智型转变，多数同学以自我为中心，由于自我意识的发展及远离家乡和亲人的现状，又使得与人交往的愿望变得更加强烈，上网聊天、交朋友便成为释放情感的一条渠道。而使用互联网的人中，鱼龙混杂，不像学生上网的动机只是聊天交友那么单纯。据公安机关资料统计，因上网交友不慎，导致被骗、被杀的案件呈逐年上升的趋势。因此提醒大学生，提高警惕，如发现被骗，及时报案。

二、预防网络不良信息的侵害

学生网民正处在世界观、人生观和价值观形成的重要时期，容易受到网络低俗内容等有害信息的影响和侵蚀。为了保护青少年学生的精神净土，应彻底抵御网上的不良信息，加强对学生的网络安全教育，掌握上网的安全策略。

1. 大学生抵御网上不良信息侵害的方法

（1）加强对网络信息的辨别能力。

加强对网络信息的辨别能力，避免网络不良信息对大学生的侵害，主要方法如下。

①安装"网络防火墙"等比较成熟的网络软件。

②对 IE 浏览器进行分级审查设置。

③学会使用"360 安全卫士"等工具软件。

④浏览网页时，不要去点击广告窗口。

⑤坚信"天下没有免费的午餐"，对于网络中"送大礼""点击挣美元"等诱惑要保持清醒的头脑，不上当、不点击。

⑥在打开网站时，自动弹开的一些广告窗口，应及时关闭。做到上述要求，可以有效抵御一些不良信息的侵扰。

（2）记住对自己有帮助的常用网址。

大学生利用自己的电脑上网时，可以利用收藏夹便捷地收藏对自己有帮助的一些网址；大学生在网吧上网时，可以利用邮箱记录对自己有帮助的网址，以便在下次能方便快捷地查找到这些网页。同时，辅导员教师可以组织学生开展一次以网址为主题的班会，让学生了解哪些网址对学习、工作比较有益，讨论这些网址都有哪些方面的信息，如何利用这些信息等，通过讨论帮助学生搜索、鉴别，引导学生关注那些健康、积极、帮助学生成长成才的网址，大学生可以为自己制作一份上网浏览计划书，将一些较为著名的大型门户网站，如搜狐、中华网、新浪等对自己有帮助的绿色网站作为浏览首选。

（3）利用可以信赖的搜索引擎。

利用搜索引擎可以有效地搜索到需求信息，达到事半功倍之效，因此，大学生一定要掌握一些常用的搜索引擎。利用各种搜索引擎找到未知网址的信息相当容易，利用浏览器的历史记忆功能可以在公用电脑上找到以前阅览过的信息，还可以利用 RSS 订阅或 IE 的收藏同步功能让新信息自动出现。

（4）不安装不成熟的软件。

有些网络不良信息会附带在某些软件上，只要安装了此种软件，在使用时便会出现大量的不良信息，大学生必须警惕此类不良软件，对一些不成熟的、存在风险的软件建议不要安装，以免夹杂病毒危害电脑系统。上网注册填信息时，尽量不要公布自己的电话、单位、邮箱等私密信息，避免垃圾邮件、垃圾短信等不良信息的侵扰。

近年来，发现多起通过学生电话对其家长进行诈骗的案件，为了减少家长上当受骗，大学生在登记自己的个人信息时应特别谨慎。有些单位和个人以开展调查问卷、有奖办理银行卡等电子卡片、销售回访等为由，登记顾客个人信息，并将顾客个人信息如工作单位、职业、手机、家庭电话等贩卖给发布消息的单位和个人，给不法人员以可乘之机，或者对学生家长进行欺诈，或者给学生发布不良信息，给大学生造成极大的阴影。

2. 大学生上网的安全策略

目前，大学生安全上网可以采取的措施方法较多，对于控制浏览内容的技术也不少，成熟而易于推广应用的是内容分级审查系统，因为从 Windows 98 开始，微软就在操作系统中实现了内容分级审查系统程序，设置应用后就可以拥有一个相对安全的网络空间。除此之外，给大学生推荐以下几种上网的安全策略。

（1）正确对待网络游戏。

计算机是一种学习和工作的工具，也是一种娱乐工具。目前学生对计算机网络的兴趣往往不是来源于计算机网络丰富的学习资源，而是来源于对网络游戏的热衷。因此如何引导学生正确对待网络游戏，引发正确的学习动机就显得十分重要。我们要教育学生，现在还处于学习知识的重要阶段，应把计算机作为一种帮助我们学习的工具，而不是作为高级的游戏机。可以鼓励那些喜欢玩游戏的同学，如果你想自己编出更好玩、更有趣的游戏软件，现在开始就要努力学习计算机知识，将来努力成为一名出色的软件设计师。

（2）合理取舍网络信息。

在青少年阶段，主要是学习信息处理方法，培养交流能力和对社会的适应能力，培养信息素养。通过互联网络，大学生可以学习如何检索、核对、判断、选择和处理信息，以达到对信息的有效利用。但是，如果放任他们在网络世界中驰骋，不去正确地引导，他们就会在网络中"迷航"，其危害不亚于网络游戏。因此，教师要引导学生善于运用网络资源，并教会他们如何分辨其中有害的信息。

（3）网上交友须谨慎。

现在网上聊天交友已成为青少年的一种时尚。但是，有的学生因迷恋上网影响正常的学习，学习成绩下降；有的学生沉溺于虚拟的网络交往，影响了现实生活中与父母、老师、同学的交流；有的学生甚至陷于不切实际的网恋而不能自拔。因此，引导学生正确看待网络，正确处理虚拟和现实的关系，是网络道德教育亟需关注的内容。

（4）努力规范网络行为。

由于学生处在全新的网络信息时代，信息的交流及对事物处理和评价的方法、模式等都发生了巨大的变化，原有的道德准则和规范已经不足以约束学生的网络行为。因此，经常会发现学生在网络上的"不正常"行为。对于这些"不正常"行为，我们要认识到它的潜在危害，尽早建立网络环境中的行为道德规范，帮助广大学生增强网络法制和网络伦理道德观念，提高是非分辨能力，使其网上的行为符合法律法规和社会公德的要求。

（5）增强自控能力，加强自我保护和约束。

大学生要慎重选择上网场所、上网时间、浏览网页的内容，选择那些通风环境较好、管理规范的网吧，必要时可以采取限时措施，每次上网1～2小时。坚决抵制不良网站的侵袭。上网时要保持高度警觉，不要理会陌生人的搭讪，谢绝不良人员的盛情邀请，回避陌生人的无理要求，躲避恶意网站、不良网络游戏、黑网吧，躲避黑客教唆陷阱、邪教陷阱、网恋陷阱、淫秽色情陷阱等不良网站，防止遭受非法侵害。特别是一些熟知计算机操作的学生，在利用电脑时，力戒利用计算机进行违法活动的心理。

（6）加强电脑、网络系统防护。

对于个人电脑，建议定期使用正版防病毒软件杀毒检测并且及时将其升级更新，防止黑客程序侵入个人电脑系统。

如果使用数字用户专线或是电缆调制解调器连接因特网，就要安装防火墙软件，监视数据流动。要尽量选用最先进的防火墙软件。不要按常规思维设置网络密码，要使用由数字、字母和汉字混排而成的、令黑客难以破译的口令密码。另外，要经常性地变换自己的口令密码。对不同的网站和程序，要使用不同的口令密码，不要图省事使用统一密码，以防止被黑客破译后产生"多米诺骨牌效应"。对来路不明的电子邮件、亲友电子邮件的附件或邮件列表要保持警惕，不要一收到就马上打开。要首先用杀病毒软件查杀，确定无病毒、无黑客程序后再打开。要尽量使用最新版本的互联网浏览器软件、电子邮件软件和其他相关软件。下载软件要去声誉好的专业网站，既安全又能保证较快速度，不要去资质不清楚的网站。不要轻易给别人的网站留下你的电子身份资料，不要允许电子商务企业随意存储你的信用卡资料。只向有安全保证的网站发送个人信用卡资料，注意寻找浏览器底部显示的挂锁图标或钥匙图标。要注意确认你要登录的网站地址，注意输入的字母和标点符号要绝对正确，防止误入网上歧途，落入网络陷阱。不要自己制作或试验病毒。重创世界计算机界的CIH病毒，据说是一个大学生制作的，它给全世界带来了电子灾难。

（7）注意防止盗窃计算机案件。

在高校经常会发生此类案件，小偷趁学生疏忽、节假日外出、夜晚睡觉不关房门或外出不锁门等机会，偷盗台式电脑、笔记本电脑或掌上电脑，或者偷拆走电脑的CPU、硬盘、内存条等部件，给学生造成学习困难和经济损失。注意防止火灾、水害、雷电、灰尘、强磁场、摔砸撞击等自然或人为的因素对计算机造成的危害，要注意保证计算机运行环境和辅助保障系统的可靠性、安全性。养成文件备份的好习惯。首先是系统软件的备份，重要的软件要多备份并进行写保护，有了系统软件备份就能迅速恢复被病毒破坏或误操作破坏的系统。其次是重要数据备份，不要以为硬盘是永不消失的保险数据库。某高校一位研究生把毕业论文存储在笔记本电脑里，没有打印和备份，后来该笔记本电脑丢失，几个月的心血白费，令他十分痛苦。另外，病毒也会破坏硬盘或数据。有条件的学生可以给电脑买个保险，据《中国经济时报》报道，中国人民保险公司开始在全国范围内推广计算机保险。此险种包括计算机硬件损失保险、数据复制费用保险和增加费用险（设备租赁费用险）等，主要承保火灾、爆炸、水管爆裂、雷击、台风、盗抢等导致的硬件损失、数据复制费用和临时租赁费用。对于风险较难以控制的病毒、黑客侵害和计算机2000年问题，则列入责任免除条款。

（8）要树立计算机安全观念，心理上要设防。

网络虽好，可是安全问题丛生，网络陷阱密布，黑客伺机作案，病毒层出不穷，秩序不是很好，要特别小心。

三、预防网络违法犯罪

网络犯罪，是指利用计算机、网络技术等信息技术或其特征，危害计算机、网络和数据安全，危害社会信息安全及社会危害性严重的行为。网络犯罪和计算机犯罪两者之间存在一定的区别和联系。计算机犯罪是一个国际上普遍使用的惯用词，从字面上看，似乎是计算机作为犯罪主体而实施的犯罪。其实不然，计算机仅仅是犯罪的对象或工具，只有犯罪嫌疑人才能利用计算机或针对计算机资产实施犯罪行为，因此，计算机犯罪的主体只能是行为人。

计算机犯罪是从 20 世纪 40 年代以来出现的一种新的犯罪形式，随着信息科技尤其是国际互联网的发展进步与广泛应用，其内涵和外延也在不断深化和发展。计算机犯罪并非刑法规范意义上的一个或一类罪名，它和"青少年犯罪""毒品犯罪""暴力犯罪""性犯罪"等术语一样，都是依据犯罪学研究的特点进行归类划分的犯罪学上的犯罪类型。在我国刑法上并不存在"计算机犯罪"这一典型罪名概念。我国公安部计算机管理监察司提出的定义是："以计算机为工具或以计算机资产为对象实施的犯罪行为。"并进一步解释说："这里所说的工具是指计算机信息系统（包括大、中、小、微型系统），也包括在犯罪进程中计算机技术知识所起的作用和非技术知识的犯罪行为。"

1. 上网应当承担的法律责任和应遵守的道德规范

1991—1999 年 1 月间，我国颁布有关计算机和网络的法律法规有 23 个，涉及计算机软件保护及著作权登记、计算机信息系统安全保护、计算机信息网络国际联网管理、计算机工程、电信设备进网管理、中国互联网络域名注册管理、中国公众媒体通信管理、计算机信息系统保密、软件产品管理、金融机构计算机信息系统安全等诸多方面。

1999—2007 年，我国颁布的有关法律法规有 22 个涉及互联网视听节目服务管理、电子邮件服务管理、药品交易服务审批、新闻信息服务管理、非经营性互联网信息服务备案管理、互联网 IP 地址备案管理、网络域名管理、药品信息服务管理、互联网文化管理、互联网上网服务营业场所管理、计算机病毒防治管理办法以及全国人大常委会关于维护互联网安全的决定等方面。其中和公民个人有较直接关系的法律法规如下：

（1）《计算机软件保护条例》（1991 年 6 月 4 日国务院发布）。

（2）《中华人民共和国计算机信息系统安全保护条例》（1994 年 2 月 8 日国务院发布）。

（3）《中华人民共和国计算机信息网络国际联网管理暂行规定》（1996 年 2 月 1 日国务院发布，根据 1997 年 5 月 20 日《国务院关于修改〈中华人民共和国计算机信息网络国际联网管理暂行规定〉的决定》修正）。

（4）《中国公用计算机互联网国际联网管理规定》（1996 年 4 月 9 日邮电部发布）。

（5）《计算机信息网络国际联网安全保护管理办法》（1997 年 12 月 16 日公安部发布）。

（6）《中华人民共和国计算机信息网络国际联网管理暂行规定实施办法》（1998 年 2 月 13 日国务院信息化工作领导小组发布）。

（7）《计算机信息系统保密管理暂行规定》（1998 年 2 月 26 日国家保密局发布）。据初步统计，分散在上述法律法规中的涉及公民个人的禁止性规定及法律责任规定有 16 条 22 款。

在中国法律管辖的范围内，所有利用计算机信息系统及互联网从事活动的组织和个人，都不得进行相关的违法犯罪活动，否则，必将受到法律制裁。

我国网络信息安全立法模式，基本上属于"渗透型"，国家未制定统一的信息网络安全法，而是将涉及网络信息安全的法律规范渗透、融入相关法律、行政法规、部门规章和地方法规中，初步形成了由不同法律效力层构成的网络信息安全法律规范体系。比如在《计算机信息网络国际联网安全保护管理办法》第四条、第五条、第六条、第七条中规定对单位和个人在国际互联网安全方面的责任和义务。

《计算机信息网络国际联网安全保护管理办法》法律条文援引内容如下：

第四条 任何单位和个人不得利用国际联网危害国家安全、泄露国家秘密，不得侵犯国家的、社会的、集体的利益和公民的合法权益，不得从事违法犯罪活动。

第五条 任何单位和个人不得利用国际联网制作、复制、查阅和传播下列信息：

（一）煽动抗拒、破坏宪法和法律、行政法规实施的；

（二）煽动颠覆国家政权，推翻社会主义制度的；

（三）煽动分裂国家、破坏国家统一的；

（四）煽动民族仇恨、民族歧视，破坏民族团结的；

（五）捏造或者歪曲事实，散布谣言，扰乱社会秩序的；

（六）宣扬封建迷信、淫秽、色情、赌博、暴力、凶杀、恐怖，教唆犯罪的；

（七）公然侮辱他人或者捏造事实诽谤他人的；

（八）损害国家机关信誉的；

（九）其他违反宪法和法律、行政法规的。

第六条 任何单位和个人不得从事下列危害计算机信息网络安全的活动：

（一）未经允许，进入计算机信息网络或者使用计算机信息网络资源的；

（二）未经允许，对计算机信息网络功能进行删除、修改或者增加的；

（三）未经允许，对计算机信息网络中存储、处理或者传输的数据和应用程序进行删除、修改或者增加的；

（四）故意制作、传播计算机病毒等破坏性程序的；

（五）其他危害计算机信息网络安全的。

第七条 用户的通信自由和通信秘密受法律保护。任何单位和个人不得违反法律规定，利用国际联网侵犯用户的通信自由和通信秘密。

2. 计算机使用中的违法行为

计算机违法犯罪所具有的高智能性、高隐蔽性等特点，对计算机专业人员和青少年具有诱惑性。据统计，当今世界上发生的计算机犯罪案件,70%~80%是计算机行家所为。从我国的情况看，在作案者中，计算机工作人员也占70%以上。计算机违法犯罪趋向于知识化、年轻化。国外已经发现的计算机犯罪案件中，罪犯年龄在18~40岁的占80%左右，平均年龄只有23岁。可以说，青少年是计算机违法犯罪的高危人群。大学生正处于青年阶段，更应该特别注意预防涉及计算机的违法犯罪心理。计算机违法主要由以下几种心理驱使：

（1）好奇和尝试心理。

学会了使用计算机，就想练练手，想试试自己能否破解别人设置的密码，从此一发而不可收。

（2）畸形智力游戏心理。

自恃身怀计算机绝技，把网络当成施展高智商的天地，解密攻关成瘾，专门挑战军事部门、政府机关，搞非法揭秘活动。

（3）恶作剧心理。

缺乏社会责任感和自我约束能力，法纪观念淡薄，拿别人开电子玩笑，给别人制造电子麻烦，捉弄人。

（4）侥幸心理。

认为利用电脑干违法的事只是一瞬间，留不下什么痕迹证据，认为执法机关精通计算机的人不多，未必能侦查破案。

（5）图财牟利心理。

据美国的一项研究表明，促使犯罪者实施计算机犯罪的最有影响力的因素是个人财产上的获利，其次是进行犯罪活动的智力挑战。

（6）报复心理。

因为与人有矛盾纠纷或感到遭受不公正的待遇等情况，实行电子报复。

（7）网络偏执狂（网狂）。

美国一项最新的网络调查结果表明，每周上网时间超过 5 小时的网民就已经成为轻度"网狂"，他们与别人面对面的交流减少，迷恋虚拟世界里的匿名交流，像吸毒一样上瘾，无法自拔。其本质上是逃避现实生活中应承担的人际关系责任，而匿名进行网络聊天不需要对其他匿名者承担任何责任。

（8）互联网综合征。

我国台湾地区有的大学生上网成瘾，"珍惜"上网的分分秒秒，连上厕所都舍不得离开电脑，特意买了许多纸尿裤备用。另据《中国青年报》报道，上海某大一学生，一段时间以来，每天早上 8 点进机房，晚上 9 点才出来，沉醉于虚拟世界，产生了网络心理障碍。

3. 上网应恪守的道德规范

大学生上网应遵守的道德规范大致可分为强制性的法律法规和自觉性的道德。

（1）大学生上网应遵守的强制性法律法规。

①遵守《中华人民共和国计算机信息系统安全保护条例》，禁止侵犯计算机软件著作权。

②任何组织或者个人不得利用计算机信息系统从事危害国家利益、集体利益和公民合法利益的活动，不得危害计算机信息系统的安全。

③计算机信息网络直接进行国际联网，必须使用邮电部国家公用电信网络提供的国际出入口信道。任何单位和个人不得自行建立或者使用其他信道进行国际联网。

④从事国际联网业务的单位和个人，应当遵守国家有关法律、行政法规，严格执行安全保密制度，不得利用国际互联网从事危害国家安全、泄露国家秘密等违法犯罪活动，不得制作、查阅、复制和传播妨碍社会治安的信息和淫秽色情等信息。

⑤任何组织或个人不得利用计算机国际联网从事危害国家安全、泄露国家秘密等犯罪活动；不得利用计算机国际联网查阅、复制、制造和传播危害国家安全、妨碍社会治安和淫秽色情的信息。发现上述违法犯罪行为和有害信息，应及时向有关主管机关报告。

⑥任何组织或个人，不得利用计算机国际联网从事危害他人信息系统和网络安全、侵犯他人合法权益的活动。

⑦国际联网用户应当服从接入单位的管理，遵守用户守则；不得擅自进入未经许可的计算机系统，篡改他人信息；不得在网络上散发恶意信息，冒用他人名义发出信息，侵犯他人合法权益的活动。

⑧任何单位和个人发现计算机信息系统泄密后，应及时采取补救措施，并按有关规定及时向上级报告。

（2）大学生上网应自觉遵守的道德规范。

①正确使用网络工具。要遵守网络法规；遵守职业道德；尊重民族感情；遵守国际网络道德公约。包括：不涉足不良网站；不浏览不良的内容；不用计算机去伤害他人；不干扰别人的计算机工作；不窥探别人的文件；不用计算机进行偷窃；不用计算机作伪证；不使用或复制应付费而未付费的软件；未经许可不使用别人的计算机资源；不当黑客；不利用网络偷窥他人隐私；不对英雄人物和红色经典作品恶搞；不修改任何网络系统文件；不无端破坏任何系统，尤其不要破坏别人的文件或数据；不在网上发布虚假信息，不实施坑蒙拐骗、敲诈勒索等行为。

②进行健康网络交往。网络已成为一种人际交往的媒介和工具。人们可以通过网络收发邮件、实时聊天、视频会议、网上留言、网上交友等。网络交往要做到诚实无欺，不应该通过网络进行色情、赌博活动，更不能在 BBS 或论坛上侮辱、诽谤他人。应通过网络开展健康有益的交往活动，在网络交往中树立自我保护意识，不要轻易相信、约会网友，避免受骗上当。

③自觉避免沉迷于网络。适度的上网对学习和生活是有益的，但长时间沉迷于网络对人的身心健康有极大损害。现实中存在着一些人上网成瘾，沉迷于网络不能自拔，进而导致耽误学业甚至放弃学业或家庭破裂的现象。值得人们警惕的是，沉迷于网络尤其是游戏已成为近年来青少年刑事犯罪率升高的重要原因之一。人们应当从自己的身心健康发展出发，学会理性地对待网络。

④养成网络自律精神。网络的虚拟性以及行为主体的匿名隐蔽特点，大大削弱了社会舆论的监督作用，使得道德规范所具有的外在压力的效用明显降低。在这种情况下，个体的道德自律成了维护网络道德规范的基本保障。"慎独"是一种道德境界，信息时代十分需要，在网络生活中培养自律精神，在缺少外在监督的网络空间里，自觉做到自律而"不逾矩"。

4.利用网络侵犯财产的违法犯罪及预防

（1）利用网络侵犯财产的违法犯罪的主要形式。

①从具体领域看，利用网络侵犯财产的违法犯罪主要有以下三种形式：

第一，电子商务领域内的侵犯财产行为。电子商务随着计算机及计算机网络的迅速发展而出现，这种方式与传统商务相比有着诸多优越性，因此一经出现就得到迅速的发展。然而，由于计算机网络本身的脆弱性，电子商务领域出现了计算机犯罪的活动，并且逐步威胁着电子商务的发展。可以将表现形式各异的电子商务危害行为分为针对商务信息系统的危害行为和以电子商务交易方式为犯罪工具的危害行为两个基本类型。前者是以电子商务交易中所涉及的相关信息作为攻击对象，后者是以电子商务交易方式的新颖性为掩护工具，以正常交易秩序作为攻击对象；其中在以电子商务交易中所涉及的相关信息作为攻击对象的危害行为中，涉及侵犯财产的行为主要有盗窃、欺诈和破坏三个方面。

第二，网络游戏中的侵犯财产行为。在网络游戏中，侵犯游戏中虚拟财产的网络违法犯罪行为，日益成为一种严重危害社会治安并引发社会一系列不安定因素的违法犯罪类型，受到社会的普遍重视。在国外一些网络游戏盛行的国家，已成立了专门的部门来处理此类案件。例如，在我国台湾地区已成立专门的警察小组负责此类案件，并建立了完整的网络游戏违法犯罪案件报案立案机制。

第三，"网络虚拟财产"受到侵犯。"网络虚拟财产"定义为在网络环境下通过个人劳动、真实的财物付出和市场交易等手段获得的具有价值的、并可以通过一定的手段体现其使用价值的电磁记录数据和服务。它不仅包括网民、游戏玩家在网络游戏中的账号及积累的"货币""装备""宠物"等"财产"，还包括号码、账号、收费邮箱账号等。

②从手段和目的看，利用网络侵犯财产的违法犯罪的主要有以下三种形式：

第一，网络诈骗。是指以非法占有为目的，利用互联网采用虚拟事实或者隐瞒事实真相的方法，骗取数额较大的公私财物的行为。

第二，网络盗窃。是指以非法占有他人财物为目的，利用网络作为手段或工具秘密窃取他人财物的行为。包括利用黑客手段盗取他人账号进而盗取他人财物的行为，如盗取银行存款、股票账号、网络银行账号、网络信用卡账号等。

第三，网络破坏行为。通常是作为其他网络侵害行为的工具或结果行为存在，它并不要求以自己获取经济利益为目的，并不将他人的电子资金财产占为己有，而是通过非法侵入计算机系统，擅自窥探、破坏电子数据，使正常的系统运行秩序、电子商务交易秩序被破坏。这类行为是网络安全的头号公敌，严重的计算机系统入侵行为，对国家重大军事、政治资料及商业秘密形成巨大威胁，在电子商务领域对网络交易的安全和人们对网络交易的信心造成极大的破坏。

（2）预防网络侵犯财产违法犯罪的原则。

为了预防大学生产生网络侵犯财产违法犯罪行为，应对其加强相关法律法规知识的宣传教育，坚持依法办事，依法治理。继《刑法》之后，我国在第九届全国人民代表大会常务委员会第十九次会议通过《全国人民代表大会网络财产犯罪研究会常务委员会关于维护互联网安全的决定》，基本上涵盖了目前在互联网上出现的所有犯罪行为，其中对侵害个人、法人和其他组织的财产权利的犯罪行为，已经有了明确的规定。除了继续严惩非法侵入、破坏计算机网络系统的行为外，加强了对互联网的运行安全和信息财产安全的刑法保护。

四、网络成瘾

（一）网络成瘾概述

网络成瘾有多种学术概念。1994 年美国纽约精神病医生 Goldberg 借用《美国精神疾病分类与诊断手册》（DSM – Ⅳ）中关于药物成瘾的判断标准，提出了"网络成瘾障碍"（internet addiction disorder, IAD），或称"网络依赖"；匹兹堡大学 Kimberly Young 提出了"病态网络使用"（problematic Internet use, PIU）的概念；还有学者提出了"网络行为依赖"（Internet behavior dependence, IBD）。依凡·葛尔柏格（Ivan Goldberg）将其定义为在无成瘾物质作用下的上网行为的冲动性失控，表现为由于过度使用网络而导致个体明显的社会、心理功能损害，产生学业荒废、人际关系疏远等不良后果。他提出了诊断网络成瘾的 10 条标准：①下网后总是不忘网事；②不满足上网时间；③无法控制上网的冲动；④一旦减少上网时间就会烦躁不安；⑤总是想借助于网络缓解压力；⑥视上：网比学业更重要；⑦为上网而不惜失去重要的人际交往和工作；⑧不惜支付巨额网费；⑨不愿向亲友吐露频频上网的真相；⑩下网后有焦虑、失落感。只要满足以上 10 条中的 5 条，就可以诊断为网络成瘾。

据中国互联网络信息中心（CNNIC）发布的第 37 次《中国互联网络发展状况统计报告》（以下简称为《报告》），截至 2015 年 12 月，中国网民规模达 6.88 亿，互联网普及率达到 50.3%，半数中国人已接入互联网。从学历层次上看，大专及以上学历的网民占很大一部分。4000 多万在校大学生中，95% 以上是网民，大学生网络成瘾率达到 9% 以上。现在的"低头族"也是网络成瘾的表现之一。

网络成瘾的症状表现为：成瘾者的思维、情感和行为都被上网这一活动所控制，上网成为其主要活动，在无法上网时会体验到强烈的渴望；如果停止使用网络可能会产生激怒、焦躁和紧张等情绪体验；成瘾者必须逐渐增加上网时间和投入程度，才能获得以前曾有的满足感；在不能上网的情况下，会产生烦躁不安等情绪体验；网络成瘾行为会导致成瘾者与周围环境的冲突，如与家庭、朋友关系淡漠，工作、学习成绩下降等。

网络成瘾可以分为：网络色情成瘾；网络交际成瘾；网络信息成瘾；计算机成瘾；网络强迫行为。

（二）网络成瘾的成因

1. 网络特性

网络的"去抑制性"等成瘾特性；网络能满足人们的交往、归属和尊重等基本需要；网络可能是其他成瘾行为的一个中介媒体等。

2. 个体自身因素

（1）强烈的求知欲和好奇心。这是个体探索新知识的欲望与认知手段不足的矛盾，即信息需求量大，而传统的信息获取通道无法满足所引起的心理作用。青少年认知活动的自觉性及思维活动品质已经有了明显的发展，表现出强烈的求知欲和探索精神网络能最大限度地调动和满足人们的求知渴望；网络是一位百问不厌的教师，是一座全天候的图书馆；网络的功能齐全、信息丰富、雅俗共赏、自由开放等特性正好可以满足大学生的求知需要。许多青少年经常访问大量网站获取多种信息，并参加一些兴趣话题的讨论。但由于青少年认知发展的不成熟性，面对大量的网络信息，往往不加选择地接受，这样就走入了误区。如果过度迷恋这些活动，就会导致网络成瘾。

（2）在心理封闭下的情感缺失形成强烈的交友愿望。网络可以相对安全地以比较低的交际成本来满足人们的社会交际的需要。对于一些性格内向、不善现实交际的同学而言，在虚拟世界里，他们可以重新塑造一个形象，一个隐藏自身缺点、增加更多优点、能够吸引他人的形象，可以抛开现实生活中他们对社会交际的焦虑。一些调查研究表明，社交焦虑越高的大学生其网络成瘾的倾向性越高。

（3）现实与理想冲突下的假象。青少年由于向往未来，想象比较丰富，往往离开自己的现实条件去构想未来的前景，其理想与现实差距过大，或求之过急，两者处于矛盾之中，无法自拔。

（4）从众。由于在同辈群体当中，青少年的地位、年龄、价值观和学习生活都十分接近，因而大多数人的行为和观点在此群体中便有了一定的影响力。青少年时期还没有形成稳定、科学的人生观和世界观，其行为很容易受到同辈群体的影响。由于网络的广泛普及，各种娱乐节目和精彩的网络游戏便成了同学之间交流与议论的主题。如果对此一无所知或没有兴趣，就会发觉自己与同学之间不能正常交流而越发孤立。于是，在大多数人的影响下逐渐地上网成瘾,甚至一发不可收拾。

(5)逆反心理。青少年时期,由于正处于自我意识和心理发育的成熟阶段,追求独立个性和自由的空间,青少年强烈的自我意识和叛逆心理表现得尤为突出。生活和学习的压力越大,这种逆反心理就越强烈,使得青少年极易在轻松的网络环境中寻求解脱与满足。网络因此为青少年展现自我提供了平台,充分满足了对于自我的认识和因为叛逆而带来了快乐体验,使青少年得到极大的心理满足。

3.外部客观因素

(1)家庭因素。

①父母本身品行。在成长的过程中,如果父母有着不良的行为,会对孩子的成长产生极其恶劣的影响。逐渐成长的青少年不满这种压抑的家庭环境,就容易在网络的虚拟世界里寻找家庭的温馨和朋友的关爱。

②家庭和谐与否。父母关系不和,经常吵架,甚至会把孩子作为发泄不良情绪的对象。这种不协调的关系破坏了青少年健康成长所必需的和谐的家庭气氛,使其难以在家庭成员中进行正常的沟通与交流,性格上也会变得自卑、内向,只能在网络中寻求精神上的寄托和成就感,这为孩子沉迷于网络提供了机会。

③过度控制的家庭。中国父母倾向于将子女视为他们的私有物和附属品,而对子女具有更明显的操纵、控制和惩罚行为。在这种情况下,青少年极易导致抑郁情绪产生、网络成瘾,甚至会发生极端行为。

④过度放纵的家庭。在农村,这种家庭的孩子主要指那些留守儿童、青少年。在城市当中,一些父母由于忙于工作、应酬等无暇顾及其他,这样无形中放任了子女的教育。这种情况下的大学生极易沉迷于网络,受到不良影响而误入歧途。

(2)社会因素。

网络无处不在,同时网络监管也应该完善。不良网络公司的刺激性网络游戏和网上聊天等对学生有着巨大的诱惑。也有一些不良网吧经营者,不顾社会责任,引诱大学生网络成瘾。

(三)网络成瘾的危害

大学生网络成瘾的危害主要有:

(1)危害大学生的身心健康。网络成瘾,容易使人的新陈代谢、正常生物钟遭到破坏,使人身体虚弱,严重网瘾者还会出现神经紊乱、免疫功能下降,同时还会引发焦虑症、忧郁症。

(2)导致学习兴趣下降。网络成瘾容易挤占原本属于学习的时间,容易出现厌学、逃课等现象。

(3)导致人际交往能力下降。网络成瘾者在网络中充分张扬个性,获得心理满足,认为现实人际交往可有可无,拒绝融入社会。

(4)导致道德意识、法律意识弱化。网络成瘾者容易在网络游戏和暴力、色情网站中放纵自己,弱化道德意识,甚至走上违法犯罪的道路。

(5)导致人生观、价值观扭曲。网络内容复杂,良莠不齐,不同意识形态、价值观念的信息杂陈于网上,容易使辨别力较弱的网瘾者出现人生观、价值观扭曲错位。

案例

大学生痴迷上网辍学流浪　被当成小偷送回父母身边①

据江淮晨报报道，2013 年 8 月 14 日，也许是 19 岁的黄某半年来最舒服的一天。一个月来他终于洗了一次澡，美美地睡了一觉。谁都不会想到，他曾是一名大学生，因为上网成瘾而在街头流浪了半年。

8 月 13 日 20：30 左右，肥西县公安局桃花派出所辖区某工地保安正在上班。突然，他们发现工地附近有一个黑影，怀疑对方是小偷，几名保安上前将其抓住。被抓住的黑影是个小伙，他称："我不是小偷，我是一名大学生。"

经桃花派出所民警审查，该男子自称叫黄某，19 岁，确为某学院的大一学生，但目前已离校。据黄某讲述，其于 2012 年 9 月入学，迷恋起上网。2013 年寒假过后，他带着父母给的三四千元生活费来到学校，继续上网。生活费很快用完了，能卖的东西也卖了，他不敢向家人要钱，就开始捡废品。

在这近半年的时间里，他靠捡废品来换钱上网、吃饭，身上的衣服是从外面捡的，晚上基本睡在大街上、破房子里，经常一个月都不洗澡、不换衣服。长期不上课，他不敢回学校；担心父母责罚，他与父母断绝联系。

当日 23：00 左右，民警拨打了黄某父母的电话，夫妻俩立即从肥东家里赶到肥西桃花派出所。

黄某的父亲说，儿子是他的独子，高中对儿子管教甚严，根本不允许儿子上网。儿子读大学后，因无人管教，迷恋上网从而一发不可收拾。儿子失踪的这段时间，家人都快急疯了。

8 月 14 日凌晨，民警查证，认为黄某并不构成盗窃，在对其进行批评教育后，让黄某的父母将其领回家。

黄某的父亲表示，回去会先让儿子休养一段时间，紧接着想法戒掉孩子的网瘾，然后让孩子继续完成学业。

（四）网络成瘾的预防和治疗

1. 网络成瘾的预防

（1）高校作为防控大学生网络成瘾的主阵地，应针对大学生的身心发展特点，加强对大学生的网络文明教育；要加强教育教学改革，提高课堂教学的趣味性；要组织丰富多彩的校园文化活动，增强大学生的人际互动；对有网瘾的大学生，不能歧视，要积极地对他们进行心理辅导和心理治疗。

（2）建设和谐家庭，是防控大学生网络成瘾的重要手段。家长应多与孩子沟通，了解孩子的理想和兴趣，与孩子平等相处，引导孩子合理利用互联网；不要对孩子提出不切实际的过高要求，以免给孩子造成难以承受的心理压力；发现孩子有网瘾症状或其他心理疾病时，应及时与学校和有关部门联系，采取必要的救助措施。

（3）优化网络环境。政府有关部门应加强对网络媒体的监管力度，明确网络媒体在网络建设中的主体职责；有关部门应加强对网络信息的监控过滤，营造健康的网络环境；国家要

① 中安在线，http://ah.anhuinews.com/system/2013/08/16/005995919.shtml

建立和健全网络管理的法律法规，用法律形式规范网络行为。

（4）提高大学生的自身素质。大学生应树立远大理想，积极参加社会实践，培养广泛的兴趣爱好和乐观向上的生活态度，养成良好的道德品质，增强抵御网络负面影响的能力。

2. 构建优良的校园网络环境

（1）培养一支既懂思想政治工作艺术又懂信息网络技术的新型思想政治工作队伍。这支队伍不仅应具有正确的价值观、道德观，还要具有较高的网络技术水平，能够使用和驾驭网络，使用网络做宣传工作并且善于把握网上信息，合理地应用、取舍，并树立高尚的信息道德，自觉地在网络社会中树立高尚的信息道德规范，系统分析网络环境所面临的道德问题。

（2）加强网络道德教育。在校园网上建设网络道德教育网站，进行系统的网络道德教育，在高校中组织网络道德的宣传活动，如辩论赛、演讲赛、辅导报告、座谈会等活动，营造浓烈的正面宣传氛围，造成强有力的正确舆论态势，对上网学生的思想形成一种大趋势的引导。

（3）完善机制，重视心理咨询建设。应进行深入细致的调研，通过有针对性的心理调查问卷，提高对学生心理问题的警惕和重视，及时发现典型化的"网络性心理障碍"学生，及时掌握其思想动态、心理状况等，并认真分析原因，寻找解决的途径。

3. 干预学生网络心理行为

（1）加强对学生的精神关怀。

网瘾者长期沉溺于网络不能自拔，情绪低落、举止失态，甚至产生心理疾病。这些学生更需要我们关心。我们可以多倾听学生的心声，理解学生的喜怒哀乐，关心学生的日常生活，经常与学生聊他们感兴趣的话题，分析学生的现状，把沉迷网络的利弊讲得入情入理，将他们的求知欲引导到正常的轨道上来。帮助患有不同程度"网络沉溺症"的学生尽快走出困境，回到正常的生活与学习中来。

（2）开展丰富多彩的课外活动。

学校经常性地开展各种文体活动，针对学生的特长与兴趣，长期举办各种特色活动及特色活动培训班，组织兴趣小组，积极鼓励有网瘾的学生参加各种形式的文体活动和社会实践活动。健康、和谐、丰富的学生活动有利于增强人与人之间的感情，有利于化解个别同学的孤僻、以自我为中心等不良心理倾向，让每一个学生融入到各种集体活动中，不使学生沉迷于网络。

（3）在家庭和学校建立起有意义的监控系统。

学校有意识地控制爱上网的学生的作息时间，家长主动和老师、班长或同班同学联系，了解自己孩子的学习、生活、精神状况，以便及时协助老师纠正学生的不良生活、学习习惯，为学生构建一个良好的外部环境。

第四节　饮食安全

在校大学生一般都在校内学生食堂进餐，饮食安全问题基本能得到保证。近年来，由于种种原因，校园周边饭店、小吃店林立，个体商贩兜售饮食现象也越来越多，这些饮食除一般卫生指标难以达到要求以外，最令人担忧的是食物中毒的发生及严重危害。

一、食物中毒常识

食物中毒，简而言之就是由于食用了有毒的食物而引起的疾病。

1. 食物中毒类型

（1）细菌性食物中毒：细菌可污染食物，并在食物里大量繁殖，有的还产生毒素。人吃了含有大量细菌或细菌毒素的食物，就会发生食物中毒。

（2）化学性食物中毒：由于麻痹大意，误食了有毒的化学性食物或食用了被农药拌过的粮种和菜种而引起食物中毒。

（3）有毒动植物食物中毒：常吃的食物由于加工、烹调方法不当，没有把食物中的有毒成分除去，或食用了腐烂、霉变的食物以及误食了有毒的动植物，也可引起食物中毒。

2. 食物中毒原因

食物之所以有毒，大致有下列几种情况：

（1）食物在加工、运输、贮存过程中被污染后，细菌在其中大量繁殖或产生大量细菌毒素。

（2）在栽培、加工、储存、运输过程中，被有毒化学物质污染。

（3）在某种情况下，食物本身产生大量的有毒物质或食物本身含有有毒物质，由于加工烹调方法不当未除去。

（4）食用某些外形与某种食物相似而实际有毒的植物，引起中毒。

（5）人为地有意投毒。

3. 食物中毒特点

食物中毒的种类很多，虽然发病情况各不相同，但一般都具有以下特点：

（1）食物中毒的潜伏期较短，很多人在短时间内（大多数 0.5～24 小时）发病或先后发病，一般发病比较急。

（2）所有病人都具有相同的症状或症状基本相似。

（3）病人在相同的时间内食用过某种食物，发病范围局限于食用该种有毒食物的人群中。

（4）食物中毒没有人与人之间的接触传染性。

4. 注意事项

住校学生对食物中毒的预防要注意到以下几点：

（1）不乱食用公共食堂以外的食物、小吃等。以防止食用病死、毒死或用不明的原料制作的食品以及不符合卫生要求的食品。

（2）夏季如有剩余的饭菜等食物，不要放在温度较高的宿舍、教室里，如有条件，应尽量做到将剩米饭加热后摊开存放，以防霉变，下一顿吃时要彻底加热。

（3）对于酒、盐泡的各种虾蟹、生鱼及半生不熟的烧烤等，最好不要吃。

（4）食用的凉菜、瓜果、蔬菜要认真清洗、消毒。

（5）注意养成良好的个人卫生习惯，饭前便后要洗手。

二、常见食物中毒的预防与处置

饮食关系到人的生命安全，因此，每个人都要注意卫生，否则，就会给你的家庭及人身健康带来危害。要注意病从口入。下面是几种常见的容易中毒的食物。

1. 毒蘑菇

毒蘑菇的种类很多，形态各异，由于采食不慎容易造成中毒事故。中毒的症状多为呕吐、腹痛、腹泻等，甚至死亡。快速简易检验毒蘑菇的方法是，将可疑蘑菇切成薄片，放在报纸上，挤压出汁液，待汁液晾干后，在汁液的痕迹上滴些浓盐酸。如果蘑菇含有毒素，20分钟左右，在滴过浓盐酸的汁液处就会显现蓝色；如果蘑菇毒素含量较少，汁液的痕迹处会先显现红色，然后逐渐变为蓝色。这是因为有毒蘑菇中的环状缩氢酸在浓盐酸的作用下，与纸中的木质素发生了变色反应，因而出现蓝色。也可用吃剩的毒蘑菇喂动物观察其毒性反应。约有20余种毒蘑菇会引起胃肠类型中毒，一般在食后10分钟至2小时发病；约有20种毒蘑菇引起神经精神型中毒，一般在食后半小时至6小时发病；约有10种毒蘑菇引起肝损害型中毒，一般在食后6~48小时发病；还有数种毒蘑菇引起溶血型中毒，一般在食后6~22小时发病。中毒后的紧急措施：一是催吐、洗胃及服用泻药，使毒素尽快排出体外，以免吸收到血液中去；二是中毒较重的，需要去医院治疗。

2. 海产品

存在于海产品中的嗜盐菌，能够引起食物中毒。其中毒的主要原因是：

(1)烹调时未烧透，细菌未完全杀灭。

(2)烧熟后存放不当，以致被嗜盐菌污染。

(3)再次食用前未充分加热杀菌。

(4)吃了不清洁或变质的海鱼、海贝产品。

嗜盐菌中毒主要表现为：腹痛、腹泻、血压下降、身体局部痉挛。预防的措施是：

(1)不买、不吃腐烂、变质的海蟹类产品。

(2)食用海产品时一定要烧透。

(3)生熟食品要分开，防止交叉污染。

3. 马铃薯

马铃薯本身是无毒的，但是储存时间过久或储存条件不当，就会有龙葵素积累，发芽就是龙葵素产生的外在表现，当龙葵素积累到一定程度，即使去掉薯芽也不能去毒。发了芽的马铃薯中的龙葵素，能溶解血球并刺激黏膜，如果食用了含龙葵素的马铃薯，在几分钟至几小时内，人会咽部发痒、发干，胃部烧灼，恶心，呕吐，腹痛，腹泻，耳鸣，头晕，瞳孔散大，严重者会体温升高，意识丧失。所以发了芽的马铃薯就得丢弃，不能再食用。一般未发芽的马铃薯也可能含有少量的龙葵素，因此在洗切时，最好将马铃薯放在水里浸30分钟后再烹炒，炒的时候最好放少量的醋，醋可以破坏马铃薯中的龙葵素。

4. 豆浆

生豆浆中含有胰蛋白酶、皂素等物质，会引起中毒，所以食用豆浆一定要煮熟，一般煮沸10分钟且去沫后方可饮用。

5. 霉变花生

霉变的花生中含有黄曲霉素，这种微生物具有很强的毒性。食用发霉的花生，可以引发人体病变和中毒。黄曲霉素具有耐高温的特性，家庭食用很难通过加热处理而将黄曲霉素杀死。所以，发霉的花生不可吃，以免因小失大，再后悔就来不及了。切记，一是不买不吃霉变的花生；二是家庭贮存花生，不要放在潮湿、阴暗的地方，要保持干燥和通风。

三、细菌性食物中毒怎样识别与预防

细菌性食物中毒是因吃了被细菌及其毒素所污染的食物而引起的。该病多发生在夏、秋季节。由于气温较高，细菌污染食物后容易生长繁殖，尤其是鱼肉蛋奶类食品，在制作、运输存放、烹调及分发过程中，更易被细菌污染而变质。一旦食入变质食品，就会引起食物中毒。此病起病急，常在进食后 3～20 小时内发病，吃同一食物的人几乎同时发病，由于污染食物的细菌种类和数量不尽相同，所以临床表现也各有差异。多数病人恶心、呕吐，常伴有腹痛、腹泻，一般都有发热症状，体温在 37.5℃～40℃ 之间。严重者可因剧烈腹泻、腹痛、脱水、休克、呼吸衰竭等而危及生命。

发现食物中毒者，应及时采取以下措施：对进食后不久者，如未呕吐，可用手指、筷子等刺激咽后壁催吐，亦可用清水或 1∶2000 高锰酸钾溶液洗胃。如果病人已有剧烈呕吐，则不必催吐，以免加重脱水。能饮水的病人应让其多饮茶水、淡盐水；不能饮水者应送医院给予滴注输入生理盐水或葡萄糖盐水，以补充丢失的水分和盐分。中毒早期若吐、泻严重者禁食 8～12 小时，病情好转后可吃面条、稀饭、米汤等容易消化的食物。预防主要采用防止细菌污染、低温贮藏、高温灭菌等措施，禁食腐败变质的食品。

四、急性中毒怎样进行现场紧急救护

急性中毒是指各种有毒物质通过不同的途径侵入人体而导致中毒。中毒者病情进展迅速，可危及生命。很多毒物目前尚无有效的拮抗剂和特异解毒药，抢救措施主要依靠即刻排毒和积极的支持疗法。而做好现场急救是使病人生还的重要环节。

第一，气体中毒时，应立即将患者迁离中毒场所至空气新鲜、气温暖和的环境中，并解开其衣扣予以缓解。必要时也可给予吸氧气或进行人工呼吸予以抢救。

第二，衣服、皮肤被毒物污染中毒，首先应脱去受毒物污染的衣服，用清水冲洗体表、毛发及指（趾）甲内毒物（不可用热水，因热水可使血管扩张而增加毒物的吸收），冲洗必须彻底，从而切断中毒源。

第三，眼内溅入毒物时，应立即用清水冲洗眼睛，对腐蚀性毒物更须反复冲洗，冲洗不得少于一刻钟。

第四，食物中毒时，或当口服的毒物并非是强酸、强碱或其他腐蚀物，而患者的神志清楚时，可让其大量饮服清水，随即患者用筷子或手指刺激咽部与舌根，以引起呕吐，从而吐出毒物。这种方法应重复数次直至呕吐出的液体颜色如水样为止。如果患者呕吐不出，也可让其饮服大量的牛奶和蛋清，从而在胃黏膜表面形成一层保护膜，以屏蔽毒素，减缓中毒症状。

第五，安眠药物中毒时，如果患者神智清醒，可在就诊前让其服浓茶或咖啡，并不让其入睡。这对救治和其生还后的康复亦有帮助。

第六，强酸性或强碱性溶液中毒时应立即让患者饮服米汤、蛋清、浓豆浆、牛奶、面糊糊等黏膜保护剂，以保护患者食道、胃黏膜等，而不是设法催吐。催吐会引起食道、胃壁穿孔。同时让患者平躺，头侧向一边，脚部垫高送医院救治。

五、酒精中毒

1. 预防酗酒

酒，无论度数高低，都是含有酒精的饮料，而酒精是一种能够刺激和麻痹神经系统且有镇静作用的物质。在大脑内，当它麻醉大脑细胞时，思维过程直接受到干扰而变缓，酒精浓度越高，受影响的脑细胞就越多。过量饮酒尤其是暴饮，既伤害身体，又荒废学业，还可能造成一定的恶果。醉酒的人动辄摔倒、撞伤，酒后开车酿成大祸的悲剧也不乏其例，惨痛的教训实在太深刻了。因此，无论自斟自饮还是群饮，都不要忘了"节制"、"适度"，同时要注意以下几个细节问题：

（1）饮酒之前先吃点东西，空腹酣饮最容易醉倒；

（2）"干杯"本是礼节性的辞令，演化到一饮而尽是一种不好风气，要尽量避免"干杯"，低斟浅饮并不失风雅；

（3）量力而行，适可而止，记住自己的酒量；

（4）喝酒已感到不适或有醉意时，联想一下自己和他人醉酒时难看的情景；

（5）多人在一起喝酒，是最容易发生酗酒和醉酒现象的，表现在言语上就是直言快语，豪言壮语，胡言乱语，或不言不语，这时一定要适可而止，中止饮酒。

2. 酒精中毒的识别

正常情况下，人微量饮酒，对于促进新陈代谢及体力的恢复具有一定的积极作用。过量饮酒，会损伤神经系统的正常活动，当人的血液中，酒精达到千分之二至千分之五的浓度时，人处于兴奋的状态之中，出现多言多语、多动作、头晕、恶心等现象。这就是醉酒的表现。醉后的人往往失去理智，做出很多不愉快的事情。一次大量的饮酒，很可能出现急性酒精中毒，甚至造成死亡事故。长期慢性嗜酒，也会造成慢性酒精中毒。当人的血液中酒精浓度超过千分之五时，人就会陷入重度中毒状态：昏迷不醒、面色苍白、皮肤潮湿、呼吸缓慢、脉搏快而强、体温下降。此时，应立即送医院抢救，以防意外。

3. 甲醇中毒的识别与处理

以工业酒精兑酒造成中毒事件，全国已发生数十起，中毒人数达数千人，死亡近百人，双目失明者有数十人。原因是工业酒精含有大量的甲醇。食用酒精虽也含有微量的甲醇，但国家食品卫生法规定，市场出售的酒类，甲醇含量不得超过 0.04 克/100 毫升。一些不法分子为了牟取暴利，用廉价的工业酒精兑酒，一些酒厂管理不严，误将工业酒精当作食用酒精兑酒，致使受害者甲醇中毒。

甲醇为无色透明易燃液体，略有乙醇气味，易与水、乙醇混溶，用工业酒精兑制的白酒和正常白酒很难用感官鉴别，只能用理化检验方法才能得出正确结论。甲醇中毒的症状有三种：

（1）轻度中毒：病人呈醉酒状态，有头晕、头痛、兴奋、失眠、眼球疼痛、视物模糊等症状，一般在数日后即可恢复。

（2）中度中毒：数小时至两三天后可出现视力障碍，复视，眼前闪光及震感，以后视力剧烈减退，甚至失明。有的可突然失明，瞳孔散大，对光反应消失，眼底检查可见静脉扩张、视乳头炎或视乳头萎缩。

（3）重度中毒：剧烈头痛、眩晕、双目失明，可很快昏迷，可因呼吸麻痹而危及生命。

　　对甲醇中毒者，若服后时间不久可以催吐并用 2% 碳酸氢钠溶液或肥皂水反复洗胃，洗胃后口服 15 克硫酸钠导泻，以促使甲醇排泄。注意保护眼睛，避免光线刺激，可戴有色眼镜或用湿纱布敷盖。经过上述急救处理后，应马上将中毒者送医院治疗。

第四章

个人安全

第一节 人身安全

一、人身伤害事故的预防与应对

孩子是家庭的希望,学生是国家的未来。所有孩子都要经过学校教育这一过程,因此,学校是人们成长过程中的必经之路,而学校又是学生人身伤害事故的高发场所。"生命不保,何谈教育",对每个在校学生来说,树立良好的人生观、养成良好的行为习惯是保护自己免受伤害,走向成功的首要条件。

(一)学生的不良行为

每个学生都应具备对自身行为习惯正确的判断能力,防止越过"红线"做出出格的事情,那样不仅会伤害自己,同时也会伤害家人,还可能会对他人造成严重的伤害。

1.青年学生的一般不良行为

(1)旷课、夜不归宿。

(2)携带管制刀具。

(3)打架斗殴、辱骂他人。

(4)强行向他人索要财物。

(5)偷窃、故意损坏财物。

(6)参与赌博或变相赌博。

2.青年学生的严重不良行为

(1)纠集他人结伙滋事,扰乱社会治安。

(2)携带管制刀具,屡教不改。

(3)多次拦截、殴打他人或强行索要他人财物。

(4)多次偷窃。

(5)参与赌博,屡教不改。

(6)吸食、注射毒品。

(7)其他严重危害社会安全的行为。

(二)校园人身伤害事故的预防

伤害事故有天灾和人祸之分,人类目前还不能有效防止天灾的发生,但人祸却是能有效预防的。校园人身伤害事故绝大多数属于人祸范畴。因此，只要我们清楚地认识到校园人身伤害事故产生的原因，加强预防，就可有效防止校园人身伤害事故的发生。

1. 树立正确的人生观

人生观就是对人生的看法。人生观的基本内容为对人生目的、意义的根本看法和态度。

人生观所要回答的问题是：人为什么活着，人生有什么意义，该怎样做人，该怎样走人生道路，应当怎样处理学习、工作、事业、前途、友谊、爱情、荣辱等问题。概括起来，人生观的主要问题有三个：一是人生目的，即人为什么活着；二是人生态度，即做一个什么样的人；三是人生价值，即怎样的人生才有意义。其中，人生目的是人生观的核心，它决定了其他两个方面，有什么样的人生目的就会有什么样的人生态度和人生价值。

爱因斯坦认为："人只有献身于社会，才能找出那实际上是短暂而有风险的生命的意义。"裴多菲认为："生命的长短以时间来计算，生命的价值以贡献来计算。"李白认为："天生我材必有用。"鲁迅认为："我之所谓生存，并不是苟活，所谓温饱，不是奢侈，所谓发展，也不是放纵。"这些伟人的人生观有一个相同点，即积极向上、催人奋进，这是正确的人生观。

现在的学生是由年龄、生理发展水平以及所掌握知识和技能等大体相同的人组成的关系密切的群体。他们的政治思想表现不同于一般青年人，大多为独生子女，在中、小学阶段由于受父母"保姆"般的爱护，教师"包办"式的教育，是家庭的宠儿，处处都受到"照顾"，享受各种"特权"，这使部分人形成了以自我为中心的思维方式来审视社会，来考虑周围的一切，从而影响自己的行为。在与同学相处之中缺乏宽容与忍让，在认识缺点和错误时缺乏对批评的心理承受能力，在集体生活中缺乏奉献与牺牲精神。他们总认为只有在索取的过程中才能了解到自身的价值大小，表现为过分注重个人利益，热衷于享受而忽略精神追求，热衷于坐享他人成果而不愿意艰苦奋斗。持这种人生观的学生往往将自己的个人利益放在首位，一切为自己着想，受不得半点委屈，哪怕是一个眼神、一句话都可能让他们无法忍受，甚至恼羞成怒，做出攻击性行为，造成人身伤害事故。有的学生到了十七八岁甚至到了大学也没认真思考过自己的人生观问题，不知道自己该干什么、该怎么干，整天无所事事，难免做出违规、违纪的事来，严重时很可能造成人身伤害事故。如有的学生上课睡觉，到晚上却睡不着，于是翻墙出去玩，却不幸摔伤；又如欺负同学、玩死亡游戏等。

因此，树立积极进取、乐观向上、厚德载物、自强不息的人生观，不仅是人生发展的需要，同时也对减少人身伤害事故的发生起到积极的作用。

2. 建立良好的法制观念

在日常生活中，如果我们每一个公民都认真遵守法律法规，那我们的社会一定会是一个充满温馨的和谐社会。对于在校学生来说，"规矩"不仅仅是国家法律，还应包括社会行为规范、校规校纪等。因此，一个和谐的校园，需要师生共同遵纪守法，遵守社会公德。人与人之间相处，产生矛盾是不可避免的，对于青年学生来说，由于其身心特点，更容易产生矛盾。在许许多多校园人身伤害事故中，当事学生往往法制观念淡薄，有的甚至根本没有法律意识，遇到矛盾一味蛮干，最终造成不可挽回的损失。因此，知法、懂法、守法，养成良好的法制观念，是解决人与人之间矛盾的最有效方法。在校学生加强自身法制意识，培养法制观念，不仅可以提高遵守法律的自觉性，防止学生之间矛盾激化，减小人身伤害事故的发生概率，而且还可以使学生懂得如何运用法律武器维护自己的权益。

3. 树立正确的朋友观、面子观

在校园斗殴案件中，更多的是多对多或多对一的情况，一对一的情况较少。通过对校内斗殴案件的调查研究发现，这种现象与青年学生不正确的"朋友观"和"面子观"有很大关系。例如，有的学生与别人发生了矛盾，受了一点委屈，认为自己尊严受到了严重侵犯，很没面子，特别是在朋友面前好像抬不起头来，没法做人了，于是想通过暴力手段来进行报复。对于想实施报复的学生来说，本来一个人还很胆怯，不敢将想法实施，不会发生大的冲突，但旁边的朋友却觉得"有仇不报非君子"，自己的朋友受人"欺负"，怎能袖手旁观，要在此时表现一下朋友之间的热情、义气，于是在旁煽风点火。这时本来只是想报复的学生就骑虎难下了，只能将想法付诸实施，不然就更没面子了。有的学生本也不想做出出格的事，但有朋友相邀，自己不去觉得很不够义气，今后无法在朋友圈立足，于是也就硬着头皮参与斗殴。

那么，什么是朋友呢？又应该交往怎样的朋友呢？其实，朋友就是彼此友好的人。进一步地说，朋友是指人际关系已经发展到没有血缘关系，但又十分友好的人。真正的朋友通常会对对方诚实、忠心、忠义，先为对方着想。他们的兴趣可能很相似，而且可能经常一起活动。他们也可能互相帮助，如聆听对方的烦恼和给对方建议。

以上概念将什么是朋友叙述得很清楚，但目前，不少学生片面地理解，甚至是误解了朋友的含义，他们往往通过电视、网络等媒体得到片面的、负面的朋友观，认为朋友就是为了对方利益"两肋插刀"，可以置他人的利益于不顾。无论两个人的友谊有多深厚，首先，他们应该是一个正常的人，而一个正常的人就应遵纪守法、遵守社会公德。因此，真正的朋友观应是建立在遵纪守法、遵守社会公德的基础之上的，否则就不是正确的朋友观，只能算是"哥们儿义气"，而"哥们儿义气"不是真正的友情，这样的友情很可能将彼此带入错误的道路，造成无可挽回的损失。面子，指事物的外表，引申为体面和表面的虚荣。面子是丰富的中文词汇里一个古老的概念，是一种由结果判断成因的举动。即人们在无法得知某人的才华能力或权力地位的时候，就由观察其是否能博得面子来判断其为人。"人活一张脸，树活一张皮"讲的就是这个意思。有面子的人，被看做能人。因此，人们向来很重视面子问题。相对而言，青年学生更看重面子，但也不明白什么是真正的"有面子"，没有真正理解到"面子"只是一种虚荣，是一种表面的东西。中国人的面子观主要来源于过去的"士大夫精神"，其根源还在于恐惧，害怕被边缘化，也就是所谓的"尊重"。大学生应首先懂得怎样才能不恐惧，不被边缘化，受人尊重。电影、电视、小说中经常有一些"大哥"级人物，到哪里都是前呼后拥，一呼百应，很有"面子"。受此种种不正确信息的影响，有的学生也通过不正当手段来为自己挣面子，纠集一帮人，大家一致对外，只要有外人让自己人看不惯或是自己人受了欺负，便会通过暴力解决问题，觉得这样胆子就大了，别人就怕了，就会尊重自己了，就觉得很有面子。有面子真是这样的吗？大家难道不见人们对这样的人纷纷避而远之、嗤之以鼻吗？

恐惧来源于无知，上古时代，人们因为无知而对某些自然现象很恐惧，才产生了图腾。现在是 21 世纪，是一个知识爆炸的时代，人们崇尚知识，那种无知又无畏的人显然是一种边缘人物，这种边缘人物显然没有面子。因此，那种为了面子而去要面子，通过暴力去挣面子的人只能是当代的阿 Q。所谓面子，到最后往往被另一些话所征服，"鸭子死了嘴壳硬"或是"死要面子活受罪"。因此，大学生应懂得面子不是别人给的，更不是打来的，通过努力提高自身文化技能，加强自身修养全面提升自己内涵，才是获得"面子"的根本。

（三）校园突发人身伤害事故的应对

学校是青少年聚集的场所，矛盾、冲突无处不在。为保护自己，防止矛盾、冲突扩大，造成人身伤害事故，每个学生都应掌握化解矛盾、避免冲突的正确方法。

1.必须掌握的几个应急电话

（1）治安报警电话：110。

（2）火警报警电话：119。

（3）医疗急救电话：120。

（4）交通事故电话：122。

（5）在校园内公共区域明示的校内报警电话。

建议将至少一个应急电话在自己手机上设为快捷拨号方式。

2.同学之间一般矛盾、冲突的应对

鉴于青少年学生的生理和心理原因，同学间的矛盾时常出现，如不正确应对，可能发展为更大的冲突，甚至造成较大的人身伤害事故。同学间产生矛盾后，应做好以下几方面工作，防止事态扩大。

（1）我们常说"一个巴掌拍不响"，这有一定的道理。因此，在与人产生矛盾时，我们要做到"退后一步"，首先反省自身，看看自己在这件事情上是否有过错，如有过错，要诚恳地主动承认错误，通过交流获取对方谅解，从而化解矛盾。

（2）如遇无理取闹的情况，也应做到理让三分，语气平和，不要进一步刺激对方，可采取回避、一走了之的办法。如对方仍然无理取闹，应严正警告对方，并及时报告学校，通过老师进行调解。

（3）同学之间有误解，可通过谈心的方式进行交流，最好是一对一的私下交流，也可通过班主任主持调解，从而消除误会，增进同学感情。

3.人身侵害事件的应对

（1）在感觉到自己人身可能会受到侵害时，应毫不犹豫立即走开或跑开，以最快速度找到离自己最近的学校管理人员，并同时通过电话向班主任和学校报告。

（2）如遇对方多人纠缠不放，要沉着冷静应对，不要在言语和行为上进一步刺激对方，应努力使对方放松警惕，在对方不注意时突然跑开，以最快速度找到离自己最近的学校管理人员，并同时通过电话向班主任和学校报告。如遇对方追赶，应及时大声呼救，可同时拨打110报警。

（3）在受到攻击无法脱身时，应大声呼救，并注意保护好头、颈、胸等关键部位，可应用正当防卫手段保护自己。

（4）在受到人身侵害后的第一时间应立即向学校报告，可同时拨打110报警电话。

4.受伤现场的应对

据世界卫生组织统计，全球每年创伤死亡人数达5000万，大多数人在伤后30～60分钟内死亡，创伤死亡大多数发生在事故现场或到达医院前。因此，受伤后得到及时治疗是必要的，发现自己或同学受伤后，应掌握"先救命，后治伤"的原则，及时做好救治工作。

（1）内伤的处理。

受伤分外伤和内伤，外伤通过眼睛观察能及时发现，而内伤往往不能及时发现（如脾脏破裂、内出血等），如不及时治疗，很容易造成死亡。因此，受到人身侵害后，应立即到医院检查，根据医生的诊断进行治疗，并立即报告学校。

（2）外伤的处理。

如果受伤者是本人，可自己判断受伤后是否可以走动。如果行动正常，可自己或请同学搀扶到校医室或医院检查治疗，同时通过电话报告学校。如不能走动，应立即拨打或请路过人员拨打 120 急救电话，同时报告学校。

如果发现同学受伤，应先让受伤者判断自己能否走动，特别是腰椎、颈椎能否活动，如能活动，可搀扶受伤者到医院治疗并报告学校；如不能，则不要移动受伤人员，尽量让受伤人员身体侧卧，使其呼吸顺畅，并立即拨打 120 急救电话，同时报告学校。

（3）现场急救"七不"原则。

不用手摸伤口。

不用碘酒擦伤口。

不用水冲洗开放性骨折伤口（除化学磷烧伤）。

不取出伤口中的异物。

不塞回脱出的内脏。

不轻易确定死亡而停止抢救。

不轻易搬动伤员。

（4）现场急救"八戒"。

惊慌失措定出错，自作主张错上错；随意搬动要禁止，分清病情取坐卧；乱用药物真危险，滥进饮料酿大祸；舍近求远误时机，因小失大不值得。

二、校园建筑物安全防范

由于建筑物质量问题或者年代久远且缺乏管理等原因，学校的教室、实验室、图书室、阅览室、会议室、实训车间、学生宿舍、食堂及楼梯、护栏等建筑物都有可能存在安全隐患，故学生应提高自己的安全意识，掌握一定的安全常识。

（一）预防教室内的安全事故

（1）不在教室内追逐、打闹，做剧烈的运动和游戏，防止磕碰受伤。

（2）教室地板比较光滑，要注意防止滑倒摔伤，需要登高打扫卫生、取放物品时，要请他人加以保护，防止摔伤。

（2）擦楼房窗户玻璃时别逞能，不要将身体探出窗外，谨防发生坠楼事故。

（4）教室的门、窗户在开关时容易夹手，应当处处小心。

（5）不要在教室里随便玩火，随意动插座、电教设备，更不能在教室里抽烟、燃放爆竹。

（6）螺丝刀、刀、剪等锋利、尖锐的工具，图钉、大头针等文具，用后应妥善存放起来，不要随意放在桌椅上，传递给同学时要把尖头朝自己，防止对方受到意外伤害。

（二）预防校园建筑物踩踏事件

（1）不定期排查建筑物的安全隐患。

（2）日常学习中，上、下楼梯和在楼道里通行时，不要拥挤，要靠右行走，礼让慢行，不互相追逐打闹，不开可造成伤害的玩笑。

（3）及时更换楼道里已坏损电灯，保证楼道明亮。

（4）疏通楼道，绝不允许楼道有任何堆积物，保证楼道畅通。

（5）为避免学生集中上、下楼梯时过于拥挤，采取学生分走楼梯制度。

（三）拥挤踩踏现象的应对

学校中的拥挤踩踏事故是导致学生群死群伤的恶性事故之一，一旦发生，往往会造成多名学生的死伤。拥挤踩踏事故多发生在下晚自习、下课、上操、就餐和集会时，发生地点主要是教学楼楼梯的转角处。因此，发生拥挤踩踏事故时，应当做好以下几点：

（1）保持冷静，切勿慌乱。

（2）及时拨打 110 或 120 等报警、急救电话。

（3）不跟随人群盲目乱动，冷静观察周围形势。

（4）已被裹挟至拥挤人群中时，要听从指挥人员口令行动。切记要与大多数人的前进方向保持一致，不要试图超过别人，更不能逆行。同时应双手抱胸，两肘朝外，以此来保护肺部和心脏不受挤压。

（5）跑的时候要踏稳每一步，努力保持身体平衡。

（6）发现有人摔倒，要马上停下脚步，同时大声呼救，告知后面的人不要靠近。

（7）若被推倒，要设法靠近墙壁，身体面壁蜷成球状，双手在颈后紧扣，以保护身体最脆弱的部位。如有可能，抓住一样坚固牢靠的东西。

（8）若摔倒在地，应保持俯卧姿势，两手紧抱后脑，两肘支撑地面，胸部不要贴地，这是防止踏伤最有用的方法。

三、中毒和窒息的基本安全知识

（一）中毒、窒息的定义

1. 中毒

中毒通常是指较小剂量的化学物质，在一定条件下，作用于机体，与细胞成分产生生物化学作用或生物物理学变化，扰乱或破坏机体的正常功能，引起功能性或器质性改变，导致暂时性或持久性病理损害，甚至危及生命的现象。

2. 窒息

窒息是指因外界氧气不足、其他气体过多或者呼吸系统发生障碍而导致呼吸困难甚至停止呼吸危及生命的现象。窒息分为单纯窒息和化学窒息。

（1）单纯窒息。

由于周围氧气被惰性气体代替，而使氧气量不足以维持生命的持续。一般情况下，空气中含氧21%，如果空气中氧浓度降到17%以下，机体组织供氧不足，就会引起头晕、恶心、调节功能紊乱等症状。

（2）化学窒息。

由于某些化学物质直接影响机体传送氧以及和氧结合的能力而造成机体缺氧。例如，一氧化碳与血液的结合能力强于氧，它是典型的窒息性物质。空气中一氧化碳含量达到0.1%时就会导致血液携氧能力严重下降。

（二）常见有毒物质及特性

1. 一氧化碳

一氧化碳为无色、无味、无臭的气体。凡含碳物质不完全燃烧时均能产生一氧化碳。冶金工业的炼焦、炼铜、炼铁等，矿井下爆破，各种加热炉的焙烧以及在煤气发生炉的填料、清扫和维修时均可接触较高浓度的一氧化碳。

2. 硫化氢

硫化氢是一种无色气体，具有臭鸡蛋气味。硫化氢主要是生产过程中和日常生活中产生的废气。在生产中接触硫化氢的作业包括有机磷农药生产时的硫化反应、含硫化合物的生产制造过程、以煤和原油为原料的化肥生产过程等。

3. 氟化氢

氟化氢为无色、有刺激性气味的气体，极易溶于水而形成氢氟酸。作业工人接触氟化氢的可能途径有制造各种无机和有机氟化物的原料，如制造冷冻剂氟利昂、有机氟塑料、杀虫剂等，腐蚀玻璃、雕刻金属，电解法制氟、制铝以及电子工业、原子工业等。

4. 铅

铅在工业中的用途很广，人在不同的生产劳动中可接触金属铅或铅化合物。主要接触机会包括铅矿石（为方铅矿、碳酸铅矿及硫酸铅矿等）的开采和冶炼、熔铅作业（如铅制品的生产、金属的铅预热处理、印刷的浇版和铸字）及接触氧化铅的作业（如制造蓄电池、玻璃、搪瓷等）。

5. 苯

苯在常温下为带特殊芳香味的无色液体。主要接触机会有苯的生产（如焦炉气、煤焦油的分馏、石油的裂化重整与乙炔合成苯），苯作为化工原料的生产过程（如生产酚、氯苯、硝基苯、药物、农药、合成纤维、合成橡胶、合成燃料等）。

6. 汞

汞，俗称水银，为银白色液态金属。汞的主要接触机会有汞矿的开采和冶炼，汞齐法提炼金、银等贵重金属，温度计、血压计、气压表、流量计等仪表制造，化学工业用汞作阴极电解食盐生产氯气和烧碱，塑料、染料工业用汞作催化剂，军工生产用雷汞作起爆剂，口腔科用银汞剂补牙等。

7. 砷

砷俗称砒，为银灰色晶体。焙烧含砷矿石，三氧化二砷冶炼，铅、铜、金及其他含砷的金属冶炼时，砷以蒸汽状态逸散在空气中，形成氧化砷。处理烟道和矿渣、维修燃料炉等都可能接触三氧化二砷粉尘。从事含砷农药（如砷酸铅、砷酸钙）、含砷防腐剂（如砷化钠）、除锈剂（如亚砷酸钠）等制造和应用的作业工人可接触砷。

8. 锰

作业工人可能接触锰的机会有：锰矿开采、运输和加工，锰合金制造，干电池制造，焊料、氧化剂和催化剂等的制造，用锰焊条电焊时可产生锰烟尘。

（三）较易发生中毒窒息事故的场所

封闭、半封闭设备：船舱、储罐、反应塔、冷藏库、沉箱及锅炉、压力容器、浮筒、管道及槽车、学校化验室、洗澡间等。

地下有限空间：地下管道、地下室、地下仓库、地下工事、暗沟、隧道、管理道、建筑孔桩、封门车间、体验场所、试验场所、烟道等。

（四）预防中毒与窒息的措施

（1）有毒作业、有窒息危险的岗位人员，必须进行防毒急救安全知识教育。

（2）工作环境（化验室、容器、地沟）氧含量必须达到20%以上，毒害物质浓度符合国家安全规定时，方能进行工作。

（3）在有毒场所作业时，必须佩戴防护用具，必须有专人监护。

（4）进入缺氧或有毒气体设备内作业时，应将与其相通的管道加盲板隔绝。

（5）对于有毒或有窒息危险的岗位，要制订防救措施和设置相应的防护用（器）具。

（6）对有毒有害场所的毒害物质浓度情况要定期检测，使其符合国家标准。

（7）各类有毒物品和防毒器具必须有专人管理，并定期检查。

（8）对生产和散发有毒物质的工艺设备、机动设备、监护仪器（如易燃、易爆气体的报警器），要加强维护，定期检查。

（9）发生人员中毒、窒息事故时，处理及救护要及时、正确。

（10）健全有毒有害物质管理制度并严格执行，长期达不到规定卫生标准的作业场所，应停止作业。

四、防滋扰

（一）滋扰的概念

滋扰，从广义角度讲，是指一些人无视国家法律和社会公德而寻衅滋事、结伙斗殴、扰乱社会秩序的行为。从狭义角度讲，是指对校园秩序的破坏扰乱，对大学生无端挑衅、侵犯乃至伤害的行为。滋扰是一个涉及学校、家庭和社会等诸多方面的复杂因素交错的社会问题，大学生必须提高警惕、尽力预防和制止外部滋扰，以保证学习、科研和生活正常有序地进行。

（二）校园内受滋扰的几种常见类型

1. 流氓性滋扰

（1）一些不法青年通过多种途径与个别大学生交往、结识，一旦发生矛盾或纠葛，便有目的地进入校园寻衅滋事，敲诈勒索。

（2）利用靠近女生的机会有意识触摸女生胸部、躯体和大腿等敏感处。在汽车上、商店里等公共场所有意识地挤碰女生等，或者是暴露生殖器、偷窃女生内衣内裤等变态式滋扰；或者是向女生寻衅滋事，无理纠缠，用污言秽语进行挑逗，做出下流举动，对女生进行调戏、侮辱；或者专门尾随女同学或有目的地到学生宿舍、教室等处侮辱、骚扰和调戏女生，甚至对女同学动手动脚。

（3）在游泳、沐浴、购物、看电影、参加舞会、观看比赛甚至走路等偶然场合，与大学生发生矛盾，进而酿成冲突，或者游荡于活动场所，伺机偷窃学生钱物。

（4）外来人员或某些法纪观念淡薄的教职工子女与学生争抢活动场地，喧宾夺主，从而引起矛盾冲突。

（5）一些人员进入校园强行摆摊设点或回收废品，并顺手牵羊偷窃师生财物，甚至抢劫，自行车、钱包、信用卡甚至就餐卡都成了他们猎取的目标。

（6）一些商贩混入学生宿舍区，强行推销质次价高的产品，并且干些顺手牵羊的勾当，影响学生的正常生活。

2. 信息性滋扰

现代社会信息技术高度发达，通信手段方便，这本是人类发展的趋势，是社会文明的标志，但也给一些不法人员滋扰他人带来便利。

（1）信件或短信滋扰。

少数无赖之徒，千方百计打听异性大学生的姓名，然后不停地给其写信或发短信，不是庸俗的求情示爱，就是恶毒的造谣中伤，或者莫名其妙地恐吓和威胁，甚至敲诈勒索，无所不用其极，从而造成被害人精神上的痛苦。一些别有用心的人利用邮件投寄反动书刊及宣传品以毒害青年学生和教师。

（2）电话滋扰。

有的不法青年，常在师生休息的时候不断拨打电话，或者无聊地谈天说地，或者口出污言秽语，或者提出无理要求，搞得大家人心惶惶，而其则以此为乐。个别"法轮功"顽固分子通过电话号码簿查询号码，不断对学生、教师进行滋扰，宣扬他们的"大法"。

（3）网上滋扰。

现在上网聊天已是一种时髦，许多学生乐此不疲。少数别有用心的人在聊天室设下陷阱，专等别人进入圈套。如某校一个三年级女生，化名"小芳"在聊天室结识了一位"帅哥"，"帅哥"滚烫的言语打动了"小芳"的芳心，见面后"小芳"见其不是自己梦中的"白马王子"，就拒绝再与"帅哥"交往，可"帅哥"不达目的不罢休，不断纠缠"小芳"，使得"小芳"整天惊恐不安，不久就得了轻度精神分裂症。又如"法轮功"顽固分子不断地在网上发反动帖子，宣传"邪教"，颠倒黑白，恶毒攻击党和政府。

3. 噪声滋扰

一些"新新人类"不分场合、不分时间，旁若无人，或吵吵嚷嚷、尖声怪叫，或奏乐器唱歌曲、故意弄出一些奇声怪响来取乐。另外，校园周边的商业网点、摊点播放音乐的喇叭声和叫卖商品的吆喝声，也破坏了学校安静的教学环境，影响着师生正常的生活、学习和科研秩序。

4. 周边群众滋扰

学校周边的部分群众，视高校为"唐僧肉"，对学校不断提出无理要求，或强行借道行走，或莫名其妙地封堵学生宿舍大门，或强行进入校园阻止学校的正常施工等，严重影响了学校正常的教学、生活秩序。

（三）大学生如何对待外部滋扰

寻衅滋事是典型的流氓活动。在校园内故意起哄、强要强夺、无理取闹、追逐女学生或女教师等流氓行为，不仅直接危害师生的人身和财产安全，而且还会破坏整个校园的正常秩序。对此，除学校有关职能部门和社会的公安机关等组织力量防范和打击外，师生遇有流氓滋事，都有义务进行抵制和制止。一般情况下，在校园内遇有流氓滋事，一方面要敢于出面制止或将流氓分子扭送有关部门，或及时向学校保卫部门报案，或打 110 电话报警，以便及时抓获犯罪嫌疑人，对其予以惩办；另一方面，大学生要加强自身修养，冷静处置，不因小事而招惹是非。大学生是校园的主人，为了维护自身利益，维护校园正常秩序，积极慎重地同外部滋扰这一丑恶现象作斗争是义不容辞的责任。大学生在遇有流氓滋事时，应注意把握以下几点：

（1）提高警惕，做好准备，正确看待，慎重处置。面对违法青少年挑起的流氓滋扰，千万不要惊慌而要正确对待。要问清缘由、弄清是非，既不畏惧退缩、避而远之，也不随便动手、一味蛮干，而应晓之以理、以礼待人、妥善处置。

（2）充分依靠组织和集体的力量，积极干预和制止违法犯罪行为。如发现流氓滋扰事件，要及时向老师或学校有关部门报告，一旦出现公开侮辱、殴打自己的同学等恶性事件，要敢于见义勇为、挺身而出，积极地加以揭露和制止。要注意团结和发动周围的群众，以对滋事者形成压力，迫使其终止违法犯罪行为。那些成群结伙、凶狠残忍的滋事者，总想趁乱一哄而上、为非作歹，只有依靠组织、依靠群众、依靠集体的力量才能有效地制止这些人的违法行为。

（3）注意策略，讲究效果，避免纠缠，防止事态扩大。在许多场合，滋事者显得愚昧而盲目、无赖而固执，有时其仅有挑逗性的言语和动作，叫人可气可恼而又抓不到有效证据。遇到这种情况，一定要冷静，注意讲究策略和方法，一方面及时报告并协助有关部门进行处理；另一方面采取正面对其劝告的方法，注意避免纠缠，目的就是避免事态扩大和免得把自己与无赖之徒置于同等地位。

（4）自觉地用法律保护他人和自己。面对流氓滋扰事件，既要坚持以说理为主、不轻易动手，又要注意留心观察、掌握证据。比如，有哪些人在场，谁先动手，滋事者有哪些重要特征，案件大致的经过是怎样的，现场状况如何，滋事者使用何种器械、有何证据，毁坏的衣物和设施是什么，地面留有什么痕迹，等等。这些证据，对查处流氓滋事者是很有帮助的。

（5）加强道德修养。认真学习马列主义、毛泽东思想、邓小平理论及"三个代表"重要思想，做一名有文化、有素养的遵纪守法的大学生。

五、心理健康安全

大学生涯对每一位大学生来说，都是一个无法割舍的人生体验。在这里，不管他们愿意与否，他们都要开始独立地面对真实的生活，都要自主地解决自己的人生难题。但是，当他们以极大的热情去直面生活、实现自己的理想时，会发现生活之舟开始变得复杂，有时甚至是那么的难于驾驭。在痛苦的反思之后，有的人开始调整目标、重塑生活，以积极的心态去迎接新的生活；有的人则选择了逃避与自暴自弃，以消极的心理与行为去对抗生活。积极的接纳与奋进是美好人生的起点，而消极的对抗则有可能一事无成。因此，在大学阶段，树立良好的心理健康观关系着每一位学子的成长。

（一）什么是心理健康

世界卫生组织（WHO）提出，健康是一种生理、心理与社会适应都臻于完满的状态，而不仅是没有疾病和虚弱的状态。并进一步提出健康的新概念：健康是生理健康与心理健康的统一，二者是相互联系、密不可分的。当生理产生疾病时，其心理也必然受到影响，会情绪低落、烦躁不安、容易发怒，从而导致心理不适；同样，那些长期心情抑郁、精神负担重、焦虑的人易产生身体不适，因此，健全的心理有赖于健康的身体，而健康的身体有赖于健全的心理。

所谓心理健康，是一种持续的心理状态，在这种状态下，当事人能够有良好的适应能力，具有生命的活力，并能充分发挥本身的能力和潜力。通常情况下，我们说一个人心理健康应具备以下条件：

1. 理解自我，悦纳自我

有一个人永远跟我们生活在一起，这个人就是我们自己——自我。孔子说过："知己者明，知人者智。"我们只有了解自己，接受自己，才有可能是幸福的，是健康的。了解自己的长处，我们会清楚自己的发展方向；了解自己的缺陷，我们才会少犯错误，避免去做一些自己力所不能及的事情。

2. 接受他人，善与人处

人生活在由他人构成的社会中，就像鱼生活在水中一样，离开了他人，离开了他人的帮助，人将无法生存。有心理学家统计，人生80%左右的烦恼都与自己的人际环境有关。对别人吹毛求疵，动辄向他人发火，侵犯他人的利益，不注意人际交往的分寸，都将给自己带来无尽的烦恼。

3. 正视现实，接受现实

我们可能没有出生在一个富贵的家庭；我们的工作可能也不尽如人意；我们的爱人可能也不精明能干、体贴入微；我们的孩子可能也不是聪明伶俐、顺从听话；我们也可能正在遭遇着挫折和磨难……但是，我们只有先正视这一切，接受这一切，在此基础上，才有改变的可能性。只有认清现实，接受现实，脚踏实地，我们才能有更大的收获。

4. 承担责任，乐于工作

除了襁褓中的婴儿之外，每个人都有自己的责任和工作。儿童要尊重父母，做自己力所能及的事，成年人要承担家庭和社会的重担，在工作中获得谋生的手段并得到承认和乐趣。所以，失业给成人的打击不仅是经济上的，而且是心理上的，它会使人丧失价值感，带来心理危机。能够勇敢地承担责任、从工作中得到乐趣的人，才是真正成熟、健康的人。意大利著名画家达·芬奇说："劳动一日，方得一夜安寝；勤劳一生，可得幸福的长眠。"而逃避责任、逃避工作只能使人感到烦躁和悔恨。

5. 拥有健全的人格

人格是人所有稳定的心理特征的总和。心理健康的最终目标就是保持人格的完整性，培养出健全的人格。有一则印度谚语说：态度决定行为，行为决定习惯，习惯决定人格，人格决定命运。我们的性格和命运正是由我们自己每时每刻的行动自我雕塑而成。

6. 心理行为符合年龄与性别特征

人的心理行为表现是与人的不同阶段的生理发展相对应的，不同的年龄阶段往往具有不同的心理行为特征。如果一个人的心理行为经常严重偏离自己的年龄和性别特征，这意味着心理发育有问题。

（二）当代大学生的心理特征

我国大学生多数处于青年中期(18～24岁)这一年龄阶段。在这个阶段，个体的生理发展已接近完成，已具备了成年人的体格及各种生理功能，但其心理尚未成熟。对大学生而言，所面临的一个重要任务就是促使心理日益成熟，以便成为一个心理健康的成年人。可以说，青年中期，是走向成熟的关键期。这一年龄段的心理特征如下：

(1)大脑神经系统迅速发展，脑功能基本健全，易出现脑疲劳；

(2)性意识萌芽，逐渐出现性意识、性欲望以及性冲动；

（3）生理成熟早于心理成熟，使得身心发育不平衡；

（4）自我意识由一体分化为现实自我与理想自我，出现多方面的自我意识矛盾；

（5）逐渐形成独特的个性以及行为方式；

（6）情绪活跃，具有感染力，容易动感情，但情绪发展易冲动失衡，有了理智感、道德感和美感；

（7）个体认知能力发生质的变化，从具体运算阶段发展到了形式运算阶段，能想象真实的以及假设的事件，并演绎归纳出关于他周围世界的原则。

当代大学生的心理特点决定了大学生心理冲突的特点和类型。结合近几年对大学生心理健康情况的调查，笔者对大学生常见心理冲突的类型做了简单归纳，主要有：独立性与依赖性的冲突；主观愿望与客观现实的冲突；求知欲与识别能力的冲突；自尊心与自卑感的冲突；交往需要与闭锁心态的冲突；性发育成熟与性知识缺乏带来的冲突；异性交往与恋爱问题中的心理冲突。

（三）大学生心理健康的标准

根据大学生的心理特点和世界心理卫生协会所提出的心理健康标准，把大学生的心理健康标准确定为五个方面。

1. 情绪稳定性标准

情绪在大学生心理健康中起着重要的作用。心理健康的大学生能经常保持愉快、开朗、自信和满意的心情，善于从生活中寻求乐趣，对生活充满希望。当一个大学生心理十分健康时，乐观积极的情绪状态占主导，并且能随事物对象的变化而产生合理的情绪变化。

2. 焦虑标准

对自己的学习、生活和工作有一定的紧张感，但从不发生过度的焦虑；遇到困难时，他们往往能积极应对，勤于思考，有条不紊地寻找解决办法，而不是寝食不安，惶惶不可终日。

3. 人际关系和谐性标准

乐于与人交往，对人态度积极；能理解和接受别人的思想、感情，也善于表达自己的思想、感情；高兴地接纳他人和自己；既有广泛的朋友，也有几位知交。

4. 对现实感知的充分性标准

心理健康的大学生在评估自己的反应能力或解释现实时比较客观，不高估自己的能力，不轻易承担超过自己能够胜任的任务，也不低估自己而逃避任务。

5. 心理适应性标准

有独立的生活能力，意志坚定；无论是在情感上还是在实际生活中都较少有依赖心理，自主性强；他们善于在不同的环境下寻找自己感兴趣的事情和事业的生长点，心理生活充实，很少有孤独感；他们较能接受现实，不轻易产生敌对情绪。适应不同环境下的社会生活，不管处于怎么样的社会生活环境下都能主动同社会保持接触，让自己融入社会，自觉地用社会规范来约束自己，使自己的行为符合社会的要求，而不是把自己孤立起来，与社会格格不入。

（四）大学生保持心理健康的途径

第一，要主动学习心理健康知识。

心理健康知识是大学生增进自我了解并进而达到自我调节的理论武器。大学生可通过听心理健康课或讲座，通过阅读心理健康书刊等途径来接受心理健康教育，并注意把知识运用于自己的生活中。

第二，要积极参加各类实践活动。

人的心理是在社会文化交往、社会实践中形成和发展的，因而多参加人际交往、多参加社会劳动和各种社会活动，往往有利于锻炼心理、增强意志、丰富体验、发展才智，从而促进心理的健康和发展。

第三，要培养良好的生活习惯。

良好的生活习惯让人的生活更加有意义和丰富多彩的同时，也能帮助人拥有一颗健康的心态，反之，不良的生活习惯也会让人的心态失衡并引发心理问题。世界卫生组织认为有害健康的不良生活习惯主要有：①吸烟；②饮酒过量；③不恰当的服药；④体育运动不够或突然运动量过大；⑤吃热量过高和多盐的饮食及饮食没有节制；⑥不接受合理的医疗处理，信巫不信医；⑦对社会压力产生适应不良的反应；⑧破坏身体生物节奏和精神节奏的生活。

第四，要大力加强自我心理调节。

这是自我心理保健中最核心的一部分，离开了自我调节，心理保健就无从谈起。大学生自我心理调节包括调整认知结构，完善自我意识，学会情绪调节，锻炼意志品质，丰富人际交往，提高适应能力，塑造健全人格等。

第五，要及时寻求心理咨询帮助。

在维护和促进心理健康中，大学生除了重视个体自我调节外，还应积极取得家庭、学校和社会的支持，争取亲朋好友的帮助，尤其是当心理负荷比较重、自己又不易调节时，及时寻求心理咨询机构的帮助是明智的选择。

（五）大学生常见心理问题及调适

造成大学生心理问题的原因是多方面的，既有个人自身的原因，也有社会原因，既有家庭教育原因，也有学校教育原因，若这些心理问题不能及时调节或得到外界的帮助，就可能引起一系列生理和心理反应，严重的会导致不同程度的心理疾病或心理障碍。大学生常见心理问题有新生适应问题、大学生人际交流障碍、大学生情感问题、大学生就业压力问题等。本章根据不同年级的大学生面临的心理困惑，选取大学生朋友面临最多也最具有共性的几个问题，在列举案例的基础上，进行简要分析并提出解决对策。

1.新生学习适应不良问题及调适

（1）学习适应不良问题案例。

案例

新生因学习适应不良产生的问题①

叶某，男，20岁，某名牌大学的一名本科生。新生入学、军训完之后，10月中旬正式上课，他总以为在这么好的学习环境里应该有很优异的成绩和突出的表现，没想到根本不是那么回事。他觉得同学都在自顾自地学习、生活，宿舍里的气氛也很压抑，互相之间好像都冷冰冰的，自尊心也迫使他不愿主动与同学交往，寂寞与孤独使他越发怀念以前的高中生活。学习上的优势也不再显现，现在虽然还没考试，但从回答问题和做作业上就感到自己成绩在

---

① 孟兰兰.大学新生适应不良的心理咨询案例［EB/OL］.http：//wenku.baidu.com/view/cf7b668fa45177232e60a232.html，2016－03－17

班上只能算中等，比他成绩好、知识面宽的大有人在，以前的自信荡然无存，他为此感到很痛苦，近一个多月常感到头痛、胸闷、心慌和入睡困难，心里很着急，怕影响学习，但越急越不行，注意力集中不了，虽然还能坚持学习，但效率很差，有时觉得自己都快撑不下去了，总想回家。

　　案例中叶某从高中步入大学后，学习环境发生了很大的变化，适应新的学习环境成为摆在了他面前的一个主要现实问题。事实上，适应不良正困扰着相当一部分大学新生，使他们出现不同程度的心理障碍。研究表明，大学里由于适应不良导致40%的大学新生存在心理障碍，且近几年大学新生适应心理问题呈上升趋势。大学生因适应不良而陷入困惑、迷茫，以致最终碌碌无为的现象也比较突出。

　　大学新生要经历生活、学习与心理适应，完成社会化、协调多种发展、消除自卑心理三大方面的适应期。在此期间，多数新生均会产生程度各异的失落感和其他不适心理，其中以失落感为核心特征；极少数新生甚至因此引发其他身心健康问题而不能或难以坚持正常的学习和生活。失落感主要有：理想与现实反差而引起的失落感、角色与地位跌落而出现的失落感、情感与归属缺失而引起的失落感、目标与动力消失所造成的失落感。此外，还有因生活技能的不足所引起的茫然苦恼，由学习方法不适而产生的焦虑紧张，因未及时完成城市社会化过程而带来的疏远自责，因难以协调多种发展任务而造成的急躁不安，因语言障碍以及经济拮据等多种原因引起的自卑压抑等。因此，大学新生应学习掌握行之有效的心理调适方法，顺利度过这一特殊时期。

　　（2）新生学习适应不良问题的调适。

　　①顺其自然法。

　　在适应过程中保持一种自然、宁静、平常的心态，直面各阶段出现的得失成败，特别是要坦然接受各种困难、问题，并能认为这些困难、问题是适应过程中的正常现象，不抵制、反抗、回避、压制，尤其是情绪的变化，认识到对它抵制、反抗、回避、压制都是徒劳的，对学习、生活的个体安排应与学校的整体进程保持一致。新生准确使用顺其自然法，不仅有助于避免或减轻在适应过程中产生的焦虑、急躁和抑郁情绪，而且也有助于提高学习和生活情趣。

　　②积极暗示法。

　　通过语言、表情及身体语言、信念、预期等对自己的心理活动和行为产生积极影响，按所暗示的方式去活动。在适应过程中，新生时常要面对各种陌生的事情、场景、人物等，因此，要学会运用自我积极暗示法，如在第一次参加学校（学院）学生会干部招聘面试前，可反复暗示自己："我的准备已经很充分了，我还是个比较优秀的新生，我肯定会成功"等；在遇到失意时，应告诉自己："这次不太好，下次努力就不会这样了"，而不能给自己发出如"这下我完了"等消极暗示。新生学会正确运用积极暗示可充分调动一切有利于完成任务的潜在身心资源，不仅有助于提高效率，增强自信，保持平静的心态，而且有利于增强自我效能感和成就感。新生在新环境中初次获得的效能感和成就感往往会为顺利适应大学生活奠定积极的心理基础。

　　③重新评价法。

　　进入大学后不久，多数新生都能强烈感受到角色与地位的骤跌。其原因除了客观环境变化外，更重要的是新生在上大学前长期使用单一评价方式，与大学新环境的多元评价方式不适应。因此，正确认识与评价自我，建立与新环境相适应的评价方式，对新生顺利适应大学生活非常迫切。新生在重新建立自我评价方式时，应注意以下几点：

第一，真正认识自己的实力，树立自信心。

新生在进入大学后发现自己在很多方面不如别人，处在一种不利的情况下。此时新生要进行合理归因，即充分认识造成这种局面非个人因素的影响。如果是环境的变化或自己基础薄弱而造成自己角色地位的下降，并不能反映自己能力存在问题，既然不是能力本身问题，在同等条件下，自己要赶上去是完全可行的。

第二，客观对待别人的长处和优点，正确看待自己。

一个人不论能力有多强，总不可能事事都走在别人的前面。要正确看待自己，尽可能避免只看到自己的不足和缺点而淹没了长处和优点，或只看到自己的长处和优点而掩盖了不足和缺点，尤其要坦然面对自己某些方面不如别人的现实。

第三，注意吸取和学习别人的优点，不断提高自己。

在与别人的交往中，无论是自己水平高或低，都应从他人那里吸取一些有益的东西来提高、丰富自己。因自视高傲而不屑与人交往和因自卑而不敢与别人交往，不仅对自身的适应不利，而且也会限制其以后的发展。

2.人际交流障碍及调适

(1)因自卑产生的人际交流障碍案例。

案例

因自卑产生的人际交流障碍①

林同学，女，20岁，某大学通信工程专业二年级学生。林同学来自于河南省一个偏僻乡村，人小体弱，情绪消沉，说话低声细语，羞怯而不自然。父母均是农民，母亲积劳成疾，患有多种慢性病，家庭比较贫困，家里还有一个弟弟。林同学性格内向，不善言语，喜欢独来独往，很少与人交往。但她从小很节俭，从不与同学攀比，学习刻苦，成绩优异。

然而自上大学之后，她发现以前的生活方式完全不适合大学生活。她想融入到班集体中，却不知道如何与人交往，怎样处理宿舍同学之间、班级同学之间的人际关系，这使她伤透了脑筋。一年多来，她和班上同学相处很不融洽，跟同宿舍的人曾经发生过几次不小的冲突，关系相当紧张。她经常独来独往，基本上不和班上同学交流，集体活动也很少参加，与同学的感情淡漠。她觉得自己没有一个能相互了解、谈得来的知心朋友，常常感到特别的孤独和自卑，长期的苦恼和焦虑使她患上了神经衰弱症。经常的失眠和头痛使她精神疲惫，体质下降。

案例中林某由于家庭贫穷，性格内向，独来独往，不懂得怎样处理人际关系。时间久了由于自卑而害怕与别人交往，出现了人际交流心理障碍。

不知如何与周围的同学相处，是一些大学生人际交往障碍的主要表现，由此而引发的人际矛盾和心理不适往往给一些大学生带来许多烦恼。这在大学生的心理问题中占很高的比

---

① 李秀锦.大学生自卑心理案例分析[EB/OL].http：//wenku.baidu.com/

例。如有的学生与同寝室的同学长期关系冷漠，稍有不和便恶语相加；有的学生不愿与人交往，也很少参加集体活动，缺少朋友，对外界很少关心，经常把自己封闭在狭小的天地中；还有的学生奉行"我行我素"的处世原则，过分关注自我，注重自我在人际交往中的地位，过多考虑自己的需要，而忽视他人的需要和存在，对别人缺乏关心和谅解，导致了人际交往中的自命不凡和过于敏感挑剔。这些学生大都会出现因人际关系失调造成的焦虑不安、心慌意乱、孤单失落、寂寞失眠、注意力分散甚至社交恐惧等症状。

（2）大学生人际交流障碍的调适。

①掌握一些人际沟通技巧。

交往中的技巧犹如人际关系的润滑剂，它可以帮助人们在交往活动中增进彼此的沟通和了解，缩短心理距离，建立良好的人际关系。很多存在人际关系障碍的同学都是由于沟通技巧的缺乏而造成的，因为缺乏交流和人际交往的技巧，往往容易对人际交往失去兴趣，并造成在人际交往的场合被动、孤立的境地，而且容易因不能恰当表达自己的想法而限制了自己的发展。所以应采取主动的、积极的方式，去逐步改善自己的人际交往问题，而不应一味地回避。事实上，社交技巧是多种多样的，如增强人际吸引力、幽默、巧妙批评、语言艺术等。对大学生来说，在树立了人际交往的勇气和信心之后，在人际交往中应掌握的技巧主要是培养成功交往的心理品质和正确运用语言艺术。成功交往的心理品质包括诚实守信、谦虚、谨慎、热情助人、尊重、理解等。语言艺术的运用包括准确表达、有效倾听、巧用幽默等。这些都有助于大学生提高交往艺术，取得较好的交往效果。

②积极参与各项活动，在活动中学会与人相处。

人既然生活在集体之中，那么他就必须面对一个问题：交往。交往在学生的日常生活中起着重要作用。学会交往，学会与人相处，学生可以增长见识、结交朋友、健康成长。对于大学生朋友来讲，最好也是最方便快捷的结交朋友的方式便是积极参加各类社团活动，在活动中与人沟通交流，锻炼自己与人相处的能力，同时拥有一些志趣相投的好朋友，让自己的大学生活变得多姿多彩。

③摆正心态，换位思考，宽宏豁达。

社会的复杂性导致个性的丰富性，这必然引起个体之间冲突的加剧，所以要与周围的人保持良好的人际关系，就必须学会求同存异，具备宽宏豁达的心理品质，多为别人着想，做到以诚相待。常言道："大度集群朋。"做一个宽宏豁达的人是有一定难度的，但大学生在日常的生活、交往中一定要注重这种品质的培养，以求更好地适应生活、适应社会。同学们应该学会换位思考，将心比心，以诚换诚，才能达到心灵的沟通和情感的共鸣。

④注重人格的塑造和能力的培养，增强交往的信心。

一个品质好、能力强、充满自信的人更容易受到人们的喜爱。人们欣赏他的品格、才能和洒脱，因而愿意与之接近，成为朋友。所以，若想要增强人际吸引力，更友好、更融洽地与他人相处，就应充分健全自己的品格，施展自己的才华，表现自己的特长，使自己的品格、能力、才华不断提高，做一个知性和善解人意的人，使身边的朋友都能感受到我们的真诚和热情。

总之，大学生在人际交往中应树立自信心，不断提高自己；真诚对待周围的每一位同学，尊重他人，体谅他人；学会用心聆听，开放自己，增进沟通；注意多称赞，少挑剔，常赞许，别相斥；采用积极的沟通方式解决矛盾和冲突，做一个品学兼优、知性快乐的人。希望大学生们把握好人际关系，逐渐走向交往的成功，走向人生的成功。

3. 大学生恋爱问题及调适

（1）因失恋引发的自杀未遂的案例。

案例

失恋大学生东站割脉自杀　铁路民警及时救下①

2015 年五一假期，在北方某重点大学就读的男生王某千里迢迢来到广州探望女友，却遭到女友冷落，顿起轻生念头，当日晚上在广州火车东站二楼天幕广场上割腕自尽，幸得东站派出所民警及时相救。

据了解，5 月 1 日上午 9 时许，广州火车东站派出所民警毛某在广州东站长途列车售票厅巡视时，发现售票厅大门外的柱子旁躺着一名青年男子，见其无精打采便上前询问。男青年自称叫王某，今年 22 岁，是北方某重点大学的在校学生，五一节前来到广州某大学探望女朋友，不料女友对其极其冷淡，拒绝见面，最后甚至连电话也不接，王某只好来到广州火车东站准备乘车返校。

当晚 10 时 30 分许，东站派出所接到警情报告称：二楼天幕广场上发现男青年正在割脉自尽，已处于半昏迷状态。毛某等几名民警立即赶往现场，发现割脉者正是大学生王某，于是一边呼叫 120，一边为其做思想工作，后被扶进值勤室休息的王某稳定了情绪，表示再也不会干轻生的傻事。次日上午 7 时许，派出所民警将王某送上了返回北方的火车。

大学生正处于异性相吸的灼热阶段，他们喜欢与异性交流，在异性面前显示自己的风度和才华。但是，由于他们考虑问题简单，感情容易冲动，在如何对待恋爱的问题上常常感到困惑。有的同学过早地坠入了爱河，而又没有确立正确的恋爱观；有的同学不懂得如何交异性朋友；有的同学出现三角恋、四角恋；此外单恋、失恋、胁迫恋爱在学生中也屡见不鲜。在性心理问题上，许多大学生对于性知识缺乏健康、科学的认识和态度，会出现焦虑和恐惧，感到不安和压抑。

（2）大学生恋爱中存在的一些心理特点。

①自主性强。大学生在恋爱问题上，个性突出，重感情、易冲动，不受传统习俗的局限，在确定恋爱关系前，甚至在确定恋爱关系后，一般都不征求双方父母的意见。

②恋爱动机简单化。许多大学生在恋爱中没有考虑到将来的结婚，不是清楚地、自觉地意识到应选择一个终身伴侣，他们恋爱，只因为需要爱和被爱。

③自控力与耐挫力较弱。大学生一旦陷入热恋之中，往往不善于控制自己的情感，任感情恣意放纵，缺乏理智的驾驭能力，对恋爱对象过分依赖，稍有波折就痛苦万分。一旦恋爱受挫，即会情绪失控，无法自拔，对学习造成严重影响。

④不成熟性与不稳定性。由于社会阅历浅，思想单纯，很多学生对于自己的人生目标和需要，还没有一个很清楚的认识，造成在对待恋爱问题上简单、幼稚和不成熟。在择偶标准上，往往重外表、轻内在。在恋爱方式上，往往重形式、轻内容。在恋爱行为中，往往重过

---

① 失恋大学生东站割脉自杀　铁路民警及时救下［EB/OL］. 人民政协网，http：//www. rmzxb. com. cn/c/2015 - 12 - 16/650442_4. shtml，2015 - 12 - 16

程、轻结果，重享乐、轻责任。这种恋爱问题上的不成熟性，加之他们在就学期间经济上尚未独立，恋爱过程中感情和思想易变，缺乏妥善处理恋爱中情感纠葛的能力，极易造成恋爱的周期性中断，或对恋爱对象的选择飘忽不定，恋爱的成功率很低。

（3）大学生恋爱中存在的问题。

①单相思与爱情错觉。单相思是指异性关系中的一方倾心于另一方，却得不到对方回报的单方面的"爱情"。爱情错觉则是指在异性间的接触往来关系中，一方错误地认为对方对自己"有意"，或者把双方正常的交往和友谊误认为是爱情的来临。

②恋爱动机不端正。有些大学生的恋爱动机不是出于爱情本身，而是为了弥补内心的空虚、孤独，或是随大流，有从众心理。

③恋爱中的感情纠葛。父母的反对，周围人的非议，恋人之间的矛盾、误解和猜疑，都会困扰处于恋爱中的大学生，让他们纠结苦闷。

④择偶标准不切实际。一些大学生选择对象过于理想化，虚荣心强，把谈恋爱当作给自己挣面子的一种方式，感情难以持久。

⑤失恋现象屡见不鲜。失恋是指恋爱过程的中断。失恋带来的悲伤、痛苦、绝望、忧郁、焦虑、虚无等情绪使当事人受到伤害。失恋是人生中最严重的心理挫折之一。失恋所引发的消极情绪若不及时化解，会导致身心疾病。

案例

四分之一大学生为爱困扰 严重者有自杀念头或行为①

（记者李秀婷 通讯员伍展虹）5月25日为"全国大学生心理健康日"。广州市心理危机干预中心统计历年心理热线来电数据发现，有超过四分之一的大学生来电涉及恋爱和性问题，他们当中超过四分之一的人受到负性情绪的困扰，甚至出现自杀念头或自杀行为。

大学生的心理健康和性健康一直是社会关注热点。广州市心理危机干预中心副主任、广州市脑科医院主任医师郭建雄表示，大学生在不同的阶段存在不同的心理问题，情况严重的会出现严重的精神疾病，如抑郁、双向情感障碍、精神分裂症等。"其中双向情感障碍的早期误诊率、漏诊率都很高，患者往往只单向表现出抑郁或躁狂，难以确诊。"

广州市心理危机干预中心统计历年心理热线来电数据发现，在校大学生来电有1792例，其中咨询恋爱问题的有334例，占大学生来电总数的18.6%，男女来电数量比较接近。

大多数大学生来电情绪较平和，但存在抑郁、焦虑、愤怒情绪的占大学生来电总数的27.2%；与自杀有关的有17例，占0.95%；咨询性问题的有148例，占8.3%；存在抑郁、焦虑情绪的占14.2%，其中男性占了98.6%，仅有2例女性来电。

"数据显示，有超过四分之一的大学生来电涉及恋爱和性问题。他们当中超过四分之一的人受到负性情绪的困扰，甚至出现自杀念头或自杀行为，需要进行心理危机干预，舒缓心理压力，抚慰心灵创伤，预防自杀行为。"郭建雄表示。

---

① 四分之一大学生为爱困扰 严重者有自杀念头或行为[EB/OL]．中国青年网，http：//news．youth．cn/jsxw/201505/t20150522_6663635．htm

（4）大学生恋爱问题的调适。

①树立正确的恋爱观。爱情是男女双方相互依存和性、情互相给予并彼此理解和接纳的过程。因此正确的恋爱观应包含以下几点：第一，提倡志同道合的爱情，双方在思想品德、事业理想和生活情趣等方面要大体一致；第二，摆正爱情与学业的关系，大学生应该把学习放在首位，不能把宝贵的时间都用于谈情说爱而放松了学习，学业是大学生价值感的主要支柱；第三，懂得爱情是一种相互理解，是一份责任和奉献。理解可以为个人和对方营造一种轻松和快乐的氛围，没有人追逐爱情只是为了被约束；第四，责任和奉献体现着个人的道德修养，它是获得崇高爱情的基础。

②发展健康的恋爱行为。健康的恋爱行为要做到以下几点：第一，恋爱言谈要文雅，讲究语言美；第二，恋爱行为要得体，在公共场合不适宜做亲呢动作；第三，恋爱过程中要平等相待，相敬如宾；第四，善于控制感情和情绪，理智行事。

③恋爱要坦诚相待。交往中要诚恳、坦率、自然，不要为了显示自己而装腔作势，矫揉造作；要相互信任，不要无休止地盘问对方，使对方自尊心受损，否则只会使之厌恶，伤害感情；要相互尊重，不要拿自身的优点去比较对方的不足，也不宜想方设法考验对方或摆架子，这些都可能挫伤对方的自尊心，影响双方的感情。

④提高恋爱挫折承受能力。大学生恋爱受多种因素制约，因而在追求爱情过程中遇到波折是在所难免的。当爱情受挫后，要用理智来驾驭感情，通过适当的情绪调节、宣泄和转移来减轻痛苦。处理失恋的积极方式应是，面对痛苦，分析原因，吸取教训，以更加饱满的热情投入到生活学习中去。失恋仅仅说明恋爱关系不融洽、相互不能接纳，可以通过及时倾诉、宣泄，从情绪调节上来维持内心的平衡。

4. 大学生就业压力问题及调适

（1）硕士生因就业压力自缢案例。

案例

保研硕士生因难找工作自缢身亡①

2014 年 4 月，中山大学历史系研究生蔡某，用自缢的方式选择了离开。

蔡某温和、乐观，既不情绪激烈，也不思想复杂，蔡某话不是很多，也不太愿意完全讲出自己的心结，总是点到即止。"还行吧"是他的口头禅。读书期间，蔡某被同学评价为"淡泊名利"，他大一就成为了校学生会干事，可大二便退出了。评奖学金时，班级干部拿加分表给他，他看都不看一眼，"没必要"。

他没功利心，凡事都看自己的爱好。他选课从来不看哪门课容易拿学分，而是选择喜欢的课，哪怕课程难、老师严格，他也不在乎。他是班上唯一因成绩优异而被免试保送读研的学生。但在生命的最后几个月里，他完全变了，尤其是最后一周，他情绪低落到了极点，常常苦笑、发呆。

留在寝室书桌上的遗书里，蔡某吐露了做出这个决绝选择的最后心迹："找不到工作，也无法按时毕业，无颜以对。"但没有人意识到蔡某的思维已经走入死胡同。蔡某的专业是文物

---

① 保研硕士生因难找工作自缢身亡［EB/OL］. 新华网，http：//news. xinhuanet. com/politics/2014－05/04/c_126456891. htm，2014－05－04

与博物馆专业，专业对口的工作基本集中在博物馆、纪念堂，但其中机会非常"难得"。省级博物馆对想从事文博专业的学生非常有吸引力，但"省级博物馆一般要博士以上学历"，而且博物馆、纪念堂编制难求。

案例中的蔡某是一例典型的就业自杀案例。如今就业形势日趋严峻，面对着来自社会、家庭以及自身的重重压力，许多临近毕业的大学生普遍感到对未来充满了恐惧，产生难以把握自己情绪的感觉。这是典型的就业焦虑症状，面对未知的将来，即将毕业的大学生极易产生这样的焦躁心理。个人前途与就业已成为大学生心理压力中最大的因素，而且压力有随着年级增高而上升的趋势。学生就业压力体验相当严重，尤其以心理体验最为严重。女大学生心理压力大于男大学生，农村学生的焦虑水平高于城市学生。就业本身就是我们认识和适应社会的一个过程，在求职过程中遇到困难，甚至经过几次挫折才最后成功是正常的；在就业中遇到许多心理冲突、困惑，产生一些不良情绪也是正常的。遇到就业问题时，要学会调节自己的心态，使自己能从容、冷静地面对就业这一人生重大课题，并做出正确、理智的选择。

案例
报告称女大学生就业遭歧视　学历越高越严重①

大学生就业过程中的性别歧视到底有多严重？近日，中国人民大学国家发展与战略研究院的研究报告认为情况很严重。

报告显示四个特点：第一，在使用同样简历的情况下，男性大学生接到面试通知的次数比女性高42%；第二，学习成绩和学历对降低歧视没有帮助，实际上，学习成绩越好、学历水平越高的女性大学生在求职过程中遭受越严重的性别歧视；第三，增加实习经历和提高英语水平能够帮助女性大学生减轻受歧视的程度；第四，信息不完全可能是导致女性大学生遭受歧视的深层次原因。

（2）就业压力带来心理困惑的调适
①接受客观现实，调整就业期望值。

就业市场化、自主择业给大学生带来了机遇与实惠，但许多大学生对"市场"残酷的一面认识不足，对就业市场的客观实际了解不够。经过对就业市场、就业形势的客观了解与深刻体验后，我们必须明白现实情况就是如此，无论是抱怨还是气愤都没有用，这种就业情况不可能是一时半会就能改变的。与其成天怨天尤人，浪费了时间，影响了自己的心情，还不如勇敢地承认和接受当前所面临的现实，彻底打破以往的美好想象，脚踏实地地寻求解决问题的好办法。

②充分认识职业价值，树立合理的职业价值观。

在择业时不能只考虑工作的经济收入、工作条件、地点等因素，更要考虑职业对自我一生发展的影响与作用，应看重职业能否帮助实现自我价值。因此，要在考察社会需要的基础上，树立重自我职业发展、才能发挥、事业成功的职业价值观。对于那些虽然现在工作条件

---

① 报告称女大学生就业遭歧视　学历越高越严重［EB/OL］. http：//edu.qq.com/a/20150129/010108.htm, 2015 - 01 -29

不怎么样，但发展空间大，能让自己充分发挥作用的单位要优先考虑；对于那些现在经济发展水平不太高，但发展潜力大，创业机会多的工作地点也要重视。总之，盲目到一些表面上看来不错，但不适合自己，自己才能不能得到有效发挥的单位去工作，是不会让自己满意的。与其将来后悔，不如现在就改变自己，建立适应我国当前市场经济发展、人才需求规律的合理的职业价值观，以指导自己正确择业。

③认识与接受职业自我，主动捕捉机遇。

大学生就业中的机遇因素也是非常重要的，因此了解并接受了自我特点以后，还要学会抓住属于自己的机遇，这样才能保证以后的求职顺利。要抓住机遇，首先必须多收集有关的职业信息，多参加一些招聘会，并根据已定的择业标准进行选择。需要注意的是机遇并不是对任何人都适用的。一份工作的好与不好是相对的，对别人合适的，对自己不一定合适，因此一定不能盲从；要时时记住，只有合适自己的才是最好的。然后要注意机遇的时效性，在发现就业机会时要主动出击，不能犹豫，也不要害怕失败，应有敢试敢闯的精神。

④坦然面对就业挫折，提高心理承受力。

面对市场竞争、就业压力，大学生的求职总会遇到许多困难、挫折甚至是委屈，如有些专业"热门"，有些专业则"冷门"；又如女大学生找工作容易受到歧视等。面对这些问题仅抱怨是没有用的，更重要的是调整自我心态，提高自己对各种突发事件的心理承受能力。其实，就业的过程也是大学生重新认识自我、认识社会，并主动调整自我适应社会的过程。如果能通过求职而增强自我心理调节与承受能力，对大学生今后的职业生活都是非常有用的。

⑤调整就业心态，促进人格完善。

在求职时，自己或身边的同学出现一些不健康的心态是正常的，没有必要过度担心、害怕自己有心理障碍。当然对于这些不良心态也要学会主动调适，必要时还可以寻求有关心理专家的帮助。进行自我心理调适的方法有很多，首先，可以进行积极的自我心理暗示，鼓励自己、相信自己，帮助自己渡过难关。其次，可以向朋友、老师倾诉，寻求他们的安慰与支持。最后，还可以通过体育锻炼、听音乐、郊游等方式转移自己的注意力，排解心中的烦闷，放松自己的心情。

⑥开拓进取，勇于创业。

近些年，由于大学扩招引发大学生就业难问题，一部分有条件的大学生可以通过创业实现就业。大学生具有高知识、高学历的特点，大学生创业逐渐被社会所承认和接受，同时也肩负着提高大学生毕业就业率和保持社会稳定的历史使命。

大学生进行创业的优势比较明显。首先，大学生往往对未来充满希望，他们有着年轻的血液、蓬勃的朝气，以及"初生牛犊不怕虎"的精神，而这些都是一个创业者应该具备的素质。其次，大学生在学校里学到了很多理论性的东西，有着较高层次的技术优势，而目前最有前途的事业就是开办高科技企业。技术的重要性是不言而喻的，大学生创业从一开始就必定会走向高科技、高技术含量的领域，"用智力换资本"是大学生创业的特色和必然之路。一些风险投资家往往就因为看中了大学生所掌握的先进技术，而愿意对其创业计划进行资助。再次，现代大学生有创新精神，有对传统观念和传统行业挑战的信心和欲望，而这种创新精神也往往造就了大学生创业的动力源泉，成为成功创业的精神基础。最后，大学生创业的最大好处在于能提高自己的能力、增长经验，以及学以致用；最大的诱人之处是通过成功创业，可以实现自己的理想，证明自己的价值。

（六）学会自我调节

唯物辩证法认为，内因是事物发展的决定力量，外因只能通过内因起作用。因此，对于大学生朋友来说，"我的心理我做主"是亘古不变的一句真理。任何的心理咨询对于个体来讲都是外在的影响因素，都是帮助求助者分析自己面临心理问题的根源是什么，都是协助当事人一起来分析和解决当前面临的心理障碍。所以，大学生的心理问题必须通过自身的领悟、认同和自觉转化为行动来治愈。求人不如求己，只要大学生掌握一些最基本的心理健康知识，了解一些最基本的自我调节方法，相信大家都可以做自己的"心理医生"。本章从当前众多的自我心理调节方法中节选了一些针对大学生心理特点的简单实用的方法，希望同学们认真学习，领悟运用，不断提升自己的心理健康水平。

1. 善用自我暗示

自我暗示的作用是相当大的。国外有人以即将执行死刑的犯人做被试者，告知被试者在特殊的装置情境下，给他们以大量抽血的方式结束其生命。被试者不能看到却能听到抽出血液的嘀嗒声，结果到一定的时间被试者生命终结。其实这是虚拟的，根本就没有给被试者抽血。这是消极的自我暗示的结果。同样，积极的自我暗示也会产生巨大的力量，从而创造奇迹。有一个人到医院就诊，诉说身体如何难受，而且身体日渐消瘦，百药无效。医生检查，发现此人患的是"疑病症"。后来，一位心理医生接受了他的求治。医生对他说："你患的是一种综合征。正巧，目前刚试验成功一种特效药，专治你这种病症，注射一支，保证三天康复。"打针三天后，求治者果然病愈出院了。其实，所谓"特效药"不过是极普通的葡萄糖，真正治好病的，是医生语言的积极暗示以及引起的积极的自我暗示作用。有些病人就是靠积极的自我暗示恢复健康的。有些同学的压力和焦虑，其原因往往就在于钻进了消极的自我暗示的怪圈。他们的念头是：我不行，我就怕失败，到时我肯定会紧张，我只要紧张就什么都做不好，这次我又要失败了……人有时候是很奇怪的，我们以为自己怎样，常常我们就会怎样。所以，知道了自我暗示的巨大效应，我们就应把消极的自我暗示转换成积极的自我暗示。

2. 改变不良认知

改变不良认知是借助理性的思考方式，用纠正不正确或不合理的信念来对抗非理性思考方式，以消除情绪困扰和行为异常的一种自我心理调节法。合理信念会产生合理的情绪行为反应，不合理信念则会产生不合理的情绪行为反应。艾里斯提出以下几种不合理信念：

（1）对自己的不合理要求。

"我必须出色地完成所做的事情，赢得别人的赞赏。否则，我会认为自己是一个毫无价值的人。"在这种情况（给自己提出的是难以达到的目标）下，因失败（在所难免）而失望（感到受不了），由此产生情绪障碍。理性的人应当意识到，一件事没做好，并不说明其一无是处，而只说明其在这件事上办糟了。

（2）对他人的不合理要求。

"人们必须善意对待我，并以我所希望的方式来对待我。否则，社会应该对他们那种轻率之举给予严厉的谴责、诅咒和惩罚。"事实上，这种无理要求行不通。理性的人们是会尊重他人的，不要求别人做事以自己的意志为转移。这样，就会避免消极情绪的产生。

（3）对周围环境及事物的不合理要求。

"我周围的环境与条件，必须是安排得好好的，以便我能很舒服地、很快地、很容易地得到每一种我想得到的东西，而我不想要的东西一件也碰不到。"世界上各种事物均有其各自的运动规律，不可能凡事都顺着个人心意。理性的人们在可能的情况下，尽可能地去改善周围环境以适合自己的需要，如果不能改变，要努力去正视并接受这个事实。

3. 学会合理宣泄情绪

合理宣泄情绪就是通过适当的途径将压抑的不良情绪释放出来。它是心理调节的一种常用的方法。宣泄（因受社会道德和规范的限制）要选择合理的方式、要适度。否则，不择方式与不顾后果的尽情倾泄，则可能如火上浇油，反而把事情弄得更糟，增添新的烦恼。通常可以用以下方式进行合理宣泄：

（1）高声唱歌。放开喉咙高声唱那些平时自己最喜欢唱的且唱得最好而又有气势的歌曲。

（2）大声呼喊。可以吼叫（在室内面壁）或呼喊（到操场、旷野、山顶），在不妨碍他人的情况下高声疾呼，吐出胸中的郁闷。

（3）哭出声来。当痛苦悲伤时，流泪会使人内心感到舒畅一些，如低声饮泣不能减轻悲痛，则索性哭出声来。

（4）文体活动。听音乐、读幽默故事、参加娱乐或体育活动均为宣泄的好方法，有时骂人也无妨（在无第三者的情况下，大声痛骂某一个使自己备受屈辱者）。再者，求助咨询师，通过向其倾诉，缓解来自不良情绪的压力，削减可能出现的侵犯动机。合理宣泄可使人尽快地拨开迷雾。

4. 进行自我放松训练

自我放松是一种通过放松自己的躯体（身体）和精神（心理），以降低交感神经的活动水平减缓肌肉紧张，消除焦虑等主观状态而获得抗应激效果的自我心理调节方法。当人们面临挫折与冲突时，学会自我放松可远离消极情绪的困扰与伤害。如在思考时，出现过度紧张可用深呼吸来放松自己的躯体（身体）和精神（心理）。具体做法：深呼吸一口气—快速吐气放松（也可用力深吸一口气，使之尽量进入腹部而不要停留于胸部）—慢慢把气吐出。这样循环往复至过度紧张反应消失为止。再介绍一些放松的方法：

（1）身体调节。平卧，从上至下、从左至右分别使身体各部分肌肉紧张起来，然后再放松。做完之后，安静地松弛几分钟。

（2）运动疗法。肌体的运动可以使精神放松。我们可以考前放下书，开心地去踢一场球或来点别的什么运动，这样可以消除焦虑。

（3）深呼吸疗法。紧张焦虑时，闭上眼睛，大脑集中精力，做深呼吸4~6次，会在一定程度上缓解焦虑。

（4）意守丹田疗法。意念集中于丹田处，而后想象意念向上移动，一步步直至头顶百会穴，同时吸气；再向下移至丹田处，同时呼气。

（5）大笑疗法。笑是精神消毒剂。国外谚语说："一个小丑进城胜于一打医生。"在可能的时候，不妨去听听相声，看看小品，或看些喜剧，这样可以化解焦虑。

（6）洗热水澡。洗热水澡，可以使毛孔舒张，促进血液循环，缓解身心疲劳，使心身放松。

（7）闭目养神或听音乐。闭目养神或听音乐可以使紧绷的神经暂时松弛下来并得到休息与调整，起到放松的效果。

以上调节方法是当前常用的自我放松方法，不同的方法对于不同的人效果存在一定差异，也请大学生朋友们自己去尝试和选择最适合自己的一种或几种调节方法。另外，以上调节方法对于有轻度心理障碍的人能起到较好的缓解和调节作用，对于有中度以及严重的心理障碍问题的人，建议到专门的机构找专业的心理咨询人员解决问题。

5.心理减压与平衡技巧

（1）心理减压二十法。

现代生活的压力，像空气一样无时无刻不在。有人总是背负着沉重的压力，损害着健康。那么，怎样才能舒缓压力呢？据研究，下列二十种心理调节措施是行之有效的减压方法。

①健康的开怀大笑是消除压力的最好方法，也是一种愉快的发泄方法。

②高谈阔论会使血压升高，而沉默则有助于降压。在没必要说话时最好保持沉默，听别人说话同样是一件惬意的事。

③轻松的音乐有助于缓解压力。如果我们懂得弹钢琴、吉他或其他乐器，不妨以此来对付心绪不宁。

④阅读书报可说是最简单、消费最低的轻松消遣方式，不仅有助于缓解压力，还可使人增加知识与乐趣。

⑤做错了事，要想到谁都有可能犯错误，因而继续正常地工作。

⑥在僻静处大声喊叫或放声大哭，也是减轻体内压力的一种方法。

⑦与人为善，千万别怀恨在心。让"百年之后"会觉得荒唐可笑的愤恨存在自己心里，付出的利息是紧张情绪。

⑧世上没有完美，甚至缺少公正：自己努力了，能好最好，好不了也不是自己的错。

⑨学会一定程度的放松，对工作统筹安排，从而能劳逸结合，自在生活。

⑩学会躲避一些不必要、纷繁复杂的活动，从一些人为制造的杂乱和疲劳中摆脱出来。

⑪不要害怕承认自己的能力有限，学会在适当的时候对某些人说"不"。

⑫夜深人静时，让自己的心彻底静下来，不加掩饰，悄悄地讲一些只给自己听的话，然后酣然入梦。

⑬放慢生活节奏，把无所事事的时间也安排在日程表中。

⑭超然洒脱面对人生。想得开没有精神负担，放得下没有心理压力，淡泊为怀，知足常乐。

⑮在非原则问题上不去计较，在细小问题上不去纠缠，对不便回答的问题佯作不懂，对危害自身的问题假装不知，以聪明的"糊涂"舒缓压力。

⑯遇事是否沉着，是一个人是否成熟的标志之一。沉着冷静地处理各种复杂问题，有助于舒缓紧张压力。

⑰不妨给久未联系的亲友写封信，不仅可吐露一下自己的感受，同时也能让对方在收信时得到意外的惊喜。

⑱当自己无力改变现状时，应学会换一个角度看待问题。请独自对困扰自己的问题进行分析，然后找出一个最适当的解决方法。

⑲一旦烦躁不安时，请睁大眼睛眺望远方，看看天边会有什么奇特的影像。

⑳既然昨天和以前的日子都过得去，那么今天和往后的日子也一定会安然度过，多念念"车到山前必有路"。

（2）心理平衡十要诀。

①对自己不苛求；

②对亲人期望不要过高；

③不要处处与人争斗；

④暂离困境；

⑤适当让步；

⑥对人表示善意；

⑦找人倾诉烦恼；

⑧帮助别人做事；

⑨积极娱乐；

⑩知足常乐。

6.心理健康状况自测分析

心理健康状况自测分析活动是为了帮助大学生科学、客观地分析自己当前的心理健康状况，提前发现大学生可能隐藏的心理健康问题。

症状自评量表（SCL－90），共有90个项目（题目），常用以评定心理健康状况。以下列出了有些人可能会有的问题，请仔细阅读每一条，然后根据最近一星期来自己的实际感觉，选择最符合自己的一种情况，填在测验计分表相应题号的评分栏中。其中"没有"记1分，"较轻"记2分，"中等"记3分，"较重"记4分，"严重"记5分。

表4－1SCL－90测验计分表中的F1、F2……F10分别代表各因子，即F1（躯体化）、F2（强迫）、F3（人际敏感）、F4（抑郁）、F5（焦虑）、F6（敌意）、F7（恐怖）、F8（偏执）、F9（精神病性）、F10（附加因子）。T分为因子分，为某因子的合计分除以该因子的项目数所得。

症状自评量表（SCL－90）

1. 头痛

2. 神经过敏，心中不踏实

3. 头脑中有不必要的想法或字句盘旋

4. 头晕或晕倒

5. 对异性的兴趣减退

6. 对旁人求全责备

7. 感到别人能控制自己的思想

8. 责怪别人制造麻烦

9. 忘性大

10. 担心自己的衣饰不整齐及仪态不端正

11. 容易烦恼和激动

12. 胸痛

13. 害怕空旷的场所或街道

14. 感到自己的精力下降，活动减慢

15. 想结束自己的生命

16. 听到旁人听不到的声音

17. 发抖

18. 感到大多数人都不可信任

19. 胃口不好

20. 容易哭泣

21. 同异性相处时感到害羞、不自在

22. 感到受骗、中了圈套或有人想抓住自己

23. 无缘无故地突然感到害怕

24. 自己不能控制地大发脾气

25. 怕单独出门

26. 经常责怪自己

27. 腰痛

28. 感到难以完成任务

29. 感到孤独

30. 感到苦闷

31. 过分担忧

32. 对事物不感兴趣

33. 感到害怕

34. 自己的感情容易受到伤害

35. 旁人能知道自己的私下想法

36. 感到别人不理解自己、不同情自己

37. 感到人们对自己不友好、不喜欢自己

38. 做事必须做得很慢以保证做得正确

39. 心跳得很厉害

40. 恶心或胃部不舒服

41. 感到比不上他人

42. 肌肉酸痛

43. 感到有人在监视自己、谈论自己

44. 难以入睡

45. 做事必须反复检查

46. 难以做出决定

47. 怕乘电车、公共汽车、地铁或火车之类的交通工具

48. 呼吸有困难

49. 一阵阵发冷或发热

50. 因为感到害怕而避开某些东西、场合或活动

51. 脑子变空了

52. 身体发麻或刺痛

53. 喉咙有梗塞感

54. 感到前途没有希望

55. 不能集中注意力

56. 感到身体某一部分软弱无力

57. 感到紧张或容易紧张

58. 感到手或脚发重

59. 想到死亡的事

60. 吃得太多

61. 当别人看着自己或谈论自己时就感到不自在

62. 有些不属于自己的想法

63. 有想打人或伤害他人的冲动

64. 醒得太早

65. 必须反复洗手、点数目或触摸某些东西

66. 睡得不稳不深

67. 有想摔坏或破坏东西的冲动

68. 有一些别人没有的想法或念头

69. 感到对别人神经过敏

70. 在商店或电影院等人多的地方感到不自在

71. 感到做任何事情都很困难

72. 一阵阵恐惧和惊慌

73. 感到在公共场合吃东西很不舒服

74. 经常与人争论

75. 单独一人时神经很紧张

76. 感到别人对自己的成绩没有做出恰当的评价

77. 即使和别人在一起也感到孤单

78. 感到坐立不安、心神不定

79. 感到自己没有什么价值

80. 感到熟悉的东西变成陌生或不像是真的了

81. 大叫或摔东西

82. 害怕会在公共场合晕倒

83. 感到别人想占自己的便宜

84. 为一些有关"性"的想法而苦恼

85. 自己认为应该为自己的过错而受到惩罚

86. 感到要赶快把事情做完

87. 感到自己的身体有严重问题

88. 从未感到和其他人很亲近

89. 感到自己有罪

90. 感到自己的脑子有毛病

表 4 – 1　SCL – 90 测验计分表

F1 项目	评分	F2 项目	评分	F3 项目	评分	F4 项目	评分	F5 项目	评分	F6 项目	评分
1		3		6		5		2		11	
4		9		21		14		17		24	
12		10		34		15		23		63	
27		28		36		20		33		67	
40		38		37		22		39		74	
42		45		41		26		57		81	
48		46		61		29		72			
49		51		69		30		78			
52		55		73		31		80			
53		65				32		86		合计	
56						54					
58		合计		合计		71		合计			
合计						79					
						合计					

F7 项目	评分	F8 项目	评分	F9 项目	评分	F10 项目	评分	因子	合计/项目数	T 分
13		8		7		19		F1	/12	
25		18		16		44		F2	/10	
47		43		35		59		F3	/9	
50		68		62		60		F4	/13	
70		76		77		64		F5	/10	
75		83		84		66		F6	/6	
82				85		89		F7	/7	
		合计		87				F8	/6	
合计				88		合计		F9	/10	
				90				F10	/7	
				合计						

表 4 – 2 正常成人 SCL –90 各因子分的正常值范围

项目	合计分	项目	合计分
F1(躯体化)	<28	F6(敌意)	<16
F2(强迫)	<28	F7(恐怖)	<15
F3(人际敏感)	<26	F8(偏执)	<16
F4(抑郁)	<35	F9(精神病性)	<22
F5(焦虑)	<23	F10(附加因子)	

根据 SCL – 90 测验计分表，可以计算出每一项的得分，累计得分即为自己的总分。根据全国常模结果，总分小于等于 160 分为正常范围(表 4 – 2)，总分大于 160 分可考虑进一步检查诊断。每一项因子的 T 分数小于等于 2 分为正常范围。

测试结果仅供参考，不可作为心理疾病的诊断依据，心理疾病的诊断必须由专业心理咨询师或心理医生最后确诊。

第二节 交通安全

据资料统计，近年来，全世界每年都有几十万人因交通事故遇难，伤残 50 万人。我国每年死于车祸的人已达 7 万余人，伤残 18 万余人；平均每天死亡近 200 人，每年有近 20 万人加入到残疾人的行列。那么，如何保证交通的安全？如何避免交通事故？如何充分利用交通工具，受其益而免其害呢？这里大家要把握两个基本原则：一是遵守交通规则；二是注意力高度集中。以下就步行、骑自行车、乘车等几种常见的交通方式详细介绍一下应注意的安全问题。

一、步行怎样注意交通安全

步行是人类最基本的、比较自由安全的一种交通方式，但决不能因此而麻痹大意，忽视它不安全的一面。我们要每时每刻都保持注意力，避免一些意料之外的事故发生。

(1)注意遵守行走规则，不能抢道、抢行，以免发生危险。横穿马路、铁路时，要走人行专道(马路的白色斑马线、地下通道和天桥)，如遇到无人行专道或信号装置的地段时，要做到"一站、二看、三通过"，充分发挥自己的视觉、听觉作用，真正做到"眼观六路，耳听八方"。千万不要只看到一边无车便贸然横冲。

(2)对一些标有"禁止通行""危险"字样的地域，不要漫不经心，做到行其所应行，止其所当止。夜行时最好备一个手电筒用以照明。

(3)徒步行走经常发生的事故是跌伤与扭伤，冬季路上经常有冰雪，所以防止摔伤尤为重要。

(4)多人步行时，不要打闹、拉扯或勾肩搭背，在人多拥挤的地方不宜久留。不要好奇围观突发的争吵。

行人横过马路怎样注意交通安全？

行人横过马路时，为保证安全，应该从人行横道上通行。目前由于我国的交通设施发展还不完善，即使在城市也有许多地方应该施画人行横道线而没有施画。行人在这样的路段横过马路时，应该注意观察来往车辆的情况。具体方法是：先观察自身左侧来车的距离并估计其车速，再观察自身右侧来车（在路面另一侧）的距离，同样估计其车速，以确定按自己的正常步速是否来得及安全通过整个路面。切忌在自己感到时间不够，采取猛跑过路的方法，因为这对机动车驾驶员来说是一个"突然袭击"，没有思想准备采取相应的措施，非常容易出现意外。汽车司机从发现情况、判断应该采取的措施、开始踩刹车、汽车开始减速到汽车停住，这中间需要的距离随车速的提高而增长，即使以时速 30 公里计算，大约需要 17 米到 20 米的安全距离才能把车停住。如果汽车司机发现车前突然有人横过马路，即使采取紧急措施，也很难避免发生事故。在非常宽的路面且设有安全岛的路段横过马路时，可以先通过一半路面，然后在安全岛上等待时机通过另一半路面。在不设安全岛的路面，则不宜采取此法，否则站在来往两车的夹缝中间，非常危险。

二、骑自行车怎样注意交通安全

骑自行车参与交通而发生伤亡事故，最常见的原因有这样一些：一是骑车不注意观察和避让机动车辆，突然横穿马路。二是骑车人转弯时不伸手示意，突然猛拐造成与身后同方向行驶车辆相撞。三是骑车不靠边，侵占机动车道，一遇情况便会发生事故。如有一群瓦工一边高唱着"妹妹你大胆地往前走"，一边占道骑在机动车道上，此处正是一个陡坡的下坡路段，适遇后面驶来的一辆货车刹车无效，直冲而下当场撞死四人。四是车况不好，刹车不灵，车速过快。自行车一般车速为每小时 10~12 公里，如果车速超过每小时 15 公里，小小的刹车皮则无法抵御强大的惯性冲击力。据计算，普通自行车以 20 千克自重计，人体以 60 千克计，行驶速度为每小时 20 公里时，若撞到一件固定物体上（停止时间为 0.02 秒），这时自行车和人体的共同冲击力可达 2.3 吨，其后果是难以设想的。因此，即使在一般车速范围，如刹车不灵，或没有刹车，后果同样是严重的。五是自行车超车，横向距离不够，造成事故。六是中小学生由于年幼体弱，技术不良却冒险性大，常常容易肇事。

因此，如果骑车人骑车注意靠边，过街观察避让，转弯示意，做到车况好、刹车灵、车速适中，并把自行车坐垫放至一条腿能够得着地面的高度，在交通活动中的安全就有了良好的保障。

三、乘车怎样注意交通安全

1. 乘坐公共汽车怎样注意交通安全

第一，乘车时要先下后上，排队上车不要乱拥乱挤，车停稳时才能上车，不能抢车、扒车。

第二，上车后首先找个座位，没有座位时要尽量离开车门抓住车上的固定把手，切忌拽车门。

第三，乘车时不可将头或手伸出窗外，以免受到伤害。

第四，注意文明礼貌，谦让文雅，避免因上下车时发生争吵纠葛而危及自身安全。

2. 乘坐长途汽车怎样注意交通安全

人们在乘坐长途汽车时，由于乘坐时间长，颠簸不止，非常容易疲劳困倦，许多人会闭目养神，甚至迷迷糊糊地睡着。这样做其实潜伏着很大的不安全因素，一旦遇有紧急情况容易给自身带来伤害。人在头脑清醒时，即使没有思想准备，遇上意外情况，敏锐的神经反射也会在短暂的一瞬间做出自我保护的举动。如果闭目养神甚至昏睡，情况就大不一样。因为大脑皮层一旦进入抑制状态，便会全部失去"警戒"，意外事故一旦发生，人就只能被动受害，使得本可避免或减轻的伤害发生或加重。因此，比较安全的做法应该是：注意观察前方情况，用手扶握住前排靠椅或栏杆，背向后靠，脚在前面有可以抵踩之处时尽可能踩住，这样，既有了抵挡惯性的用力点，又有了较大的向前冲击的空间，可以大大减轻甚至避免伤害。

四、交通事故的处置

1.遇见交通事故怎么办

第一，应设法报告公安交通管理部门，告知出事地点、时间、人员伤亡情况等。

第二，设法救护伤员。如果伤者神志清楚，可问清伤情；如果昏迷不醒，可通过观察确认伤情后，通知就近的医疗单位，请求派救护车和救护人员。如果附近没有医疗单位，可按救护方法，就地取材利用一切可以利用的物品，如木板、树枝、厚纸板等物固定受伤部位，请求过路车将伤员送往医院。同时，用粉笔或砖块等物将伤者在现场倒卧的位置和姿态标记下来。

第三，在交通事故的相关范围划定界限，维护好现场秩序，保护好现场原貌，不得随便进入现场范围。对现场内的有关物品、痕迹等不能随意触摸、移动，勿碰撞落地的各种碎片、地上的血迹、伤亡人员的被撞落地的物品等。

第四，尽可能地疏散行人，疏导车辆通行。必要时也可以暂时中断交通。

第五，主动向到来的交通民警提供耳闻目睹的情况。

2.怎样保护交通肇事现场

一是保护人员应根据路面和车辆上的痕迹、尸体、血迹及其他物品的分布情况划定现场范围，并做上标记。如遇刮风、下雨、下雪的天气时可用塑料布等物，将痕迹和血迹遮盖起来，对其中易消失的痕迹，可立即采集并做好现场记录，请在场人或肇事见证人签字。二是根据现场实际范围划定保护区，派专人警戒，不允许任何人随便进入，更不准围观群众抚摸、攀登肇事车辆或移动现场的物品。同时还要防止围观群众踏坏地面上的痕迹。三是抢救伤者时应注意保护其衣物及上面的痕迹。伤者经过救治如能言语应在医护人员的配合下，及时进行询问，并做好记录。四是监护肇事者。一般事故现场，保护人员应留住肇事者不能够让其随便离开，以待交通警察前来处理，而重大事故现场，要派专人将肇事者送到安全处监护，防止发生意外。交通事故未处理前，不要让肇事者随便和人交谈事故情节。五是如肇事车辆因某种原因已经离开现场，应立即记住车种、车型、车号、去向，一方面向交警报告，予以堵截，另一方面也可以拦车堵截。

3.怎样防范交通肇事逃逸

（1）通过识记车牌号防范交通肇事逃逸。

交通安全已成为当今人们最为关注的焦点之一，尤其是人身交通安全，更是与每一位公民和每一个家庭休戚相关。为了加强公民的交通防范意识，不让交通肇事逃逸者逍遥法外，下面将防范交通肇事逃逸的知识作一介绍。

各种机动车辆都有各省、市、地区的代称和中华人民共和国行政区划代码。所有机动车辆的车牌颜色分为四种：卡车（拖挂），大型客车（准座 29 人以上），其车牌的颜色为黄底黑字；小型卡车（小型货运车）、小型客车以及出租小汽车，其车牌的颜色为蓝底白字；外交使团、合资企业车辆车牌颜色为黑底白字；部队即军用车牌，其颜色为白底黑字。

当遇交通肇事逃逸时，除对车牌的颜色、车型辨别外，尤其要注意记下车牌所标注的代码号。各种机动车辆的牌号，均是以各省、市、地区的简称和符号标注的。车牌的代码号均以 0、A、B、C、D……英文大写字母来表示。另外，也有某些机动车牌的标注，在省、市、地区的简称后面标有两个代码号，这是因为有些地区的车牌的数码号不足 5 位，就要在 4 位数的前面加上一个代码号，此代码号代表某车辆管理所，如：京 C·D8486、晋 J·N×××× 等。

只要能够将车型、颜色、牌号记下，并迅速向有关交通大队或公安部门报告，这些管理部门就能很快找到该车的主人。公民掌握迅速识别机动车牌标注的知识，对个人安全和家庭安全以及在维护社会交通安全秩序方面将起着积极作用。

（2）通过识记车型防范交通肇事逃逸。

任何一辆机动车，均有各自的明显特征，例如是卡车还是轿车，是进口车还是国产车，是深色还是浅色，是名牌车还是改装车等，均可作为识记的主要特征。尤其是在来不及记下或看不清车牌号时，对车型的熟悉和识记，能为破获交通肇事逃逸案提供极大的帮助和可靠的证据。随着改革开放的进行，如今在大街小巷中行驶的机动车可谓品牌繁多。一旦发生交通事故，肇事车辆如果逃逸，现场目击者最迅速也最容易做的，便是记下车型和车身颜色，如果平时注意观察车辆，更可以记下车辆的品牌甚至型号。当然，这种功夫是靠日积月累练就的。

第三节　用电安全

一、宿舍用电安全

目前，常见的问题是一些同学不遵守有关安全用电的规定，在宿舍里乱拉电线。所谓乱拉电线就是不按照安全用电的有关规定，随便拖拉电线并且在宿舍内任意增加电器的容量，这种做法是相当危险的。如哈尔滨市某大学有位同学，私自在宿舍内拉电线，接自备的插座，并使电线与床接触。由于日久，电线外层绝缘材料老化，使电线内芯裸露并与床接触，这位同学却丝毫没有发现，上床时被电击致死，这不能不说是一个惨痛的违反规定的教训。

为了保证用电安全，防止乱拉电线，宿舍用电管理规定如下：

（1）用电要申请报装，线路设备装好后要经过检验合格才可通电。临时线路要严格控制，需由专业人员负责管理，用后拆除。

（2）采用合格的线路器材和用电设备，不在宿舍使用超负荷的电器设备，如电炉子、电热杯等。

（3）线路和设备要请专业电工安装，以保证符合有关安全规定。

（4）发现宿舍或电器设备损坏或失灵，不可擅自修理，要及时报告有关部门，由管理部门派专人修理。

二、家庭用电安全

在家庭用电中，如何防止触电伤亡、烧坏家用电器和火灾事故的发生，就有关家庭安全用电，应做好以下几个方面的工作。

（1）不超负荷用电。家庭使用的用电设备总电流不能超过电度表和电源线的最大额定电流。

（2）安装保护器。家庭用电一定要在自家电度表的出线侧安装一只漏电流过电压双功能保护器，以便在家电设备漏电、人身触电、供电电压太高或太低时自动跳闸切断电源，保护人身和设备的安全。

（3）用电设备外壳要可靠接零。三芯插座的接地插孔，一定要做可靠保护接零（地）线连接，三芯插头的接地桩头，一定要做可靠的与用电设备的铁外壳连接。以防用电设备的绝缘击穿或外壳带电发生人身触电。

（4）把好产品质量关。所有的电源设备都要选用国家指定厂家生产并经技术质检合格的产品，不能图便宜买"三无"的假冒产品。

（5）安装布线符合要求。电源插座的安装要高于地面1.6米，以防触电脱离电源和保证幼童安全，临时用电不能胡拉乱接，用完后应立即拆除。

（6）严禁使用代用品。不能用铜丝、铝丝、铁丝代替保险丝；不能用信号传输线代替电源线；不能用医用白胶布代替绝缘黑胶布；不能用漆包线代替电热丝自制电热褥等的代用品。

（7）发现异常，立即断电。用电设备在使用中，发现电压异常升高，或发现用电设备有异常的响声、气味、温度、冒烟、火光，要立即断开电源，再进行检查或灭火抢救。

（8）要养成好习惯。做到人走断电，停电断开关，触摸壳体用手背，维护检查要断电，断电要有明显断开点。

（9）家庭进行电气设备安装检修时，应断开电源，非电气工作人员严禁带电作业。

（10）请持有国家劳动部门颁发的《特种作业人员操作证》的电工定期维护检修，发现故障及时排除。

（11）家庭电器事故的紧急处置。

使用家用电器必须重视安全，防患未然。由于种种原因，不幸发生电器火灾或人身触电事故，应该立即进行妥善的紧急处置，消除危险，避免损失扩大。

①对于电器火灾，应首先拉开电源开关，切断电源，然后救火。如果在切断电源之前，就急于用水扑救，反而会发生触电事故。家庭扑救在没有切断电源的情况下，只能用沙土类的东西抢救。

②对于人身触电的抢救必须迅速。人体触电时间越长，危害就越大，也越危险。必须采取正确的方法，使受害人迅速脱离电源，然后进行救护。触电后的救护效果好坏，往往取决于救护人行动的快慢。救护情况和采用的方法要根据触电人的伤势情况而定。一般灼伤，不要碰到不洁的物品，要用洁净的绷带或布带包扎好，送到医院诊治。如果触电者脱离电源后自己能呼吸，可将其放到温暖地方躺下，并速请医生诊断，如果呼吸困难或停止呼吸，应立即进行人工呼吸和胸外按压帮助受害人恢复自主呼吸。

三、安全用电须知

（1）用电要正式申请，安装、维修要找电工，不准私拉乱接电线。

（2）安全用电，人人有责，自觉遵守安全用电规章制度，低压线路应安装触电保护器，要合理选用熔丝（保险丝）、熔片（保险片）或熔管，严禁用铜、铝、铁丝代替。

（3）不要用手摸灯头、开关、插座以及其他家用电器金属外壳，有损坏、老化漏电的，要赶快找电工修理或更换。家用电器设备的金属外壳要妥善接地。

（4）不要使用不合格的灯头、灯线、开关、插座等用电设备，用电设备要保持清洁完好，灯线不要过长，也不要拉来拉去。

（5）家用电器冒烟或着火时应拉断开关，不要带电泼水救火。

四、触电事故的处置

（一）触电事故的特点

（1）事故原因大多是由于缺乏安全用电知识或不遵守安全技术要求，违章作业所致。

（2）触电事故的发生有明显的季节性。一年中春、冬两季触电事故较少，夏秋两季，特别是六、七、八、九四个月中，触电事故特别多。其主要原因不外乎气候炎热，多雷雨，空气中湿度大，这些因素降低了电气设备的绝缘性能，人体也因炎热多汗，皮肤接触电阻变小，衣着单薄，身体暴露部分较多，大大增加了触电的可能性，一旦发生触电时，便有较大强度的电源通过人体，产生严重后果。

（3）低压工频电源的触电事故较多。据统计，此类电源所引起的事故占总数90%以上。低压设备较高压设备应用广泛，人们接触的机会较多，加上220～380伏的交流电源习惯上被称为"低压"，人们不够重视，丧失警惕，因此容易引起触电事故。

（二）触电的类型

一般按接触电源时情况不同，常分为两相触电、单相触电和"跨步电压"触电。

（三）电流对人体的影响

电流通过人体后，能使肌肉收缩产生运动，造成机械性损伤，电流产生的热效应和化学效应可引起一系列急骤的病理变化，使肌体遭受严重的损害，特别是电流流经心脏，对心脏的损害极为严重。极小的电流可引起心室纤维性颤动，从而导致死亡。电击伤对人体的伤害程度与电流的种类、大小、途径、接触部位、持续时间、人体健康状态、精神状态等都有关系。

（1）通过人体的电流越大，对人体的影响也越大，因此，接触的电压越高，对人体的损伤也就越大。一般将36伏以下的电压作为安全电压。但在特别潮湿的环境中即使接触36伏的电源也有生命危险，所以在这种场所，要用12伏安全电压。

（2）交流电对人体的损害作用比直流电大，不同频率的交流电对人体影响也不同。人体对工频交流电要比直流电敏感得多，接触直流电时，其强度达250毫安时也不会引起特殊的损伤，而接触50赫兹交流电时只要有50毫安的电流通过人体，如持续数十秒，便可引起心脏心室纤维性颤动，从而导致死亡。交流电中28～300赫兹的电流对人体损害最大，极易引起心室纤维性颤动，20000赫兹以上的交流电对人体影响较小，故可用来作为理疗之用。我们平时采用的工频交流电源为 50 赫兹，从设计电气设备角度考虑是比较合理的，然而 50 赫兹的电流对人体损害是较严重的，故一定要提高警惕，搞好安全用电工作。

（3）电流持续时间与损伤程度有密切关系，通电时间短，对肌体的影响小；通电时间长，对肌体损伤就大，危险性也增大，特别是电流持续流过人体的时间超过人的心脏搏动周期时对心脏的威胁很大，极易产生心室纤维性颤动。

（4）通过人体的电流途径不同时，对人体的伤害情况也不同。通过心脏、肺和中枢神经系统的电流强度越大，其后果也就越严重。由于身体的不同部位触及带电体，所以通过人体的电流途径均不相同，流经身体各部位的电流强度也不同，对人体的损害程度也就不一样。所以说通过人体的总电流，强度虽然相等，但电流途径不同，其后果也不相同。

（5）电流对心脏影响最大。

（四）发生触电时的现场急救具体方法

1. 迅速解脱电源

发生触电事故时，切不可惊慌失措，束手无策，首先要马上切断电源，使病人脱离电流损害的状态，这是能否抢救成功的首要因素，因为当触电事故发生时，电流会持续不断地通过触电者，从影响电流对人体刺激的因素中，我们知道，触电时间越长，对人体损害越严重。为了保护病人只有马上切断电源。其次，当病人触电时，身上有电流通过，已成为一带电体，对救护者是一个严重威胁，如不注意安全，同样会使抢救者触电。所以，必须先使病人脱离电源后，方可抢救。使病人脱离电源的方法有很多：

（1）出事附近有电源开关和电源插头时，可立即将闸刀打开，将插头拔掉，以切断电源。但普通的电灯开关（如拉线开关）只能关断一根线，有时不一定关断的是相线，所以不能认为是切断了电源。

（2）当有电的电线触及人体引起触电时，不能采用其他方法脱离电源时，可用绝缘的物体（如木棒、竹竿、手套等）将电线移掉，使病人脱离电源。

（3）必要时可用绝缘工具（如带有绝缘柄的电工钳、木柄斧头以及锄头等）切断电源。总之，在现场可因地制宜，灵活运用各种方法，快速切断电源。

解脱电源时，有两个问题需注意：①脱离电源后，人体的肌肉不再受到电流的刺激，会立即放松，病人可自行摔倒，造成新的外伤（如颅底骨折），特别在高空时更是危险。所以脱离电源需有相应的措施配合，避免此类情况发生，加重伤情。②解脱电源时要注意安全，决不可再误伤他人，将事故扩大。

2. 简单诊断

解脱电源后，病人往往处于昏迷状态，情况不明，故应尽快对心跳和呼吸的情况作出判断，看看是否处于"假死"状态，因为只有明确的诊断，才能及时正确地进行急救。处于"假死"状态的病人，因全身各组织处于严重缺氧的状态，情况十分危险，故不能用一套完整的常规方法进行系统检查，只能用一些简单有效的方法判断一下，看看是否"假死"及"假死"的类型，这就达到了简单诊断的目的。其具体方法如下：将脱离电源后的病人迅速移至比较通风、干燥的地方，使其仰卧，将上衣与裤带放松。

（1）观察一下有否呼吸存在，当有呼吸时，我们可看到胸廓和腹部的肌肉随呼吸上下运动。将手放在鼻孔处，呼吸时可感到气体的流动。相反，无上述现象，则往往是呼吸已停止。

（2）摸一摸颈部的动脉和腹股沟处的股动脉，看有没有搏动，因为当有心跳时，一定有脉搏。颈动脉和股动脉都是大动脉，位置表浅，所以很容易感觉到它们的搏动，因此常常作为是否有心跳的依据。另外，在心前区也可听一听是否有心声，有心声则有心跳。

（3）看一看瞳孔是否扩大。瞳孔的作用有点像照相机的光圈，但人的瞳孔是一个由大脑控制自动调节的光圈，当大脑细胞正常时，瞳孔的大小会随着外界光线的变化而自行调节，使进入眼内的光线强度适中，便于观看。当处于"假死"状态时，大脑细胞严重缺氧，处于死亡的边缘，所以整个自动调节系统的中枢失去了作用，瞳孔也就自行扩大，对光线的强弱再也起不到调节作用，所以瞳孔扩大说明了大脑组织细胞严重缺氧，人体也就处于"假死"状态。通过以上简单的检查，我们即可判断病人是否处于"假死"状态。并依据"假死"的分类标准，可知其属于"假死"的类型。这样，我们在抢救时便可有的放矢，对症治疗。

3.处理方法

经过简单诊断后的病人，一般可按下述情况分别处理：

（1）病人神志清醒，但感乏力、头昏、心悸、出冷汗，甚至有恶心或呕吐。此类病人应就地安静休息，减轻心脏负担，加快恢复；情况严重时，小心送往医疗部门，请医护人员检查治疗。

（2）病人呼吸、心跳尚在，但神志昏迷。此时应将病人仰卧，周围的空气要流通，并注意保暖。除了要严密观察外，还要做好人工呼吸和心脏挤压的准备工作，并立即通知医疗部门或用担架将病人送往医院。在去医院的途中，要注意观察病人是否突然出现"假死"现象，如有"假死"，应立即抢救。

（3）如经检查后，病人处于"假死"状态，则应立即针对不同类型的"假死"进行对症处理。如心跳停止，则用体外人工心脏挤压法来维持血液循环；如呼吸停止，则用口对口的人工呼吸法来维持气体交换。如呼吸、心跳全部停止时，则需同时进行体外心脏挤压法和口对口人工呼吸法，同时向医院告急求救。在抢救过程中，任何时刻抢救工作不能中止，即便在送往医院的途中，也必须继续进行抢救，一定要边救边送，直到心跳、呼吸恢复。

4.口对口人工呼吸法

人工呼吸的目的，是用人工的方法来代替肺的呼吸活动，使气体有节律地进入和排出肺部，供给体内足够的氧气，充分排出二氧化碳，维持正常的通气功能。人工呼吸的方法有很多，目前认为口对口人工呼吸法效果最好。口对口人工呼吸法的操作方法如下：

（1）将病人仰卧，解开衣领，松开紧身衣着，放松裤带，以免影响呼吸时胸廓的自然扩张。然后将病人的头偏向一边，张开其嘴，用手指清除口内中的假牙、血块和呕吐物，使呼吸道畅通。

（2）抢救者在病人的一边，以靠近其头部的一只手紧捏病人的鼻子（避免漏气），并将手掌外缘压住其额部，另一只手托在病人的颈后，将颈部上抬，使其头部充分后仰，以解除舌下坠所致的呼吸道梗阻。

（3）急救者先深吸一口气，然后用嘴紧贴病人的嘴或鼻孔大口吹气，同时观察胸部是否隆起，以确定吹气是否有效和适度。

（4）吹气停止后，急救者头稍侧转，并立即放松捏紧鼻孔的手，让气体从病人的肺部排出，此时应注意胸部复原的情况，倾听呼气声，观察有无呼吸道梗阻。

（5）如此反复进行，每分钟吹气12次，即每5秒吹一次。

注意事项：

①口对口吹气的压力需掌握好，刚开始时可略大一点，频率稍快一些，经 10～20 次后可逐步减小压力，维持胸部轻度升起即可。对幼儿吹气时，不能捏紧鼻孔，应让其自然漏气，为了防止压力过高，急救者仅用颊部力量即可。

②吹气时间宜短，约占一次呼吸周期的三分之一，但也不能过短，否则影响通气效果。

③如遇到牙关紧闭者，可采用口对鼻吹气，方法与口对口基本相同。此时可将病人嘴唇紧闭，急救者对准鼻孔吹气，吹气时压力应稍大，时间也应稍长，以利气体进入肺内。

5. 体外心脏挤压法

体外心脏挤压法是指有节奏地以手对心脏进行挤压，用人工的方法代替心脏的自然收缩，从而达到维持血液循环的目的。此法简单易学，效果好，不需设备，易于普及推广。操作方法：

（1）使病人仰卧于硬板上或地上，以保证挤压效果。

（2）抢救者跪跨在病人的腰部。

（3）抢救者以一手掌根部按于病人胸骨下二分之一处，即中指指尖对准其颈部凹陷的下缘，当胸一手掌，另一手压在该手的手背上，肘关节伸直。依靠体重和臂、肩部肌肉的力量，垂直用力，向脊柱方向压迫胸骨下段，使胸骨下段与其相连的肋骨下陷 3～4 厘米，间接压迫心脏，使心脏内血液搏出。

（4）挤压后突然放松（要注意掌根不能离开胸壁），依靠胸廓的弹性使胸复位，此时，心脏舒张，大静脉的血液回流到心脏。

（5）按照上述步骤，连续操作，每分钟需进行 60 次，即每秒 1 次。

注意事项：

①挤压时位置要正确，一定要在胸骨下二分之一处的挤压区内，接触胸骨应只限于手掌根部，手掌不能平放，手指向上与肋保持一定的距离。

②用力一定要垂直，并要有节奏，有冲击性。

③对小儿只用一个手掌根部。

④挤压的时间与放松的时间应大致相同。

⑤为提高效果，应增加挤压频率，最好能达每分钟 100 次。

⑥有时病人心跳、呼吸全停止，而急救者只有一人时，也必须同时进行心脏挤压及口对口人工呼吸。此时可先吹两次气，立即进行挤压五次，然后再吹两口气，再挤压，反复交替进行，不能停止。

6. 电烧伤与其他伤的处理

高压触电时（1000 伏以上），两电极间电的温度可高达 1000～4000 摄氏度，接触处可造成十分广泛、严重的烧伤，往往深达骨骼，处理较复杂。现场抢救时，要用干净的布或纸类进行包扎，减少污染，以利于之后的治疗。其他的伤如脑震荡、骨折等，应参照外伤急救的情况，做相应处理。电烧伤后，由于人体内血浆和水分往往从烧伤创面丢失，如损失较多可引起伤员失血性休克。烧伤面积越大从创面丢失的蛋白质和水分也就越多，发生休克的危险性也就越大。因此，救治时应尽快送医院治疗。在转送途中可给予伤员充足的饮料和营养丰富的食物予以弥补体内消耗，但不宜喝白开水或糖开水。现场抢救往往时间很长，且不能中断，所以我们一定要以不怕疲劳和连续作战的精神，坚持下去，往往经过较长时间的抢救后，触电病人面色好转，口唇潮红，瞳孔缩小，四肢出现活动，心跳和呼吸恢复正常。这时可暂停数秒钟进行观察，有时触电病人就此复活；如果正常心跳和呼吸仍不能维持，必须继续抢救，一直坚持到医务人员到现场接替抢救，而决不能贸然放弃。

总之，触电事故的发生总是不好的，要以预防为主地着手消除发生事故的原因，预防事故的发生，充分发动群众，宣传安全用电知识和触电现场急救知识，那么，不但能防患于未然，万一发生了触电事故，也能进行正确、及时的抢救，挽救更多人的生命。

第四节　财产安全

财产安全是大学生学习生活的保障。完成学业，不仅需要本人的努力奋斗，还需要大量的财物满足学习和生活的需要。随着社会的发展和人民生活水平的提高，大学生们在学习生活中的日常用品也越来越多，除必要的书籍外还有电子词典、MP3、照相机、手机、计算机等学习、生活用品。因此，大学生只有管理好自己的财物，切实保证财产安全，才能为学习和生活创造良好的条件；只有妥善保管好财物，才能解除学生和家长的后顾之忧，才能使大学生全身心投入到学习中去，才能创造安定祥和的校园秩序和育人环境，从而保障学校各项工作健康有序地进行。

一、偷盗扒窃的预防

盗窃是大学校园的多发性案件，一般占高校中发生的刑事案件的80%以上。大学生易被盗窃的物品主要有：一是现金、存折、汇款单和银行卡；二是手机、计算机、数码相机等贵重物品；三是衣物等生活用品。学生宿舍、教室、图书馆、餐厅等公共场所是财产容易被盗的重点场所。

（一）校园盗窃特征

1.校园盗窃的特点

时间上的选择性。作案主体在有人的情况下是不会行窃的，作案人必然选择作案地点无人的空隙实施盗窃。例如，上课期间，同学们都去教室上课了，作案人便会光顾宿舍；下班的时间或节假日期间，实验室、办公室、财会室、计算机室通常处于无人状态，作案人便乘隙而入。

目标上的准确性。学校中内盗案件比较多。财会室、计算机室在什么位置，作案人都掌握得一清二楚；哪个学生有钱或有贵重物品，常放在什么地方，有没有锁在箱子中或柜子里，钥匙放在何处，作案人都基本上了解。不动手便罢，一旦动手目标十分准确，常常很快便十拿九稳地得手。

技术上的智能性。学校中盗窃案件作案的主体，一般以高学历、高智商的人为多，有的本身就是大学生。他们智力超群、比较聪明，盗窃技能高于一般盗窃作案人员。他们经常会用你的钥匙开你的锁，或用易拉罐制作"万能"钥匙等，进行智能型违法犯罪活动。

作案上的连续性。如上所述，正是由于作案人比较"聪明"，所以其第一次作案很容易得手。"首战告捷"以后，作案人员往往产生侥幸心理，加之报案的滞后性或破案的延迟性，作案人极易屡屡作案而形成一定的连续性。

2.校园盗窃方式

顺手牵羊——是指作案人趁人不备将放在桌上、床上、走廊、阳台等处的钱物占为己有。

乘虚而入——是指作案人趁主人不在,房门、抽屉未锁之机入室行窃。这类盗窃手段要比顺手牵羊者毒辣,其胃口也比顺手牵羊者更大,不管是现金、存折、信用卡或者是贵重物品,只要一让他看到,就会统统被盗走。

窗外钓鱼——是指作案人用竹竿等工具在窗外将受害人的衣服钩走。有的甚至把纱窗弄坏,钩走被害人放在桌上、床上的衣物。因此,住在一楼或其他楼层靠近走廊、窗户寝室的同学,如果缺乏警惕很容易受害。

翻窗入室——是指作案人翻越没有牢固防范设施的窗户、气窗等入室行窃。入室窃得钱物后,常常堂而皇之地从大门离去。此类盗贼有时不易被发现。

撬门扭锁——是指作案人使用各种工具撬开门锁而入室行窃。这种犯罪分子手段毒辣,入室后还会继续撬抽屉或箱子上的锁,翻箱倒柜,从而盗走现金、各种有价证券和贵重物品。采用这种方式的犯罪分子基本上都是外盗。

用 A 的钥匙开 A 的锁——是指作案人用 A 随手乱丢的钥匙,趁 A 不在宿舍时打开 A 的锁,包括门锁、抽屉锁、箱子上的锁,从而盗走现金和贵重物品。这类作案人大都是与 A 比较熟悉的人。

(二)学生宿舍防盗

学生宿舍是学生学习生活的重要场所,也是学生财物放置的唯一地点,学生宿舍防盗,首先要保管好贵重物品。现金最好的保管方法是存入银行。尤其是数额较大时一定要及时存入银行,并使用密码。密码必须保密,不能告诉任何人,更不能将密码告诉他人并托他人到银行代取存款。身上携带有较多现金时,要注意保密,财不露白。平时零用现金应随身携带,不能随意放在宿舍课桌内或床上被褥下。睡觉时应将钱放在可靠的地方(如枕下),不要放在手提包或衣裤口袋里而随意挂放。上街或外出时尽量随身少带现金。银行存款卡、汇款单和身份证、学生证必须妥善收藏,以防盗证冒领。银行存款卡、存折的账号、密码、存款数额应另作秘密登记,以便万一被盗或丢失时挂失。银行存款卡、存折、汇款单万一被盗应立即打电话并随后前去银行(汇款单到投递邮局)挂失,以防冒领。

贵重物品应妥善保管,不用时最好锁在抽屉、柜子里或存放在老师、亲友家中。手机、手表应随身携带,洗澡、洗衣时不能随意乱放,以防被人"顺手牵羊"盗走。住在一楼的同学在睡觉前应妥善收藏好现金及贵重物品,防止被人"钓鱼"钩走。寝室及课桌钥匙不要随意乱放、借人或丢失。对电脑、手机、手表、高档衣服等贵重物品,应在适当的部位做上特殊标记,万一丢失或被盗,有利于查找破案。

1.宿舍防盗应注意的问题

最后离寝者要锁门。最后一个离开寝室的同学一定要关锁门,不要怕麻烦,要养成随手关锁门的习惯,以免一时大意殃及全室,而后悔莫及。

暂时离寝要关门。高校学生宿舍大多是筒子楼,利于串门。同学们短时间离开宿舍不锁门引发的溜门盗窃案经常发生,一般占学生宿舍入室盗窃案总数的 1/3 以上。此类案件,由于作案时间短,现场遗留痕迹少,所以破案难度较大。同学们上卫生间、去水房、串门聊天、去买饭或睡觉时不关锁门都会给溜门作案者提供方便。2000 年某高校一女生在一个学期内就在学生宿舍作案 20 余起,其作案方式大多是趁同学们离寝不关门之机,溜门行窃。

不能留宿外来人。年轻人热情好客很正常，但不可违反学校宿舍管理规定，更不能丧失警惕，引狼入室。在假期中，因多数同学回家，留校的少数同学不上课，喜欢带社会上的朋友和外校的同学进校玩，来往人员较复杂，若不加强学生宿舍管理，容易发生盗窃案件。

要注意陌生人。对于陌生人或形迹可疑的人，千万要提高警惕。外来人员在学生宿舍里盗窃，有的是出售物品的商贩或收废旧物品、捡垃圾的人，他们会利用宿舍管理松懈，进出自由，寝室门大开时往往顺手牵羊行窃；有的盗贼以找人为幌子进宿舍"踩点"，摸清情况，看准机会撬门扭锁，大肆盗窃；有的装扮成水电维修工或修电话的工作人员等进入宿舍伺机作案；有的盗窃学生宿舍的惯犯打扮成学生模样到宿舍里东走西窜，寻找目标和机会行窃作案。不管是哪一类型的盗窃分子，都有在宿舍四处窥探张望，似找人非找人，似有事非有事的共同特点，见到这类形迹可疑的人，只要同学们注意观察，或多问问，往往就会发现狐狸尾巴。这样即使不能当场抓住盗贼，也使盗窃分子感到无机可乘，不敢贸然动手，客观上可起到预防盗窃的作用。当然，对行迹特别可疑的人应扭送或报告宿舍门卫或学校保卫部门查处。

落实保卫值班。各寝室长和班干部要切实担负起本寝室、本班安全管理责任。发现同学留宿外人和钱物保管不善的现象要及时制止，经常提醒同学注意安全防范，发现解决不了的安全隐患要及时向辅导员老师或有关部门报告。落实以寝室或班为单位的保卫值班制，督促本寝室、本班做好日常安全工作。五一、国庆、元旦等节假日和开学、放假前后及开运动会等重大活动的特别时期，应组织同学轮流值班守护寝室，开展自我教育、自我护卫活动。

刚开学的时候在楼管那里领的钥匙都贴有寝室号，应及时把它撕掉，并且不要将钥匙借给他人，防止钥匙失控，宿舍被盗。

2. 宿舍发现可疑人员的处置

如果在宿舍里发现可疑的人，怎样才能做到处理适宜，既不冤枉好人，不造成矛盾，又不放过坏人，不导致损失呢？

发现可疑人应主动上前询问或秘密观察。询问时态度应和气，但问得应细致些。如果来人确有正当理由，一般都能够讲得清楚。如来探亲访友的多半能说出他要找的人的姓名及所在院系、年级、班级等基本情况，如果支支吾吾什么也说不出，应特别注意，并进一步盘问，必要时还可帮其找人，以便进一步证实。

来人回答疑点较多，如所说的专业、班级对不上号，或要找的人根本不存在，神色慌张左顾右盼等，必须进一步盘问，必要时可问其姓名、单位，然后要求看看有无身份证、工作证、学生证等证件。为避免矛盾，也可将其带到宿舍门卫或保卫部门，由值班人员出面询问。经核实身份无误，又未进一步发现盗窃证据，可由值班人员记录其单位、姓名、来舍时间后让其离去。

如果来人经盘问疑点很多，不肯说出真实身份或身边携带疑似赃物、作案工具等物品，应一方面设法将其稳住，另一方面马上电话报告学校保卫部门，由保卫部门尽快来人查处。

盘查时要注意几个问题：一是态度始终要和气，即使可疑人气愤争吵，也应按宿舍管理规定与之说理，切不可动手；二是不能随意进行搜查，因为搜身是违法的，必要时可请可疑人自己将口袋或包中物品拿出来看一下；三是如果可疑人真是盗窃分子，还要防止其突然行凶或逃跑。

3.宿舍被盗的处置

发现自己寝室被盗，不少同学首先想到的是赶紧翻看自己的柜子、箱子、抽屉，看自己的钱财丢了没有，另一些同学则出于关心、好奇等原因前来围观、安慰。结果，待公安、保卫部门接到报案来到现场时，现场已被破坏，一些与犯罪活动存在内在联系的痕迹、物品已遭到破坏，一些与犯罪活动毫无关系的痕迹、物证又出现在现场，使得公安、保卫人员难以对犯罪活动作出准确判断，影响了破案工作。那么发现寝室被盗该怎么办呢？

及时报案。发现寝室门被撬，抽屉、箱子的锁被撬坏或被翻动，则很有可能盗窃分子已来光顾，应立即向学校保卫部门报告，并告知院系辅导员或领导。

保护好现场。犯罪现场是判断犯罪分子进行犯罪活动和真实反映犯罪人客观情况的基础，只有把现场保护好了，侦察人员才有可能发现犯罪分子遗留下的手印、脚印等犯罪过程中的痕迹和物品，而这些正是揭露和证实犯罪分子的有力证据。如果案件发生在寝室内，可在寝室门前（一楼还包括窗外）设岗看守，阻止同学围观，不能让人进屋，更不能翻动室内的任何物品，封闭室内现场。对盗窃分子可能留下痕迹的门柄、锁头、窗户、门框等也不能触摸，以免把无关人员的指纹留在上面，给勘查现场、认定犯罪分子带来不必要的麻烦。

如果发现存折、储蓄卡被盗，应带上有效证件到储蓄所办理挂失手续。汇款单被盗应及时到投递邮局挂失，为防盗贼迅即冒名领取应尽快先用电话挂失。

积极向负责侦查破案的公安、保卫干部提供情况，反映线索，协助破案。反映情况时要尽量提供各种疑点、线索，不要觉得此事无关紧要而忽略；也不要觉得涉及某个同学怕伤感情而隐情不报，公安、保卫部门有义务为反映情况的同学保密。反映情况一要实事求是，不可凭想象推测；二要认真回忆，力求全面、准确。

（三）外出预防被盗

（1）尽量不携带大量现金和贵重物品。上学要交的学费应通过银行存取，不必直接携带现金。如果迫不得已要携带大量现金和贵重物品，应尽可能避免去人多拥挤的地方。

（2）携带的现金应妥善收藏。如必须携带的钱款较多，可分散放置在内衣口袋里，只放少量钱在手边以便购车票或零星物品时取用。不要把钱夹放在上衣口袋或身后的裤袋里。这些地方便于扒手行窃作案。如带包出门，钱或贵重物品不要置于包的底部或边缘，以免被割窃。在挤车或拥挤时，包应放在身前。不管是购物、吃饭或试衣时，包不能离身，至少不能脱离视线，以免因疏忽被人拎走。

（3）财不露白，多提防。在人多眼杂处尽量减少翻点现金，以免被扒手盯上。同时也不要像患强迫症似的不时摸放钱的地方，这样会引起狡猾的扒手的注意。

（4）相互提醒，多关照。与同伴外出，要相互提醒、相互关照。留心观察自己或同伴是否已被扒手盯上。扒手观察动静时，侧目斜视常与观察他的人目光"触电"；窥视他人钱物时，眼珠滴溜转；作案得手时，余光观人。在汽车上用肘或手接近盗窃目标的衣兜或提包，趁拥挤或晃动、转弯、起停之机试探虚实；作案时多采取有意拥挤、分散你的注意力、遮挡你的视线等方法。如遇上述情况，则更要提高警惕，切不可麻痹大意。应尽可能避免拥挤，如坐车、购物拥挤时，要留意自己的钱物。

（5）随机应变，慎追赃。如果发现被盗，且估计扒手还未逃离现场，采取有效措施也可能挽回损失（如在汽车上发现或抓获扒手，可通知司机或售票员不要开车门，将车开到公安部门检查，同时注意是否有人往车地板或窗外扔赃款、赃物）。如被盗后已无法找到扒手，应尽快到商店、集市等公共场所的治安保卫部门或所在地公安机关报案。

（四）猝遇盗贼谋略

（1）平时要树立必要的警惕性。如果缺乏起码的警惕性和心理准备，一旦突遇盗贼就会惊慌失措，束手无策。有的盗贼进宿舍见门没锁就推，有机会可乘机捞一把，屋里如果有人或被盘问就以找人等为借口搪塞蒙混，如果同学们缺乏应有的警惕性，就很容易被盗贼蒙骗过关。

（2）因地制宜发挥集体力量。宿舍里绝大多数情况下或多或少总留有一部分同学，不管认识与否，只要听说宿舍里进来小偷，大多是会挺身而出的。在宿舍里发现盗贼，要根据当时的具体情况设法尽快告知同学们，并及时采取控制盗贼逃脱的有效措施。如果盗贼未被惊动，应一面守住门或通道(包括后窗)，一面就近叫同学帮忙，来个瓮中捉鳖。如果盗贼已被惊动，则应大呼抓小偷，并叫门卫值班人员关上宿舍大门，同时招来同学一起抓贼。

（3）要鼓足勇气，以正压邪。盗窃分子做贼心虚，在学生宿舍这种寡不敌众的特定环境中，绝大多数盗贼是不敢轻举妄动的。如撞见盗贼正在作案，应克服畏惧心理，鼓足勇气，一面尽快拿起手边可以用于自卫的工具，如棍子、酒瓶、凳子、砖头等，堵住盗贼逃跑的出路，一面大声呵斥、警告，对其形成威慑，同时大叫捉贼招来同学援助。如果盗贼胆敢行凶，可进行正当防卫，一般只要拖延一两分钟，同学们和门卫值班人员就会纷纷赶到。

（4）要随机应变，注意安全。在援兵未到之前，要和盗贼保持一定距离，以能控制盗贼逃跑为目的，谨防狗急跳墙行凶伤人。万一盗贼夺路而逃，应紧追其后盯住目标，同时呼叫"抓贼"，校园里师生众多，只要盗贼不脱离视线，就有机会抓住他。如遇两个以上的盗贼结伙作案，在他们分头逃跑时，要集中力量抓住其中一个。团伙作案被发现后，行凶伤人夺路而逃的可能性更大，应随机应变，注意安全。

（5）要沉着冷静，急而不乱。突遇盗贼正在作案一定要沉着冷静，采取对策。有时盗贼虽能冲出寝室，但不一定能逃出宿舍。现在学生宿舍大多只有一个出口，如果同学们闻声出来得快，来不及逃走的盗贼往往会溜进厕所、阳台、空房等处躲藏，这时首先要尽快安排同学守住宿舍出口和所有能够逃走的通道，如后窗、可翻越的围墙等，防止盗贼趁机逃跑。在追赶和搜寻盗贼过程中要注意防止盗贼"贼喊捉贼"蒙混过关。

（6）抓住盗贼，妥善处理。一旦抓住盗贼，最好的办法是一面采取强制措施将其控制住，一面通知学校保卫部门来人处理。必要时可直接扭送到学校保卫部门。抓住盗贼要注意：一是不能疏忽大意，要预防盗贼乘机逃走或猝起伤人；二是强制程度要适当，不能随意殴打辱骂，如将盗贼打伤致残致死将要承担法律责任。

（7）在无法当场抓获盗贼的情况下，应记住盗贼特征，包括年龄、性别、身高、胖瘦、相貌、衣着、口音、动作习惯，以及身上的痣、瘤子、斑、文身、残疾等各种特征，佩戴的戒指、手镯、项链、耳环等各种饰物的情况，以便向公安、保卫部门提供破案线索。

案例

案例1　2003年暑假的一天中午，某学院假期返校学生李某停在宿舍二楼的自行车三分钟就不见了。在查找中，发现一宿舍的门反锁用钥匙打不开，进而对室内嫌疑人杨某审查。经查，杨是来找同学的外校学生，不但盗窃了自行车，还盗窃了四个计算器和一部电视机。

案例2　3月6日晚有一男一女用"间隔方式"以推销剃须刀为由，多次进入某寝室遭到同学拒绝后离开。3月7日上午8时，李某与其他三名同学一起将宿舍挂锁上锁后去上课（期间无同学返回宿舍），11时返回宿舍时，发现宿舍房门挂锁处被撬开，桌上2台用钢丝锁锁住的笔记本电脑被盗（一台联想410，价值3900元；一台方正，价值6000元）。上锁的抽屉内还有部分现金，没有被盗。

案例3　某校住同一宿舍的两个女生蒋某和顾某，平时关系非常好，有什么事都一起去。有一天，蒋某要去自动取款机取钱，让顾某陪其一起去，就在蒋某取钱输入密码之时，心细的顾某在旁边已经暗暗记了下来。过了一个月，当蒋某再次去银行取钱时，发现卡上的3000块钱已经不翼而飞了。心急如焚的蒋某立即到保卫处报了案。后来经过保卫处多方调查，原来是蒋某的好友顾某乘她不在宿舍的时候，拿了她的银行卡，然后坐车赶到市中心，在一台自动取款机上分3次提取了3000块钱。

案例分析

案例1是由于假期中同学留宿外来人员所致，学校规定严禁留宿外来人员，所以，留校学生要支持配合学校做好假期中的住宿管理工作。案例2是一起典型的溜门盗窃案，犯罪嫌疑人先踩点后盗窃，盗窃目标明确。上门推销人员最好不要让其进入宿舍，在宿舍门上贴上拒绝推销，是比较好的预防措施。另外，大多数同学的笔记本电脑放置非常随意，离开后将笔记本电脑敞开放在桌面上的现象十分普遍，也给犯罪嫌疑人有机可乘。案例3中蒋某过分信任顾某，在输入密码时没有保护，同时对自己的银行卡也没有保护好，结果被最信任的同学所盗。这种案件时有发生，要告诫同学：害人之心不可有，防人之心不可无。最后这位偷钱的学生也被学校退学了，本来光明的前途一下子全毁了，真是得不偿失啊！

（五）扒手扒窃特征

盗窃是社会一大公害，扒手扒窃的危害也不可小视。扒手像四处游荡的幽灵，说不准什么时候就出现在你身边。校园人口密集，也是扒手经常光顾的地方，尤其在食堂等地方。正因为这样，扒手犹如过街老鼠，人人喊打，同学们在生活中不得不防。

1. 扒手的表现及身份

扒手在寻找目标时有以下表现：一是窜转，如在汽车站和车上两头窜动，在商场楼上楼下转来转去。此刻，扒手正在物色扒窃对象。二是尾随，选中对象后，尾随其后，跟着不放，伺机下手。三是钻挤，在上下车、人多拥挤的场所，不往空处站，专向人多的地方挤。四是试探，借行车晃动而人往两边偏的机会，用胳膊的下部或手背触探被扒人的衣袋，弄清里头是否有钱，并查看被扒人的反应如何，然后行窃。

扒手在行窃时的基本动作主要是：一是贴靠，乘人多拥挤的机会，尽量与被扒人贴靠，或并位相坐，或相挨站立。二是挡掩，借车内外发生的新奇事，分散被扒人视线和注意力，掩护作案。三是掏割，借故与被扒人相撞，乘机割包掏钱，或借故将被扒人或手袋撞跌，装着帮助扶捡的刹那，神不知鬼不觉地将钱物掏走。

在日常生活中主要有以下几种扒手：

职业扒手。这类扒手以青壮年男性为主，他们没有其他职业，以偷窃为生。他们中的有些人可能穿得很豪华，比如上身可以穿一件皮尔卡丹西装，脚下又穿一双鳄鱼牌的皮鞋。这种扒手的标志性外表是：衣服不成套、不合身，衣着与气质明显不符，衣着与容貌不符，衣着与时令不符等。

兼职扒手。这类扒手有一份临时的工作，只利用业余时间或夜晚外出。这类小偷有可能在外貌上不容易分辨出来。但他们的神态还是有一定的特点。

顺手牵羊型扒手。这类小偷可能平时没有专门制订过偷窃计划，然而一旦出现意外之财而唾手可得时，他们便会顺手牵羊地做一次小偷。这类小偷外观上没有特征，他们平时可能中庸，或是和善。所以这类偷窃较难查获。防范这类小偷的关键点是保护好自己的财物，不给他们顺手牵羊的机会。

儿童扒手。近年来，这类扒手有渐增的趋势。儿童行窃有他们特有的优势。如可以从较低位置下手，对放在地上的行李包裹行窃，被发现后由于年龄小而容易被同情和开脱等。儿童扒手通常穿着较破旧肮脏，有可能是白天行乞、夜晚行窃的兼职型，也有可能是顺手牵羊型。注意，这类扒手通常身后有一个偷窃团伙在支持，比如你在公共汽车上逮到一个偷窃你财物的儿童，第一个上来劝你放了这个孩子的人，很可能是他（她）的保护人。

综合型小偷。现代城市中女性扒手也有增多的趋势。女性扒手也有其特有的优势。例如，她可以靠色相接近男性对象，用身体肌肤敏感部位接触对象，使对象迷惑而疏于防范，然后伺机下手。女性扒手的装扮一般都是一副妖艳性感的样子。如果一旦被抓获，也容易获得同情，与儿童扒手一样，女性扒手通常背后也有男性犯罪团伙。他们一般在女性行窃的远处进行监视或保护，或为女性扒手制造现场。一旦出现意外，他们就对侵害对象进行阻挡、威胁或劝阻，以利扒手脱身。

2. 识别扒手

扒手一般来讲都是比较狡猾的，要达到预防被盗的目的，首先要学会识别。识别扒手可不是一件容易的事情。据行家研究，扒手行窃，有"寻找目标时，眼珠四转；观察动静时，侧目斜视；正在作案时，两眼发直；作案得逞时，余光观人"的特点。扒手的眼神与普通人有明显的不同，其主要特征是：无论处在什么场所，两眼总是盯住人家的衣兜、皮包。临作案时，总要环视一遍四周是否有人在注视他。下手掏包时，往往由于全神贯注，屏住呼吸，精神紧张，两眼发直发呆，脸色时红时白。要识别扒手，应注意从以下几点来判断：

看神色。扒手寻找行窃目标时，两眼总是注视顾客的衣兜、皮包、背包，特别留心外地人、妇女、中老年人。选准目标后，一般环顾四周，若无他人注意便迅速下手，此时因精神比较紧张，往往两眼发直、发呆、脸色时红时白等。

观举止。扒手选择侵犯目标时，往往在人群中窜动，选准目标后即咬住不放，紧紧尾随，趁人拥挤或车体晃动的机会，用胳膊和手背试探"目标"的衣兜。

识衣着。扒手大多数衣着入时，或长发、光头或流里流气，那些三五成群作案的，衣着打扮往往相似。少数打扮平常、衣着朴素的，则是老扒手。

听语言。扒手之间为了方便联系，常常使用"黑话"、隐语。他们把掏包称为"背壳子""找光阴"；他们互称"匠人""钳工"；把上车行窃称为"上车找光阴"；把上衣上兜称为"天窗"，下衣下兜称为"平台"，裤兜称为"地道"；把妇女的裤兜称为"二夹皮"，等。

看动作。扒手在动手作案时，一般借车体运行晃动或乘客（顾客）拥挤的机会，紧贴被窃对象的身子，利用他人或同伙做掩护或用自己的胳膊、提包、衣服、书报等遮住被窃对象的视线。作案得手后，会尽快离开失主，逃离现场。有的扒手发现侦察员跟踪，便做一个"八"字手势或摸一下上唇胡须，暗示同伙停止作案。

（六）防范扒手的方法

扒手选择行窃的场所一般是两类。一类是人员众多、拥挤，流动性强，容易很快逃离的地方；另一类正与此相反，是那种偏远、人少、荒漠的地方。在时机上，第二类扒手经常选择凌晨，或是大雨倾盆的夜晚。因为这种时候，人们正处在疲惫的梦乡里，最不易察觉。

1. 在公共汽车上的预防

公共汽车里人多拥挤，尤其是城市上下班高峰期更便于下手，因此扒手最喜欢这样的场所。另外，城市公共汽车站与站之间距离很短，扒手得手后很快就能溜之大吉。上下班高峰期要注意，因为这时人很拥挤，特别容易下手。

防范方法：

不要将钱物放在容易被挤的部位，如裤子后袋或侧袋等。由于西装在挤车时容易被拉扯，内装口袋也不甚安全。正确的方法是应该将财物或皮夹放入内衣口袋或皮包里，挤车时随手用手护住自己的前胸或皮包。乘车时不要麻痹大意或瞌睡，尤其是携带大量现金或重要证件时，以免给扒手留下机会。如果身后有人拼命挤你，而车内其他地方并不这么挤，这时你要提高警惕，扒手可能要下手了。你要挤开他们的包围，另择一处空点的地方。这也等于告诉他们，你已察觉出他们是干什么的了。如果有一个漂亮的异性，在你身体上莫名其妙地蹭来蹭去，你可千万别眩晕，以为自己艳福来了。他（她）可能在测试你的反应，然后伺机下手。最好的办法是立刻躲开他（她）。

2. 在长途汽车上的预防

长途汽车里的乘客会因鞍马劳顿而熟睡，座位又拥挤，便于扒手在乘客疲惫时下手。但长途汽车里的行窃以顺手牵羊型为主。因为专业的扒手如果花费高昂的票价上车后，可能颗粒无收。因此长途汽车的扒手不及骗子多。

防范方法：

尽量不要携带大宗现金乘坐长途汽车。如需要，一定要两人以上同乘才能携带。夜晚睡觉时，可留下一人不睡以照看贵重行李。钱物不要放在小挎包或其他行李里。更不能放在自己看不到的地方，以免被顺手牵羊。可将钱物放在内衣口袋等敏感处，使扒手无机可乘。不能跟邻座的乘客谈及自己的出行动向，尤其不能透露自己钱物情况，以免他人产生歹意。当夜晚瞌睡时不要睡得太沉。可采取不太舒服的姿势，使自己处于半睡不睡的状态。

3. 在火车上的预防

火车也是扒手行窃比较理想的场所。因为人多拥挤，尤其是节假日大量外地人员返乡时，更便于扒手下手。火车上行窃多以团伙作案和区域性作案为主。所谓团伙作案，就是由数人进行行窃，由其中几个人围住熟睡的目标人物，使其他乘客看不见，由一人下手。所谓区域性作案，就是指扒手常常在一个站上车，行窃一段时间后，然后在下一站下车，再乘相反方向火车返回，进行循环作案。这类扒手作案后等到火车在下一站停时，立刻就会消失在茫茫的人海之中。

防范方法：

长途汽车上的防范方法也同样适用于火车上。除此之外，还有：火车上的流动性很强，因此在上厕所或就餐时，不能把钱物远离自己而另外搁置。如有数人围住自己，应提高警惕，不妨起来到另外一个地方活动一下。这也是告诉他们，你已经知道了他们的意图。

4. 在百货商场里的预防

在百货商场的柜台前常常很拥挤，由于顾客忙于观看商品或与营业员交谈，背后会留下不错的行窃机会。这种场合是比较好的行窃地点，以儿童扒手和专业扒手为主。

防范方法：

注意力不能过于集中商品而忘了保护自己的钱物，更不能在购物时随手将皮夹丢在柜台的一侧。钱物不能放在裤子的后袋或侧袋里，以防扒手趁拥挤时下手。同样，挎包也要放置在自己的前方，并随时给予照顾。任何时候都要注意自己的挎包不被扒手划破，注意后面的动态。

案例

案例 1　5 月 10 日上午 10 时许，一辆自西向东行驶的 82 路公交车刚到站，一聋哑女顺手将一名要下车的男子放在裤子后面口袋里的钱包掏了出来，被同乘此车的反扒支队民警当场抓获。经查点，被盗钱包内有现金 56 元。被盗男子是郑州某大学一名在读学生。民警说，在上一站时，这个小偷就已经打开了该生的口袋，可能是害怕作案后容易被发现且无法脱身，才在对方下车时动手。据民警介绍，在公交线路被盗案件中，大学生被盗就占三成以上，其中又以手机被盗案例最多，仅在发往郑州某学院新校区的 115 路公交站点附近，3 月底到 5 月初，民警就侦破了 3 起手机被盗案件，抓获犯罪嫌疑人 6 名。

案例 2　2 月 6 日，老家在豫东的上海某大学在读生张某到郑州找同学玩，下 13 路公交车时，发现钱包被盗，钱包内装有身份证和 3 张在上海办理的银行卡。张某立刻与上海三家银行联系挂失，但是银行告知挂失必须本人亲自到场。一个星期后，张某回到上海才想起来向郑州警方报案，但此时他发现银行卡里的钱已经被人分 3 次取走了 7000 多元，加上钱包里原有的 270 元钱，他这回损失了约 8000 元。张某说，自己银行卡里的钱一部分是助学贷款，一部分是借来的。

案例分析

案例 1 中被扒同学在上下车时防范意识不强，案例 2 中张某银行卡与身份证号码有关联，才会造成如此损失。提醒大家："身份证和银行卡最好不要放在一起，有些人的银行卡密码就是自己的出生日期，结果造成密码很容易被破解，给了犯罪嫌疑人可乘之机。"三类大学生最受公交车扒手"青睐"，一是翻钱包找零钱的，二是手机挂在脖子上的，三是手机上有链条的。因为，在公交站点处使用手机、从钱包找零钱时，很多大学生不知不觉就成为了扒手的目标。一些学生喜欢在手机上装带绳子的饰物，露在外面就很容易被偷走。反扒民警曾经在夜班公交车上侦破一起扒窃案，正是女大学生手机上一闪一闪的夜光饰物引起了扒手的注意。另外，一些女大学生习惯把手机挂在脖子上，结果往往会在上下车拥挤的时候，手机被偷并被转移。

二、诈骗抢劫的预防

在大学校园内,大部分同学是第一次离家独立生活,由于他们独立处理生活事务的能力有一个逐渐培养的过程,而正是在这个过程中,被犯罪分子所利用,造成同学的财物被骗或被抢,因此,了解诈骗和抢劫的防范知识,对广大同学尤其是低年级同学非常重要。

(一)诱骗学生招术

随着社会治安的日趋复杂,形形色色的违法犯罪分子往往在思想单纯缺乏社会经验的大学生身上打主意,借结交之机或推销之名,变换手法,施展骗术,引其上当。

1. 行骗手段

以假手机骗取真手机或现金。行骗者一般会以手机无电而又急需用手机为由,留下假手机做抵押,"借走"学生的手机,或以急需用钱为由,留下假手机作抵押,"借走"学生的现金。

从学生银行卡上套走现金。以身上的钱用完又急需家人汇款,借用学生银行卡上的账号转账为由,套取学生的银行账号和密码后,转走学生卡上的现金。

以某种"遇难"为由,骗取学生的钱财,一般以被偷、抢、骗等原因为借口,博取学生的同情,留下假联系地址或假证件而向学生"借走""饭钱"或"路费"。

将废旧手机或手提电脑重新包装后,向学生兜售,骗取学生的财物。

2. 行骗方式

伪装身份,直接骗钱。诈骗分子李某,西装革履,风度翩翩,持某电视台台长名片,提高级摄像机一部,来到某地一所高校学生宿舍,声称要招收若干名电视台节目主持人,每人先交50元报名费,经考试合格录用。当即有20多名学生报名交款。李某为这20多名学生录了像,说是带回去审核时作参考。结果,李某骗得现金1000余元后,逃之夭夭。

推销紧俏商品,以假钞骗真钞。2002年5月,不法分子张某和廖某探听到某高校刚发过奖学金,有意到女生宿舍行骗。她们带着紧俏的真皮背心去推销,优惠价说成108元,声称初交朋友,只收整数100元。行骗者事先就在衣兜里装有一张100元面额的假币,买皮背心的女生付100元面额的真钞,行骗者接过去往衣兜里一插,马上又拿出来还给对方说:"最好付零钱。"淳朴的学生万万想不到瞬间返还给她的钱已经不是她刚才付的那张真钞了,又拿了两张50元的真钞付给对方。等得知上当时,行骗者已无影无踪。

假装销"黄",乘机敲诈。2001年10月一个周末的晚上,某高校学生刘某和王某无聊闲逛到夜市。有一人拿着录像"光盘"鬼鬼祟祟地推销说:"享受刺激,难得机会,有意者价格优惠。"这两个学生,经不住诱惑便想要购买。刚与其谈好售价,突然从旁边就冲出一伙人说:"我们是便衣警察,你们敢干这违法的事,是当场罚款,还是到所里接受审查?"行骗者诈光学生身上的钱还不满足,又坐出租车到学校里拿钱,碰上校卫队巡逻盘问,才被当场抓获。

故意撞人,勒索钱财。2003年9月的一个晚上,某高校的三位学生在灯光耀眼的大街上散步,莫名其妙地有一名路人撞了过来,那人撞人后捡起落在地上的眼镜说:"你眼睛瞎了,我这副眼镜是进口玻璃、进口镜架,价值180元。你们撞烂了我的眼镜得赔!"不知"行情"的同学以为三张正义嘴,不愁论输赢。想不到又走来一伙人,摆出一副打抱不平的样子说:"你们撞人不认账,还想打人,若不赔偿,我们要帮他摆平……"三位同学见势不妙,只得掏光身上的钱,还挨了一顿打。在回校的路上才明白,今晚遇到的是合伙作案的骗子和流氓。

骗取信任,掩盖真相。某校附近个体小吃店主张某,主动与校内几个经常来店进餐的学生拉关系，表现得十分慷慨，不久即与学生交上朋友。学生也常将张某带进学生宿舍玩乐。在以后一年多的时间里，学生宿舍的钱物经常不翼而飞，张某有时还主动资助一点。同学们之间互相猜疑，唯独对张某不曾怀疑。后经校保卫部门周密调查取证，终于查获张某利用往来自由之便多次盗窃学生大量现金、物品的事实。

利用关系，寻机盗窃。诈骗分子王某在火车上遇一高校回家度假的学生杨某，故作热情大方，攀谈中，该生轻易道出了自己身世及在校情况，并说出自己同班好友龙某假期留校的情况。王某听后随即下车，返身乘车来到这所高校找到龙某，声称自己是杨某最要好的"中学好友"，此次特意利用假期来找杨某，一同出去搞点"社会调查"，为撰写一篇论文搜集资料。龙某深信不疑，告诉对方杨某"刚刚离校"，并热情地提供食宿方便。第二天，王某乘虚盗窃了8个寝室的财物后不辞而别（后被校保卫部门查获）。

投其所好，引诱上钩。2001年10月的一天，诈骗分子刘某在某高校闲游伺机行骗，旁听到李某等同学要寻找一份业余家教工作，便上前答应给李某帮忙，并主动请李某等同学到一餐馆吃饭，到了餐馆他热情地请李某等同学自己点菜，自己推说在门口接一个人，李某点好菜后左等右等不见人来，去到柜台询问，才知那人早已拿几条芙蓉王烟走了。店主扭住李某等同学要求付款结账，还闹出一场"官司"。当地派出所出面调解，才免付这桌"宴请"款。无情的现实向人们提出了一个极普通而又容易被忽视的问题——交往中不能没有安全意识。

（二）学生受骗原因

大学时代是一个伴随探索与追求、理想与奋进的黄金时代，年轻的大学生才华横溢，精力充沛，热情奔放，少不了人际交往，这是极为正常的事。然而值得提醒的是，有那么一些大学生书生气十足，只记得"世界充满了爱"，忘却了世界的多样性和复杂性，忘记了美与丑、正义与邪恶并存，因而不加选择或不懂选择，轻率交友，尽管有善良的动机却落得不幸的结局。诚然，同学们的初衷往往无可非议，但是，从众多受骗上当的事实中反思，不难看出我们大学生身上的确存在不少容易被诈骗分子利用的因素。

1. 思想单纯，缺乏社会经验

在大学生宿舍，时常有一些前来寻访的熟人、老乡、同学，或朋友的朋友、熟人的老乡、同学的同学之类的人。这其中有真有假、有良有劣，而我们其中许多同学缺乏社会经验，不辨真伪轻信于人，而且常常把有人寻访看作是一种荣耀。某校一个女学生在宿舍里接待了一个"过去厂里师傅的同事的姑娘"的陌生人，此人甜言蜜语，一口一个"师妹"，声称是特意前来"看望她的"。这个女学生出于对昔日师傅的信赖，根本没有细问，就留陌生人住下。殊不知这位陌生人正是一个女骗子，趁同学们都去上课时，将该生寝室洗劫一空。

2. 疏于防范，感情用事

大学生们都有"十年寒窗"的经历，能够进高等学府之门，确实是值得庆幸的事。但不少同学（尤其是新生）由于一直都很幸运没有遇到被骗上当等倒霉的事，进入大学后一直沉浸在欣喜之中，缺乏安全防范意识，易于感情用事，这在客观上给诈骗分子以可乘之机。某校六名新生同住一室，六人在互作介绍之后将各自姓名、籍贯都张贴于门上，不想却引发一桩"同乡诈骗案"。一天中午，一个20岁左右戴眼镜的人前来，直呼室内一个山东学生陈某的名字，自称是本校三年级同专业的学生，也是山东人。陈某以为异地遇老乡，十分高兴，同室其他人也为之高兴。略事寒暄，来人提出因住院借一点钱，并说"在家靠父母，在外靠朋友"。陈某一听慷慨解囊，送上现金200元。该人激动地表示"真是人不亲土亲，如不嫌弃愿交个朋友"，说罢，立下了借据。事后，陈某寻遍校园，找不到这个"老乡"。直至一年后，那个主动上门认老乡的家伙被抓获，才知道他是个专事诈骗的流窜分子。

3. 有求于人，轻率行事

每个人都免不了有求于人的事，如果不辨青红皂白，为达目的而轻率交往，弄不好会上当受骗。据调查，当前大学生容易被利用的心态是：想经商助学却缺乏经商实际经验；急于成名爱慕虚荣却无意戒备；想分配到理想的工作单位却又缺少门路，等等。如某校应届毕业生董某，为能分配到某单位工作而四处奔波，经过人托人再托人，结识了一位自称与该生理想单位的总经理的儿子是"割头换颈的朋友"的胡某。胡某声称："此事没问题，包在我身上，交 800 元介绍费就可以了。"董某无奈，写信要父母寄来了 800 元"介绍费"。胡某钱一到手便无影无踪了。董某再回头找那些萍水相逢的中间介绍人，得到的也只有几句无奈的话。

（三）诈骗求职学生

进入大学后，很多同学都希望通过社会实践活动锻炼自身的能力，于是，家教、节假日打工等成为同学们的首选。另外，大专院校的就业制度已经改革，由过去的国家统一分配迅速过渡到双向选择。然而，在上述活动中，出现了不少利用学生求职进行诈骗的案例。因此，加强广大同学在求职、应聘工作单位时的安全教育十分必要。

常见的诈骗方式主要有以下几种：

1. "中介费"诈骗

一些非法中介机构无任何经营许可证件，利用大学生求职心切的心理，虚构一些用人单位或者与某些公司相勾结，骗取大学生的"中介费"。

2. 见习期诈骗

工作见习期间，工资低，待遇差，福利少。一些黑心公司以高薪为诱饵，专门录用应届大学毕业生，在见习期间派以繁重的工作，但见习期结束后以各种理由搪塞、解雇大学生，然后开始新一轮的招聘，以此实现低成本运作。

3. 岗前费用诈骗

一些用人单位利用大学生无任何社会经验以及求职心切的弱点，以公司岗前培训、工作服制作、公司人员担保为由，非法收取高额培训费、风险费、押金等。

4. 抵押证件诈骗

一些用人单位以防止员工跳槽为由，强行勒令大学生抵押身份证、学生证、毕业证等重要证件，甚至利用这些证件从事非法活动。

5. 劳动合同陷阱

一些用人单位利用法律盲点以及大学生法律知识欠缺的现状，在签订劳动合同时条款含糊不清，模棱两可，甚至不承诺"三金"保障，这让大学生受骗后维权困难重重。

求职防骗要点：

第一，尽可能通过组织，到人才市场、大学生供需见面会上双向选择，或通过学校等就业部门介绍选择就业单位，这是主渠道，不要轻信网上信息或陌生人介绍。

第二，尽可能多了解。诸如招聘单位的虚实、基本情况、将从事工作的性质等。可通过组织、亲友了解，有条件的也可以亲自登门，实地考查。这样除了防止受骗外，还便于在和用人单位签订合同时，使自己更加主动，防止以后发生一些民事纠纷。

第三，出门求职，最好与同学结伴而行，特别是女生，应尽可能不独自出行。对招聘单位的基本情况应有必要的了解。上门考察招聘单位应直接到招聘单位，不要找任何不认识的中介人员，以防受骗上当。

第四，对未经学校验证、考察、同意而擅自来校招聘的单位或个人应予以拒绝，决不能轻信，必要时应将其带到学校保卫部门或就业管理部门查证。

第五，一旦遇到麻烦，应立即向学校学生管理部门、保卫部门或当地公安机关反映，并注意保留证据，提供有关线索，协助调查。这样，才能有效地保护自己，同时打击犯罪分子。

案例

案例1　2003年7月，某高校一位应届毕业女生杨某从网上得知，广州阳江市某校招聘教师，便独自一人前去应聘，张某到达广州没直接去找招聘的学校，而是与网上告知的联系人"张处长"电话联系，结果被"张处长"一伙人"招聘"到一住处，控制了两天。后来张某设法与学校取得联系，在当地公安机关协助下抓获了这伙专门在网上发布广告进行诈骗等犯罪活动的团伙，张某同学才得以解救。

案例2　2002年6月，一名诈骗分子到长沙某学校，谎称是本校学生处教师，联系假期社会实践活动，骗取了一名长春籍女学生的信任，了解到该生家庭住址后，找到学生家长，对家长谎称是其女儿的同学，其女儿在校得了急病，正被老师和同学送到医院，让家长带1000元到医院去，借交款之机，将钱骗到手溜掉。

案例分析

案例1中杨某应在和"张处长"联系之前去招聘单位实地查看，在证实网上信息的可靠性后再和有关人员联系，被骗事件就不会发生。案例2中该女生是轻信他人，没有查明对方身份所致。

（四）手机短信诈骗

近年来，随着我国通信事业的发展，手机已经成为绝大多数学生的日常用品。然而，在手机使用过程中，众多SP网站受利益驱使，以投机、含糊、诱惑、连环等种种手段令消费者跌入短信陷阱。下文特将典型的短信陷阱一一列出，便于大学生们接收短信时能予以防范。

（1）"您的朋友13××××××××××为您点播了一首××歌曲，以此表达他的思念和祝福，请你拨打9××××收听。"（注意：回电话听歌可能会造成高额话费。）

（2）屡次听到铃声，一接电话又挂。按照号码回拨，对方的录音提示："欢迎致电香港六合彩……香港中心驻××为广大彩民爱好者提供信息，透露特码。联系电话1395983×××。"（注意：以非法"六合彩"招揽客人，而回电话可能既损失话费又容易上当。）

（3）"××，我现在在外出差，手机马上快没钱了，麻烦帮我买张充值卡，再用短信告知卡号和密码。"（注意：该机已被盗，现持机人用盗得的手机发送短信给手机通讯录中的联系人，骗取对方话费。）

（4）"您好，移动通信公司现在将对您的手机进行线路检测，请您暂时关闭手机3个小时。"（注意：因某种原因泄露了家庭电话号码，行骗者可能在你关机的时候以"要求汇款"等事由诈骗你的家人或朋友。）

（5）"我是××公司的工程师，现在将对你的手机进行检查，为配合检查，请按#90或90

#。"（注意：若按指示进行按键，SIM 卡卡号可能被骗取，行骗者可利用该卡肆无忌惮地打电话。）

（6）如果你看到陌生的来电号码，或响两声就挂断的电话，一定要当心，不要随便回复。目前，在一部分 0941、0951 开头的号码中有一类是加值的付费电话，同学们如果看到这两个号码开头的电话或陌生来电，一定要小心核对再决定是否接通或回复。

（7）"我是××省公证处公证员××，恭喜你的号码在××抽奖活动中中奖了，奖品是小轿车一部，价值 8.8 万元，请你带着本人身份证和 750 元手续费去××处领奖。"

（8）冒充银行短信提示："您在某地刷卡消费，消费的金额将于近期从您的账户中扣除。"（注意：千万不要打短信中的电话询问。）

（9）"低价充值卡出售，本公司与电信制卡部门联合推出移动、联通手机卡充值，100 元面值的 38 元低价促销，诚招各地代理经销商。"（注意：收到这样的信息，最好向移动与联通的客户服务中心落实后，再加盟也来得及。）

很多同学对短信的收费和定制过程不甚了解，经常陷入手机短信的定制陷阱，让自己的权益蒙受侵害。现介绍几种短信定制过程中消费者容易遇到的陷阱。

（1）资费模糊诱人定制。很多短信都是 0.1 元/条或者 5 元/月的资费，但是有的短信在定制过程中，却没有明确表明资费，导致很多人在不知情的时候定制了高额的收费业务，待到发现时已晚。所以，在定制短信业务时，一定要看清资费后再定制，不明资费的业务一律不定制。

（2）下载"免费"发送手机短信的软件。网站上有很多号称是免费发送短信的小软件，当用户下载安装后，可以给你的好友发送短信，并且对方可以直接回复你的消息。可是，当好友回复信息时，服务提供商不仅不会免费，还会向回复方收取双倍的费用。这样一来，看似免费的午餐，实则是把你的好友也一起拉进了陷阱。因此，一定不要贪图小便宜，要选择值得信任的网站和软件。

（3）手机注册诱惑。一些电影网站需要手机注册方可以下载电影，且告诉你注册免费，或者是一些论坛需要注册手机号码才能够查看一些资料，可是殊不知这些都是诱饵。在注册的同时，你无意中回复的确认码，其实是给手机悄悄地订购了某项信息服务，而服务提供商每个月要从你的话费里收取一笔不小的费用。如果你平时没有查看手机详单的习惯，则可能被人骗了还不知情。因此，当你不确定是否要输入手机号码的时候，千万不要随便输入。

（4）"免费"体验，无法退定。这种美丽的外表，很容易吸引一些消费心理不太成熟的人，广告中会告诉你花少量的钱或者免费订阅，就可以免费一个月得到某项服务，可是这种业务根本就没有提供退定的入口或者退定提示，但是费用照收。还有的宣称下个月方可生效，但该月信息费仍需要缴纳，到了下个月依旧如此循环，怎么也退不掉。在这种情况下，如果你是中国移动通信的客户，可以拨打中国移动通信的 10086 客服热线取消。

（5）假短信。这种行为最为隐蔽。如手机偶尔收到一条普通短信，内容类似一位好友给你的日常问候："你今天在哪里吃饭啊"，"我下班在楼下等你"，等等。对于这些未知号码的短信，大部分手机用户通常会回短信询问"你是谁"，于是上了圈套，服务提供商默认你的手机号码订阅了某项业务。下个月一查话单，你的数块或数十块钱又无端地被扣除了。这种骗局常见，所以收到陌生号码发来的短信，要小心识别是手机号码还是服务代码。

案例

"你女儿被撞了，15 分钟内必须动手术，快将 5 万元手术费存进医院账号！"长沙市新星小区的蓝女士被这样一通电话急坏了，差一点就汇过去 5 万元。这虽然是个老骗局，却总有家长上当。一位自称是小蓝的老师的陌生男子打电话给蓝女士，说小蓝被车撞后生命垂危，"赶快给医院账号打 5 万块钱过来"。说着，他给蓝女士报了一串账号。蓝女士听到电话十分着急，因为正在忙工作，说让小蓝爸爸汇款过去。"来不及了，你把孩子爸爸的电话给我。"骗子又打电话给小蓝的爸爸，重复着同样的细节。小蓝爸爸接到电话后，也急了，但多年的驾驶经验让他产生了疑问，"小蓝在某学校上学，校园里面车速不可能很快。"他觉得女儿不可能撞得那么严重，于是多问了几句。几个问题下来，对方无法自圆其说，支吾着把电话挂了。蓝女士和丈夫马上给小蓝的老师打电话，老师有些莫名其妙：小蓝好好地在学校呀。

案例分析

不法分子可能通过某些途径得到家长的信息行骗。很多理智的家长在对待儿女生命问题上也会不理智了，便给了这些不法分子可乘之机。提醒广大家长，遇到这种事情一定要冷静，向老师、同学多打几个电话求证，谨防被骗。同学们在入学后应将相关老师、同学的联系方式告诉家长，以备急需。

（五）银行卡诈骗

在现代生活中，银行卡的使用已经很普及，给广大同学的生活带来了极大的便捷。然而，因银行卡的丢失、被借用或使用不当给同学造成损失的事件时有发生。因此，给同学们介绍有关银行卡的使用很有必要。

1. 常见的银行卡欺诈行为

①通过代办存款盗取客户借记卡信息或截留借记卡。②代办信用卡盗取客户信息。③电话联系骗取持卡人卡号及密码。④伪造非法网站盗取银行卡信息及密码。⑤安装微型摄像机和刷卡槽盗取客户卡密码和卡信息。⑥短信欺诈。⑦不法分子趁客户在 ATM 机上查询或取款时，利用拍肩膀等手段调包盗取银行卡。⑧制造 ATM 机系统故障诈骗客户资金。⑨在 ATM 机出钞口安装挡板盗取现金。

2. 利用银行卡行骗盗窃的方式

（1）跟在事主身后，趁事主低头捡东西，将事先准备的卡插进 ATM 插卡口，造成事主的银行卡已退出的假象，以急着取钱为由催促事主离开，不法分子随后在 ATM 上将事主的银行卡密码进行更改，并在短时间内通过 ATM 取款或转账等方式将事主的银行卡资金盗走；或是趁事主在查询 ATM 或取款操作时，利用拍肩膀、提示事主地上有现金等手段转移事主注意力，不明事由的事主抽卡离开，手上的卡已被不法分子调包。

（2）以身上的钱用完又急需家人汇款，借用学生银行卡上的账号转账为由，套取学生的银行账号和密码后，转走学生卡上的现金。

3. 防范银行卡被"调包"

招数一：使用 ATM 时要提高警惕，留意身边是否有陌生人偷窥密码或离自己距离太近；

招数二：专心操作 ATM，其间不要转移注意力捡东西或向别处张望；不要轻易接受"热心人"的帮助，被人转移注意力时，应用手捂住插卡口；

招数三：记住自己银行卡号的后几位，也可以在卡上签名或做上记号，便于自己在短时间内辨认卡片的真实性；

招数四：取完款后不要急于离开，注意 ATM 由"退卡操作画面"变更为"银行广告画面"后再离开。

4. 通过短信进行欺诈

短信一："尊敬的××银行客户您好！因日前发生多起资料外泄，取款卡遭复制案件，为避免盗刷，请立即与银行联合管理局联系，电话：×××—××××××××。"

短信二："×××您好！您的储蓄卡于×××刷卡消费×××元成功，此笔消费将从您账上扣除。如有疑问请拨×××—××××××××银行联合管理局。"

短信三："中国银联银行卡管理处：您的刷卡消费金额××××元已经确认将从您的账户里扣除，查询客服电话：×××—××××××××。谢谢！"

短信四："××银行通知：贵用户取款卡刚刚在×××刷卡消费×××元，已授权通过，授权码1658。如有疑问请拨×××—××××××××管理部查询。"

持卡人收到的诈骗短信主要有两种，一种是中奖型，说持卡人中了大奖，让持卡人领奖前先交税。另外一种是消费型，说持卡人的银行卡在某地某商场已消费若干元，如有疑问回电咨询。专业人士说，短信诈骗的最终目的就是要套取持卡人的卡号、密码和卡内信息，然后再通过制假卡或者网上银行转账等渠道，把持卡人卡里的现金转走。

中国银联告诫持卡人应保管好自己的银行卡及密码，不要轻易向他人透露银行卡信息。持卡人要对来历不明的短信或电话提高警惕，在任何情形下都不要轻易向他人透露银行卡密码等账户信息。建议收到类似短信的持卡人，积极向警方报案。如果确有疑问，应亲自到银行柜台办理，或者致电各发卡行的客服热线（各银行客服热线均为9字头），也可拨打中国银联客户服务热线95516。

5. 银行卡诈骗预防

（1）请妥善保管银行卡，不要转借他人，不要到处炫耀，不要将银行卡与身份证存放在一起，不要告诉他人你的银行卡号、有效期等信息。

（2）对于凭密码交易的银行卡，更应注意密码安全。不要设置如 123456、666666、111111、888888 等简单密码；不要用自己的生日、身份证号、家庭电话号码等与本人信息有直接联系的数字做密码。

（3）节日期间购物消费使用银行卡结账时要留意，做到卡不离眼，注意收银员的刷卡次数，检查签购单是否两份重叠，认真核对签购单金额、币种与实际消费是否一致，交易完成后妥善保管签购单。刷卡取现或消费时，尽量不要让卡片离开自己的控制范围，输入密码时最好采取一定遮掩措施，避免密码外泄。

（4）使用自助银行要注意，一般自助银行的门禁是不要求输入密码的；进入自助银行后，操作前应仔细检查机具是否正常工作，出钞口、入卡口、键盘是否有被改装的迹象，检查是否有针孔摄像头；留意周围是否有可疑分子，操作时应避免他人干扰，可礼貌地提醒其他人站在1米线外。输入密码时可用手掌、身体适当遮挡，防范他人偷窥密码。

要善于区分是正常吞卡还是人为吞卡，如果卡被吞吃，不要立即走开，应耐心检查一下机器，判定确实吞卡后，再及时与银行联系处理；如果发现人为迹象，请立即报警。不要轻信张贴在机器上的手写或打印的纸张"告示"。不管与谁联系（包括银行），都不要告诉对方自己的银行卡密码。

　　ATM 取款时，若机器提示取款成功、有交易流水单打出或听到机器已有点钱声，但没有现金吐出时，若有同伴，可留守一人，另一人向银行求助；若旁边就有银行，可向银行保安求援；若"分身乏术"，也可利用手机等向机器上提示的银行服务热线联系或直接向警方求援。同时仔细观察吐钞口有无异常情况，机器周边有无异常人员。

　　（5）假期结束应及时联系发卡银行核对用卡情况。特别是如果从国外旅游回来，务必确认已发生的交易。最好申请开通短信提示服务，以及时了解银行卡账户的资金变动情况。

　　（6）如果发现你的银行卡已丢失或被盗，应及时联系发卡银行冻结账户，注意明确发卡银行是否支持"电话挂失即视作正式挂失"的服务；如需柜面办理正式挂失手续的，应在账户冻结失效前，尽快到发卡银行柜面办理手续；对于银行卡、存折共用同一账户，且均丢失的情况，应分别对银行卡、存折进行挂失。

　　（7）如果你在网上购物或使用网上银行进行转账，请不要在网吧等公共上网场所进行操作，也不要登录不明链接提供的网站，登录时应仔细检查网站名称、标识是否正确，拿不准时请不要进行交易；设置网上交易的密码，应尽量使用数字与字母的组合，同时密码长度尽可能长；检查网上银行是否提供加密模式、随机验证码、密码屏蔽等措施。

　　（8）如果你收到可疑的信函、电子邮件、手机短信、电话等应谨慎确认消息的真实性，切莫轻信"中奖"信息，特别是对以手机号码发送的交易提示须特别留意，谨防上当受骗；真实的短信提示一般都以发卡银行全国统一的客服号码（均为"9"字打头）发送。

　　（9）若你已经发现被欺诈，应及时致电发卡银行客服热线或直接向银行柜面报告；对已发生损失或情节严重的，应及时向当地公安机关报案，并配合公安机关或发卡银行做好调查、举证工作。

　　（10）特别建议：无论你在银行卡消费过程中遇到何种疑问，均可致电中国银联或发卡银行公布的全国统一客服热线寻求帮助。

　　（11）在外出旅行期间，若发生银行卡遗失、被盗等情况时，持卡人可先拨打发卡行客户服务电话，口头挂失，回家后立即携带有效证件至发卡行柜面办理挂失手续。

　　（12）不要轻易相信上门推销银行卡的陌生人，持卡人对银行卡使用中不清楚的事项不要向陌生人或陌生电话咨询，应向发卡机构专门服务热线咨询，确保个人相关信息的保密性。

　　（13）无论在 ATM 机还是在 POS 机上操作，完毕后千万不要忘了将银行卡收回，同时切莫随手丢弃交易流水单。要养成定期对账的良好习惯，一旦发现不符，应及时与银行联系。

案例

案例 1　2007 年 8 月 18 日晚 7 点许，深圳一家建设银行 ATM 自动取款点，李女士前往取钱。原本她打算取 4000 元零用，由于一次最大取款金额为 2000 元，所以只能分两次取。第一次取了 2000 元，正当她退卡的时候，在她后面有一女一男发生争执，她回头瞄了一眼，之后她准备继续取钱，结果银行卡的密码错误。当时她还浑然不知，打算第二天去银行询问一下。结果第二天去营业厅一查，才发现卡已经被更换，卡上的 9 万多元钱已经于 8 月 18 日晚 8 点多转入一商场的消费卡里。

案例 2　新生小张在校门外的取款机取钱，结束操作刚要离开就被人叫住，一个女孩告诉他这部取款机有问题不能用，小张告诉她没问题可以用。女孩插卡一试，果然不行。女孩说："是不是我的卡坏了？能用你的卡试一下吗？我是某某系新生，正等着家里给我寄钱交给学校呢。让我家把钱汇到你的卡上吧。"女孩当着小张的面打电话，小张把卡号告诉了对方。5分钟过去了，小张插卡替女孩查询钱是否到账，没有；又过了10分钟，仍然没有。女孩显得有些焦急，说："是不是卡号说错了？我再给家里打个电话吧。"小张把卡递给女孩，女孩又对电话那端说了一次号码后把卡还给小张。第三次查询未果后，女孩说既然还不行只好想别的办法了。数天后，小张再次取钱发现自己的卡根本不能用，才想起来已经在女孩还卡时被"调包"了。

案例3 2003年8月下旬的一天，某高校一女生张某度假返校，在株洲火车站遇到几名自称北京某重点大学学生的"帅哥"。"帅哥"们故意将学生证掉出来让张某看，并装出一副可怜的样子说："这次与老师和同学们出来从事社会实践活动，因故走散了，身上没带钱也没有手机，没法与老师和同学们联系。"张某深信不疑，便给他们借用电话卡，并拿出钱说去给他们买水喝，"帅哥"们接过钱十分殷勤地争着去买，张某喝了"帅哥"们买来的"饮料"后，就迷迷糊糊地将自己身上携带的200多元现金和存有5500多元的银行储蓄卡给了"帅哥"们，并告诉了他们储蓄卡密码。待张某乘车返校清醒过来时，到银行查询得知银行的存款已被人取走。

案例分析

案例1中最关键的地方在于储户取出钱还没有退卡的时候，两个骗子中一个用争执手法分散储户注意力，另一个则插入另一张模样相同的银行卡，由于机器内有储户的银行卡，那么，骗子塞的卡必然无法完全插进去，结果是一半在里面，一半在外面。等储户回过头来看到一张银行卡露在外面，很自然地会以为是自己的卡退了出来，拿了就走，没想到拿的是骗子的假卡，自己的卡其实还在机器里。这时候，骗子很容易得手了，可以修改密码，然后到别的机器上取钱，或者干脆在这台取款机上继续取钱。卡在自动取款机里没有退出来的时候是最需要防范危险的时候，因为这时候不需要密码就能继续操作。如果卡已经退了出来，即使骗子拿了你的卡，由于不知道密码，反而无法使用。因此，到ATM机器上取钱，最关键的环节是一定要确认自己的卡退了出来，才能确保不遭受可能的损失。另外，取卡后看一下背后的签名。银行卡背后都有一个签名条，但很多人都不在上面签上自己的名字，实际上这是违反银行卡使用规则的，签名是必须的，不签名而产生的后果将由使用者自行承担。签名还有个很大的好处，就是便于识别自己的卡。

案例2中最关键的地方在于小张轻信别人，把卡给了陌生人，在自己不注意的情况下，被骗子把自己的卡"调包"，同时，在替别人查账时把密码也泄露给了骗子。任何情况下银行卡不能交给他人使用。如果要帮忙，也应该自己操作，且请对方站在一米黄线以外。大一刚进校的新同学是本案例最常见的受害者，因此，新生进校，一定记住碰到类似情形，要对方找银行工作人员。

案例3中张某轻信以"学生身份"进行诈骗的年轻人，给其电话卡打电话让他们"联系"即可，没有仔细分析他们用自己的钱买水这一重要破绽，故而被骗。在此告诫同学们：同情他人，量力而行。

（六）诈骗预防对策

尽管骗术层出不穷、千变万化，但万变不离其宗。无论骗术怎么高明，花样如何翻新，都有其基本的共同点。如果我们掌握其共性，克服自己的弱点，不产生麻痹思想，就可以拨开骗术的层层迷雾，识破骗子的阴谋诡计，从而防止被骗的悲剧发生。

（1）不要认为有唾手可得的意外之财。俗话说："天上不会掉馅饼"，"没有免费的午餐"。世界上就没有平白无故落到眼前的钱财，一切财富都要靠自己的劳动来换取。对一切来得过于轻松的财富和好处，要保持警惕，这是避免上当受骗最根本的一条。如果怀着侥幸的心理，指望意外暴富，就有可能被骗子利用，从而上当受骗。

（2）要克服自己无谓的好奇心。"不围观，不参与"，是对待街头游戏最好的态度。说到底，街头游戏就是骗局，骗局的导演和演员都是骗子。骗子有的单独作案，有的则合伙行骗。广大青年朋友一定要有分清合伙行骗的能力。骗子们在合伙行骗的过程中，往往装扮成相互不认识的样子，假戏真做，表演得有板有眼。当行人从他们身边经过时，他们会故意提高声音，装作争吵、辩解，或以一些特殊的行为来吸引行人的注意，引起行人的好奇心。当行人对此事表现出兴趣和关注时，他们便设法使你卷入其中并最终使你上当受骗。

（3）克服自己麻痹的思想。不可轻信陌生人，轻信乃是上当受骗的主要原因之一。如果路上有人向你问路，你应该热情指点，但万一对方请你引路，就要引起警惕，即使是你非常熟悉的地方，即使这个地方离你所在位置不远你也不要去。如果陌生人纠缠，要大声呼喊引起路人的注意。为防止被骗，最好不要和陌生人一起行走、散步，不要同轻浮妇女或男子接触，不要被居心叵测的"热心人"的"帮忙"所感动，尽量不要接受这种帮忙。也不要随意施舍同情心，以免被扮着可怜相的骗子骗去你身上的钱财。

（4）克服自己死要面子活受罪的不正常心态。有些人明知错了或产生了怀疑，仍要在骗子设计的骗局里硬撑下去，以致不能自拔。

（5）学习科学知识，拒绝和一切伪科学的东西沾边。因为每个人的知识都是有限的。不了解的东西很可能就会成为欺骗自己的东西。如果不能靠自己的力量辨明真伪，可向亲友和有关专业机构咨询，以期得到匡正，避免上当。千万不要在无知的情况下靠自己单独行事，这样只能一步步走向深渊。

（6）避免自己的一些不良感情受到诱惑，以致掉入骗子设计的陷阱中。以色相勾引是不法之徒敲诈、抢劫他人钱财的常用伎俩。出门在外，一定要洁身自好。言行不可轻浮，在那些卖弄风骚的女子面前，一定要端正态度，切不可产生邪念。女青年出门在外，更应自爱自重，不要与陌生男子套近乎，当有这样的人故意接近自己时，应尽量避开，记住要防备性骚扰和性侵害。

（7）好习惯可防骗。赌博害人害己，故而出门在外，无论走到哪里，置身于什么环境，都不要参与赌博，哪怕是小赌。如今在车上或在地铁上，常能见到"押宝"、"甩三张"等把戏，其实，这都是钓鱼的饵，专门钓那些想捞钱而又不愿付出劳动的人。只要你牢记，无论大赌还是小赌都是违法的、有害的，那么，相信你是不会去参赌的。

（七）校园抢劫预防

抢劫，是指以非法占有为目的、以暴力胁迫或者其他方法施行将公私财物据为己有的一种犯罪行为。抢夺，则是指以非法占有为目的、乘人不备公然夺取他人财物的一种犯罪行为。这两类犯罪行为都会侵害他人的人身权利，且容易转化为凶杀、伤害、强奸等恶性案件，比盗窃犯罪更具社会危害性。

受校园环境的制约，校园内的抢劫案件有其显著特点。主要是：抢劫的作案时间一般为师生休息的时候，或校园行人稀少、夜深人静之际。大多数抢劫案件发生于校内比较偏僻、人少的地带，一般为树林中、小山上、远离宿舍区的教学实验楼附近，或无灯的人行道、正在兴建的建筑物内。另外，抢劫的主要对象是携带贵重财物的、单身行走的、晚归无伴或少伴的、谈恋爱滞留于阴暗无人地带的大学生。抢劫者一般对于校园环境较为熟悉，往往结伙作案，作案时胆大妄为，作案后易于逃匿，外出流窜作案的可能性较小。

1. 校园防抢

不要独自在偏远、阴暗的林间小道、山路上行走，不到行人稀少、环境阴暗、偏僻的地方，尽量避免深夜滞留在外、晚归或不归。

发现有人尾随或窥视，不要紧张，不要露出胆怯神态。可回头多盯对方几眼，或哼首歌曲，并改变原定路线，朝有人有灯的地方走。

2. 路上防抢

(1)一定要告诉朋友或家人外出的目的地和返家时间，并保持联络，尽量避免深夜外出。

(2)走路要有自信，即使迷路，应力求镇定，不要慌张。身上带少许现金为佳，以备不时之需，无论在什么情况下，带很多现金肯定不安全。

(3)避免在夜间使用银行卡取款，取款时要注意周围有无可疑人士窥视。证件要放在内口袋等较不容易引人注意的地方，现金最好分开放。

(4)夜间行走时最好有同伴同行，走人行道及照明充足的街道，避免走阴暗的巷道。提防陌生人问路，并与他们保持距离。若陌生人搭讪，可不加理会，但以不惹恼对方为原则。路上遇到可疑的人时最好转向，朝人多处快步走去，避免与其同行。如果坐出租车回居所，上车前最好记住车牌号码。

(5)乘坐车辆前，应先记好路线及转车地点，除非必要，尽量少看地图。若感觉走错方向，则可查看贴于车厢内的地图，或询问列车员、司机。行车经过治安不佳的地区时，应将车窗上锁。车内勿放置贵重物品，即使普通物品也以少放为宜。

(6)在人行道走动时，应靠近车道，必要时走到人行道靠中间一点的地方。这样，即使有人埋伏在房端屋角或胡同口，也不能马上接近自己。

3. 防飞车抢包

提包的女生在路上行走的时候，忽然从背后急驰来一辆摩托车，伸手抢夺提包，如果被抢者拉着提包不放，可能还有被车拖伤的危险，这就是飞车抢包。

针对这种抢劫的方式，外出者防范措施如下：女用手提包是提包抢劫者最主要的目标，买手提包时，要选择既有短背带又有长背带的款式。短背带提包很容易被抢走，长背带提包则可以斜挎在身上，这样提包抢劫者就不能轻易得手。挎提包及打手机在马路上行走时，尽量不要靠近马路边；在公交站台等车时，尽量不要靠路边太近，同时要注意身后摩托车。

（八）遭遇抢劫的处置

抢劫是一种危害社会的犯罪行为，案犯一旦被抓获，就会受到法律的惩罚，不仅断送自己的前途，也连累父母及其他家人，而且还要受到公众舆论的谴责。因此，抢劫者在作案时，必然怀有一种极其复杂的矛盾心理，即非分的欲望、强烈的作案动机与受着法律道德制约的心理相冲突。我们就是要利用抢劫者的这种心理，实施反抗，达到防止被抢的目的。

有些抢劫者看上去来势凶猛，实际上色厉内荏、外强中干，并不是被抢者的对手。当他以威胁的口气向被抢者索要财物时，聪明的被劫者一定会很快估计出对方的实力。只要受害人不畏强暴，敢于反抗和善于反抗，犯罪分子本能的惊慌和恐惧会加剧，出现手忙脚乱甚至顾不上作案，于慌乱中夺路逃窜。从法律意义上讲，被害人的反抗行为是一种正当防卫，受到法律的保护。

要保持精神上的镇定和心理上的平静，克服畏惧、恐慌情绪，冷静分析自己所处的环境，对比双方的力量，针对不同的情况采取不同的对策。

（1）尽力反抗。只要具备反抗的能力或时机有利，就应发动进攻，以制服或使作案人丧失继续作案的心理能力。

（2）设法纠缠。可利用有利地形和身边的砖头、木棒等足以自卫的武器与作案人形成僵持局面，使作案人短时间内无法近身，以便引来援助者并对作案人造成心理上的压力。

（3）寻机逃跑。无法与作案人抗衡时，可看准时机向有人、有灯光或宿舍区奔跑，并边跑边呼救，争取别人援助，同时震慑作案人。

（4）巧妙周旋。巧妙麻痹作案人。当已处于作案人的控制之下而无法反抗时，可按作案人的需求交出部分财物，并采用语言反抗法理直气壮地对作案人进行说服教育、晓以利害，从而造成作案人心理上的恐慌。切不可一味地求饶，应当尽力保持镇定，与作案人说笑斗口，采取幽默方式表明自己已交出全部财物并无反抗的意图，使作案人放松警惕，以便自己看准时机进行反抗或逃脱其控制。

（5）间接反抗。是指趁其不注意时在作案人身上留下记号，如在其衣服上擦点泥土、血迹，在其口袋中装点有标记的小物件，在作案人得逞后悄悄尾随其后注意其逃跑去向等，寻机报案，反败为胜。

（6）牢记案犯特征。注意观察作案人，尽量准确记下其特征，如身高、年龄、体态、发型、衣着、胡须、语言、行为等特征。

（7）及时报案。作案人得逞后，有可能继续寻找下一个抢劫目标，更有甚者可能在附近的商店、餐厅挥霍。如能及时报案，准确描述作案人特征，有利于公安、保卫部门及时组织力量布控，抓获作案人。在校外被抢时，应及时向 110 或所在地派出所报案。

（8）巧传信息。无论在什么情况下，只要有可能，就要大声呼救，或故意高声与作案人说话，设法让附近人知情、帮助报警或喊人援助。

遭受抢劫灵活采用上述办法，是有可能制服犯罪分子的。

案例

案例 1　爱好上网的郭某、李某、王某等 5 人因为手头拮据，王某提议到长沙某高校去抢学生，立即得到赞同。当晚 7 时许，5 人乘出租车窜至该学校内，瞄准一学生，尾随至偏僻处，强行将其带到附近一所旧房子，几个人蜂拥而上，要学生交出值钱的财物，在对该学生一顿拳脚后，将他身上 120 元现金和一部诺基亚手机搜走，然后乘出租车逃出校园。

案例 2　2006 年 8 月 13 日凌晨，23 岁的邓某在上班路上遭到飞车抢夺，邓某拽住提包死死不肯放手，失去重心被摩托车带着跟跑了五六步，摩托车上的歹徒看到抢包无望，就突然加大了油门，把她甩倒在地，导致邓头骨破裂、骨折、颅内出血，最后不治身亡。被抢时，邓的包里只有 23 元现金。

案例 3 2006 年 5 月 8 日上午 8 时左右,某高校老师沿着校园外的马路走向学校正门去上班。平时他都是右手提电脑,左手提书包,这样电脑包就朝向学校围墙。但那天不知为何,他变成左手提电脑包了,于是电脑包就朝向马路,这时,一个年轻人走了过来,他很柔和地把电脑包拎了过去,该老师还以为有好心人帮他提包。但这个年轻人好像不是尊敬他的学生,年轻人拎起电脑包后,跳上等在一旁的摩托车就逃走了。

案例 4 某校一男一女两名大学生,深夜 11 点多钟在校园树林中漫步,突然,数名小流氓围了上来,欲强行搜身,女学生吓得直发抖,男学生则急中生智,掏出香烟、打火机和几元钱,假说自己也是社会上玩的,愿意和他们交个朋友,小流氓见他爽快,也没过多地为难他们,拿了东西扬长而去。这时男学生让女学生回去报案,自己则悄悄尾随其后。没过多久,有说有笑分享"果实"的小流氓们被全部抓获。

案例分析

案例 1 中该同学若夜晚避免一人独行,交出财物,寻求脱身,保证人身安全,并记住出租车号码等显著标识,迅速报案,便能避免人身伤害,并可能追回财产。案例 2 中邓女士遭遇抢劫时,如果及时放弃财物,就不会出现生命危险。案例 3 中该老师习惯的改变为作案人提供了有利条件,并且对不认识的学生模样的人放松了警惕,该老师若坚持以前提电脑包的习惯,提高警惕,便不会遭遇抢劫。案例 4 中男学生机智多谋,处置得当。

三、传销及其预防

近几年来,非法传销组织开始把触角伸向高校,用极其卑劣诡秘的手段欺骗、拉拢大学生加入其组织。在他们的鼓动下,不时有在校大学生误入其传销窝点参与非法传销活动。尽管公安机关和工商管理部门适时进行打击捣毁传销窝点,解救上当受骗人员,但是,由于受利益的驱动,传销头目依然我行我素,不断变换手法在校园寻觅着"猎物"。那么,大学生为什么会成为传销组织猎获的对象?我们应该采取哪些对策防止其他学生再陷传销组织泥坑?

(一)传销及其欺骗手段

传销在国外也叫直销,就是传销组织通过多层次(multi-level marketing)独立的传销来销售或提供劳务,每个传销员除了将货物销售以赚取利润外,还可以介绍、训练其他新的传销员,并建立新的销售网络来销售公司货物,在公司获取更多利润的同时,每个传销员也在自己的销售网络中获取相应的差额。然而传销传入我国后,立即发生了异变,一些不法分子利用传销具有组织上的封闭性、交易上的隐蔽性和传销人员的分散性等特点,利用我国市场经济体制尚不完善和群众消费心理不成熟的特点,进行各种违法犯罪活动。

非法传销组织具体有两个明显的特征:一是传销的商品价格严重背离商品本身的实际价值,有的传销商品根本没有任何使用价值;二是传销人员所获得的收益并非来源于销售产品的合理利润,而是他人加入时所交纳的会费,实际上就是一种使组织者等少数人聚敛钱财,绝大多数加入者沦为受害者的欺诈活动。

非法传销组织发展新会员、吸引新会员及教导新会员去发展欺骗别的新会员的模式是一样的,有一定的规律性,主要有以下几点:

（1）精心物色发展对象。在非法传销组织中，发展"下线"被称作是邀约"新朋友"。什么人最容易成为物色对象呢？他们不是没有文化的农民，往往是文化层次较高而涉世不深的大学生、待业者，以年轻人为主。这些人多数对现状不满，对金钱的渴望远比一般人要高，急于找到一份较好的工作，想尽快实现自己的人生价值。最佳发展对象是"五同四友"，即：同学、同宗、同事、同乡、同好、朋友、酒友、战友、室友。因为这些人彼此熟悉，防范心理较弱，最容易成为欺骗对象。他们往往不直接告诉你是去做传销，而是有步骤地给你电话，总是说自己找到了一份高薪（高薪比较容易让学生接受又很有吸引力）的工作，以约你去玩一切费用由他出或者介绍工作等为由，你只要去了就是他们欺骗成功的第一步，他们会用各种办法留住你，软硬兼施，直到加入他们的非法组织为止。

（2）营造温情气氛，留住你的心。非法传销组织从接车起，就对新来的人无微不至地关心，他们有个"车站接人原则"和"二八定律"，即受骗者要来之前接站者要事先洗澡、理发，穿上好的衣服，表现得要精神一点，以便给受骗者留下好的第一印象。见面之后，要主动帮受骗者拿行李，尽量做到热情周到；到了住处要列队欢迎，认识的或不认识的见面就要握手，开口就要说"帅哥（靓妹）你辛苦了"，衣服抢着帮洗，吃饭时争着为新来的人盛饭，不停地为新来的人夹菜，不间断地轮流找新来的人聊天，80%谈感情，20%谈事业，绝对不讲有关传销的事，不让新来的人有一丝一毫的孤独寂寞感，陪着给家人打电话并告之刚来时该对家人讲些什么最合适。他们为新来的人开晚会、酒会或做游戏，把新来的人作为中心人物，鼓励其走进人群，大声自我介绍、唱歌，不管唱得多么难听，全场都要报以最热烈的掌声。他们通过以上这些让新来的人感受到"家"的温情，"友人"的关心，培养其依赖心理，为从精神上控制和挽留新来的人做准备。所有这一切都是在讲礼貌和开拓事业需要等名义下进行的，身在其中的人是很难发现其中的骗局的。

（3）通过煽情授课，调动欲望。"我为胜利而来，不向失败低头，世界上没有我做不到的事，我刻苦，我努力，不久的将来我一定会成功"，这是一个最普通的授课开场白，授课者一般都讲得很有激情，一下子就会让新来的人产生改变自己现状的强烈欲望。首先，授课者会紧紧抓住人性的弱点，结合社会实际和个人经历，分析影响成功的因素如环境、观念等，和人的怕、靠、懒、拖、面子等弱点，把现实中的一些客观问题无限夸大，利用现在就业难，说什么接受高等教育是浪费时间，博士生出去还不如一个初中毕业打工的人，每个人的前途都是黑暗的，毕业即失业，找不到工作，挣不到钱，没法生活等。然后他们通过"成功者"介绍经验，谈成功就要有敏锐的眼光、聪敏的头脑和果断的行动，鼓励新来的人放下一切，马上行动就能快速成功，并用勾画"光辉前景"，善用"科学"图表等灌输速成、暴富理论。利用大学生、待业者涉世不深又急于成功的心理，充分调动了他们加入的欲望，对他们进行了洗脑。

（4）及时"答疑解惑"，强化洗脑效果。大部分被骗者开始都会有疑问：发展下线不是骗朋友吗？他们会解释成骗有善意和恶意之分，我们是叫朋友来发财、来分享财富的，以后他们成了百万富翁就不会怪你了，还会感谢你呢。那国家为什么要禁止传销呢？他们会说，我们这不是传销是直销，这是一个朝阳的事业，新事物不容易被人接受，万事开头难等。还有人会问：为什么偷偷摸摸地做呢？他们会说这是为了大家，引来了公安又是调查又是问话，浪费了大家的时间，最重要的是会影响我们的事业。总之，只要有疑问他们就会想方设法找理由进行辩解，达到完全洗脑的效果。

（5）家长式的管理，从思想到身体进行限制。非法传销组织租住成套的房屋，一般是十几个人为一"家"，有"家长"进行管理，组织大家集体活动，分工有序，人人有责，任何人（当然不包括他们这些组织者）不能单独行动，一切活动都必须征求"家长"的同意，并派人"陪同"，没有电视看，不能上网、看电影等。这种单元式的管理，严格限制了人身自由，也为打击非法传销活动增加了难度。

（二）参与非法传销的危害

1. 学生参与传销的原因

家庭贫困。高等教育体制的改革使学生接受高等教育不再免费。我国是发展中国家，经济实力尚不雄厚，国家投入高等教育的资金还不充足，需要学生交纳一定的学费。这对于刚刚脱离贫困甚至还没有脱离贫困状态尤其是农村的贫困家庭，无疑是一个巨大的负担。从参与传销组织的学生看，清一色的是农村贫困地区或城镇下岗职工的子女。他们在考上大学后交不起几千元的学费，为了减轻家庭的负担，完成自己的学业，只好在课余时间去打工，去赚钱。在无法辨别的情况下，极易受同学、同乡的鼓动、引诱而误入歧途，去参与非法传销活动。

毕业后的就业压力。受就业形势严峻的影响，大学生不能就业或不能及时就业人数呈逐年增长态势，而社会经济的增长不能满足于就业人口的增长，市场的就业压力在逐年增大，大学生毕业即失业。有的学生为了及早找到合适的就业岗位，挣到人生的第一桶金，便饥不择食，在接触到传销宣传时，抱着锻炼自己或捞一把就走的想法开始了传销。

学分制的实行为学生参与传销提供了时间上、空间上的便利。随着不少学校实行了学分制管理，本科教育三至七年完成学业都属正常。开放式的教育尤其是教学上实行的学分制，则打破了"四同"的管理模式，学生可以提前或延迟毕业时间。少部分学生就会采取暂时休学、少选科目而离开学校去打工赚钱，以缴纳修满学分所需的学费和必需的生活费，随意性大大增强，在时间上、空间上就暂时脱离了校方的管理。

学生的社会阅历浅、辨别能力差。大学生的整个成长过程是由小学升中学再升大学，是出这个校门进那个校门，其接受的教育是封闭的教育，与社会接触少，学到的知识缺乏社会的检验，对社会中存在的各种现象缺乏辨别能力，有的甚至认为自己接受的是高等教育，智商高、知识多、能力强，别人是不可能骗得了的，也不可能被别人"忽悠"。传销人员正是利用大学生社会阅历浅、社会经验不足、辨别能力差又很自负的弱点，采取蛊惑、怂恿、欺骗等手段将其拉入传销的圈套。

传销组织巧妙灌输的洗脑方式。通常情况下，大学生在误入传销窝点之后，传销组织首先是摸清其心理特点、优点、弱点，制订具有针对性的洗脑方案，投其所好，放大其优点，缩小其弱点，使学生自我膨胀而飘飘然，认为自己有能力在这个环境里大干一番事业，大赚一笔财富，实现一夜脱贫，一日暴富，成为十分富有的人上人。其次是实行感恩教育，对学生宣称父母把我们养育成人很不容易，我们应当尽我们的能力去报答他们，为了报答父母的养育之恩，现在不妨暂时割断亲情，暂时背叛一下家庭，待我们的事业成功之后可以更好地回报家庭、回报父母，这是为了永久的亲情。再次是打法律的"擦边球"，针对学生在传销上的困惑，欺骗学生做传销事业是不违法的，甚至回避传销一词，宣称是直销，不会受到法律的追究。另外在组织内部他们实施亲情感化，相互之间的往来充满了人情味，同吃同住，免费吃住，来去自由（洗脑之后），使新加入者感觉好像生活在很幸福的大家庭中，乐不思蜀，自觉自愿地去"做事业"，不知不觉中上当受骗。

法律缺位，打击不力。目前，国家对传销虽然有所限制，但对其法律界定还不十分明确。由于确认诈骗罪的证据要求较高，因此只有少量的传销案件以诈骗罪处理，多数传销案件往往以非法经营罪处理；只能处理传销组织头目不处理其一般成员，接受的处罚成本较低。非法经营罪只规定非法经营行为扰乱经济秩序，不涉及影响社会安定。而传销行为是既牟取非法利益又扰乱经济秩序，还影响社会安定，应当受到更严厉的法律处理。

另外，传销组织为了逃避打击继续生存，开始加盟到合法企业中，成为合法企业的一部分，披上了合法的外衣，同时还准备有大量的反侦查资料散发给其成员以应对警方的打击。

家庭的困难，目空一切的自负，不正常的心理，加上处理的低成本，使得学生自愿地把不菲的会员费交给传销组织，然后再以急功近利的心态、极大的热情去发展下线，希望在不太长的时间里赚大钱、发大财，使得传销组织能够不断猎获到新成员，继续存在下去。

2. 传销的危害

非法传销以化妆品、保健品等为幌子，以销售商品为诱饵而不直接销售商品，不是直接的买卖关系；或者价格悬殊较大，以某一化妆品为例，进价只有 160 元，却以 2900 元的价格卖给会员。非法传销以"洗脑"为先导，鼓吹通过非法传销迅速致富的歪理，迷惑人们的判断力，改变参与者的思维方式、道德观念、行为方式，调动参与者的情感与情绪，激发内心的欲望，使人们对非法传销由怀疑到深信不疑，不仅认同其价值观而且对其产生经济依赖、心理依赖、情感依赖直至深陷其中不能自拔。传销对整个社会的危害是极其严重的。非法传销渗入高校后，其造成的危害结果更是让人担忧。

（1）影响大学生健康成才。非法传销组织是以欺骗手段不断地发展新成员以达到非法聚敛钱财的目的，要实现这样的目的，主要头目就必须利用各种方式对已受骗参与的成员进行精神控制和组织控制，向他们鼓吹、灌输不择手段地去追求个人最大利益、实现个人价值最大化的极端自私和损人利己观念，瓦解、摧毁受骗人员正常的价值观和道德观。于是就出现了受骗的大学生置亲情、友情于不顾，去欺骗自己的亲人、同学、同乡等恶性循环。在这样的恶性循环中，深陷其中的大学生的人生态度发生了巨大改变，价值观念体系和人格发生了严重蜕变，精神上和心理上都受到严重伤害，同时也失去了诚信，失去了人格尊严。

（2）影响高校稳定。尽管大学生都是具有完全民事行为的自然人，但我国的实际情况是高校仍然要对在校的大学生负无限责任。而陷入非法传销的大学生全部是隐瞒学校私自参与的，这不仅给高校的学生管理带来了困难，也给高校的稳定造成了潜在的严重危害。

（3）影响社会稳定。如果许多高知识水平、高智商的大学生都参与非法传销，则会使非法传销组织更具有欺骗性和诱惑力，更容易欺骗、迷惑其他社会群体的成员加入非法传销，进一步对正常的经济秩序和社会稳定构成严重危害。

（三）防止陷入传销陷阱

（1）不要相信天上掉馅饼。传销公司最常用的话是"让你在消费的同时赚钱"，这是鬼话，消费就是消费，赚钱就是赚钱。把消费当职业，永远也别想赚钱。

（2）不见兔子不撒鹰。所有传销公司都是为了一个字"钱"。你凭什么给他钱，一定想清楚：是他有你需要的产品，还是他有你需要的服务？都没有，只是为了他能给你一个事业。如果是这样，那么，就该你向他要钱了。

（3）商界有一个规矩，那就是一切关系的建立都要签订合同。合同是保证双方平等互利的必要工具。特别是公司与个人发生劳资关系，我国劳动合同法规定，一定要签订合同。正规公司都会主动与你签订合同的。如果对方丝毫不谈合同，甚至拒绝签订合同，那他一定不地道，应离他远点。

（4）不要感情用事。传销公司一般是熟人找熟人。有句话叫朋友不言商。这话有一定的道理，不要因朋友感情害了自己。有的人，只要朋友邀请，就什么都不问，不明不白地跟着干，结果是陷入迷局，不能自拔。

（5）审查资质。加入一家公司也好，接受一家公司的推销也好，首先，应了解这家公司的资质和信用。平常我们去百货公司或超市购物，也许不用这么费心，因为这些都由超市帮我们做好了，它们的进货渠道一般都是经过认真筛选的，而且，它们还要接受有关政府部门的监督。但当我们独立面对一家公司时，就必须靠自己来了解公司的资质。一般可以结合以下方式来证实：①从网上查询；②从其营业地的工商部门查询；③要求对方出示营业执照和组织机构代码证书；④要求对方出示开户许可证书；⑤要求对方出示税务登记证书和代理授权书。

案例

案例1 高校毕业班学生高某2006年6月13日经高中同学王某邀请，同本班另一位学生张某去济南参加某公司的招聘，王某随后向他们介绍一家"合法公司"，并出示了该公司的相关宣传资料和经营许可证复印件，夸耀该公司如何经营后取得成功、经济效益很好。这两位学生经过该公司的"教育"后，认为加入该公司可以在短时间内发家致富，同时可以为国家做出贡献。在此期间学校正进行毕业答辩，这两位学生选择放弃参加毕业答辩，选择不要学校的相关毕业证书和文凭。

案例2 2008年5月8日，烟台芝罘公安分局接到一封孩子家长的求救信，写信人名叫韩云（化名），是湖北省松滋市某村村民。韩云向警方介绍说，4月3日，他上大学的儿子韩东清明节放假时被同学邀去玩，结果一去不回。最近，韩云接到儿子的要钱电话，"我想要……4000元钱……自己干事业"，老韩夫妇对儿子突然不上学要创业感到很不可思议，韩东支支吾吾称"我同学的事业，我盛情难却……"从儿子的语气中，老韩夫妇感觉儿子像是被人"控制"着。为"救"回儿子，老韩夫妇开始四处打听，询问了儿子韩东的很多同学。4月29日，韩云得知，儿子一个姓刘的同学在烟台打工，儿子很可能就是去找这个同学了。警方分析韩东很可能误入了传销团伙。排查过程中民警得到消息，在幸福祥和市场附近，有两名男子经常领着人到一公用电话亭打电话，多是涉及寄钱或是邀请朋友来烟台打工、游玩的话题，极有可能是专门"牵线"的传销骨干分子。5月8日晚，民警把两名嫌疑男子抓获。在嫌疑男子引领下，民警冲进福新街上一处民房，民警发现，小屋里藏着24名传销人员。跟随民警而来的韩云一眼就认出了蹲在角落里的儿子，他冲上去搂住儿子放声痛哭。

事后，韩东介绍，传销窝里有很多像他一样被骗来的大学生，传销人员以人多不便为由，先把随身携带的手机和钱款等"保管"起来。他被这样控制以后没法跟家人联系，只能在被逼着跟家里要钱的时候用语气暗示父母。从搜出的记录传销"业务"的笔记上，民警发现了一个"电话邀约—保管财物—控制行动—进门授课—发展下线"的特殊链接。据韩东称，传销人员即使外出打电话发展下线也要三人同行，防止有人逃跑。

案例分析

从案例 1 中可看出高某和张某被传销组织进行了"洗脑",这就是思想的控制,是非常有效的,这给我们的思想政治工作提出了挑战。因此劝告同学们一定要了解传销组织的本来面目,对同学、朋友的邀请要仔细甄别,避免上当。案例 2 中韩同学知道自己身陷传销窝点,在利用传销组织允许向家长打电话向家里要钱时,巧妙地向父母暗示求助,得到警方援助,这就要求同学们和家长要一同了解一些针对大学生实施的违法犯罪行为,万一发生不测,可以巧妙脱险。

第五节　社交安全

一、交友安全

(一)摆正心态,识别"益友"与"损失"

人是社会性的动物,离开社会交往,人就不能称之为人,所以每个人的一生都在交朋友,交友自然成为我们日常生活中的一件非常普通的活动。我们在不同的环境下都会结交到与自己兴趣相投的朋友,例如,在学习中可以找到有共同理想与追求的同学与之交往并加以切磋,在社团活动中可以认识有共同兴趣爱好的朋友共同度过愉快的课余生活,在工作中也可以碰到诸多志同道合的朋友共同探讨各种话题。朋友成为我们生活的一部分,每个人都离不开朋友。

可是朋友有很多种,简单地说,朋友有好朋友,也有坏朋友,交到一个好朋友对我们的学习生活都有很大的帮助,而交到一个坏朋友往往阻碍了我们正确的价值判断和行动决心。那么如何交到好朋友呢? 俗话说"益者三友,损者三友",可以根据以下品质来判断朋友的好坏。

第一,益友是善良、正直、志同道合的。找到一个拥有善良正直的心灵、有着共同的理想和追求的朋友是人生一大幸事。

第二,益友是心胸豁达的。"心胸豁达"与"小肚鸡肠"正好相反,心胸豁达的朋友一般眼界较高,看得高、望得远。他们知道朋友的缺点,但更清楚朋友的优点,对待朋友的优点常常用放大镜去放大,给朋友源源不断的鼓励和赞美,对待朋友的缺点在合适的时候加以提醒与劝导。这种心胸宽广的好朋友一定要看到一个就抓住一个,因为他们对于我们的成长是如此的重要,常常让我们更加自信,使我们面对困难更加有勇气和信心。

第三,益友是知识丰富、有韬略、有涵养的人。我们常常会遇到一些知识特别丰富的人,不管天文、地理还是历史、哲学都有所研究,对自己的专业更是精通,且具有高瞻远瞩的眼界和谦谦君子的涵养。和这样的朋友在一起,真的可以感受到知识的魅力和思想境界的高远。2015 年热播的电视剧《琅琊榜》也许让很多人还记忆犹新,那个叫梅长苏的病弱年轻人,翻云覆雨,搅动朝局。这样一个人物特别受观众喜爱,因为观众看到了他在封建专制社会为平冤昭雪忍受着巨大的痛苦,看到了他对兄弟靖王的苦心扶持和对昔日情人的爱恋与纠结;最让人觉得不可思议的地方是他上知天文,下知地理,且具有缜密严谨的分析、推理和预测能力，着实让观众着迷。其实在大学校园也有许多知识面非常丰富、为人善良、业务精通的优秀师生，同样非常有魅力。同学们可以在学习之余与他们交朋友，相互学习，取长补短，不断提高自己。除此之外，我们还可以交一些乐观且积极向上、拥有积极生活态度的朋友，这些都是我们所说的"益友"。

案例

学霸宿舍！青科大同宿舍五女生全部考研成功①

做个理工女难，做个考研究生的理工女更难！而近日，青岛科技大学环境与安全工程学院安全工程专业，一个宿舍 5 个理工女全都拿到了录取通知单。曾经，她们是校园里最普通的理工女，现在大家再见她们，用崇拜的眼神感叹："哇！学霸宿舍！"学霸宿舍考研有何高招？她们说了：半年没逛街，没出去吃饭，其实没什么惊天动地，就是 5 个人一起坚持！

一个宿舍 5 个女生全都考研通过。今年 23 岁的初雪娇是第一个"过关"的，她被北京化工大学录取。从她开始，这个幸运的接力棒便传递下来：甘晓雨，南京理工大学；孟杰，北京理工大学；陈和燕，武汉理工大学；山海强，青岛科技大学。直到 3 月 30 日晚上，5 个人全部"过关"。第一时间打电话告诉家人这个好消息，初雪娇还找到 5 个学校的校徽，在 QQ 空间上分享喜悦："我们宿舍的姑娘都棒棒哒！"从那开始，当她们出现在校园里，总是被一些陌生的校友们用崇拜的眼神认出："哇！学霸宿舍！"

枯燥的复习日，没有捷径可走。问她们有什么考研技巧，几个人摇摇头："没有捷径，就是坚持！"为了庆祝也为了犒劳自己这么长时间的付出和焦急等待，第二天 5 个女孩做了件疯狂的事情：唱 KTV，连着唱了 3 个小时。在这之前的大半年时间，她们没有逛街，也没有出去吃过饭，每天的主题永远是复习、复习。

考研通过，接下来就要进行毕业论文和答辩，预示着分离的日子要来了。即便将来都在不一样的城市或学校，她们也不会忘记曾经那个"特别活泼可爱的小女生"，"特别淳朴的女生"，"穿着白衬衫、笑起来酒窝特别甜的女生"和"总是默默无闻却特别心细的女生"。不会忘记她们一起考研的日子，更不会忘记这个永远的宿舍：青岛科技大学安全工程专业慧园乙北 520。

当然，生活中还常常有些坏朋友，即所谓的"损友"，这类朋友给我们带来的危害也不小，在他们身上常常表现出如下特征：

第一，损友是极其易怒、极易冲动的。我们身边也不乏有这样的一群人，遇到事情没有说完三句话，就开始怒目相向，挥舞自己的拳头。有这样的朋友，就像在自己的身边埋了一个炸弹，随时都有可能引爆。所以，这样的朋友最好是敬而远之。

第二，损友是极其优柔寡断的。过于优柔寡断的朋友很多时候阻碍了我们前行的脚步，让来之不易的机会悄悄溜走了。反之，那些当机立断的朋友，则能够让逆境得以扭转。

第三，损友是极其功利并爱毁谤他人的。这类人常常为了自己的目的不惜牺牲自己的暂时利益而迎合他人，一旦得势便寡廉鲜耻。同样，要敬而远之。

---

① 学霸宿舍！青科大同宿舍五女生全部考研成功［EB/OL］.搜狐网，http://www.sohu.com/a/67566618_120869，2016-04-05

以上是辨别好朋友和坏朋友的基本方法，而不是什么固定公式，随着环境的改变与个人境遇的变迁，有些会有所变化。但是保持良好的交友心态，摆正明确的交友的目的才能真正拥有良师益友。

案例

以 28 名同学名义贷款 58 万　大学生微信留遗言后跳楼①

"听说跳楼摔下去会很疼，但是我真的太累了。"3 月 9 日晚，河南牧业经济学院大二学生小郑，在一个同学微信群里留下遗言，当天，他在青岛自杀身亡。

之前，小郑是班里的班长，人缘好，近 30 名同学协助他"网络刷单"，他则借用同学的名义，先后通过各种网贷平台贷款，总金额超过 58 万元。接触网络赌球，让小郑最终走上一条不归路。

"这是他的第四次自杀了。"小陈的说法得到了另一名室友小张的附和。在两人的描述中，2016 年 1 月，小郑曾试图跳入学校附近的龙子湖内，幸被人劝阻；2 月，小张曾接到新乡警方电话，询问小郑家人联系方式，原来小郑疑因轻生，撞上一辆汽车住进医院；第三次是小郑大量服用晕车药，经救治幸无大碍。

班长为啥要自杀？多名同学答案一致——小郑大量借用同学名义，通过各种网贷平台进行贷款，欠下近 60 万元的外债无力偿还，压力巨大。

大二开学后，小郑声称在网络上找了一份兼职工作，需要"网络刷单"，让同学们帮忙提供各种个人信息。

"他平时生活挺窘迫的，有时候还得我们帮忙买饭。"室友小陈说。小郑平时人缘好，威信高，他一开口求助，又说自己在兼职，同学们就纷纷伸出援手——借出身份证、学生证，并提供了父母手机号等个人信息。

2015 年年底前后，多名同学收到了不少网贷平台的催债短信。"已经出门的外访组，会找你让你成为校园焦点！我们拭目以待！"这是一名同学收到的催债短信。

同学们这才明白，原来小郑用他们的名义进行了贷款，并将所借贷款用于赌球，这从其前女友、家属、网帖均得以证实。

河南春屹律师事务所主任、律师张少春分析认为，虚构事实、欺骗同学贷款后自己去赌球，小郑的做法已涉嫌诈骗罪，而受害同学报案后，警方应当立案侦查。小郑是成年人，假如本人没有财产，他的父母不负有还款义务，但自愿偿还的应当从道义上给予支持。此外，对于网贷平台或其他机构的小额贷款问题，分两部分解决：如果系学生自愿与网贷平台等机构签订书面贷款协议并借款给班长的，这些同学应当还款；如果系班长代签或仅凭学生证就放款，没有直接与同学签书面合同的，网贷平台等机构本身存在审核把关不严的过错，这些学生不用还款。

---

① 以 28 名同学名义贷款 58 万　大学生微信留遗言后跳楼[EB/OL]. 人民网，http://he.people.com.cn/n2/2016/0317/c192235-27955342-3.html, 2016-03-17

（二）选择交友对象，保证交友安全

现代社会交往的平台越来越多，认识朋友的环境也变得更加复杂多变，从传统的认识领域拓展到网络信息等多个领域，因而，对交友的安全问题提出了更高的要求保障。

首先，必须慎重选择交友对象。通过网络平台认识的朋友，有些背景非常复杂，很难认清人物的真实面目，不要随便约见。

其次，必须选择合适的交友场所。在交友时，尽量找自己熟悉的场所，那些不顾一切，去陌生城市见陌生网友的行为常常可能引发人身安全等诸多问题。

案例
案例1

15名女大学生被大叔骗财骗色[①]

15名女大学生被大叔骗财骗色，财色兼失后悔不已。一位四十多岁的无业游民能在15个女大学生之间周旋，这是怎么做到的？这位四十多岁的中年大叔，谎称自己是清华、北大双硕士，公司CEO，成功诱惑15名女大学生上钩。

15名女大学生被大叔骗财骗色，有人被骗几十万元，有人还为其流产，连受过高等教育的大学生都能骗到，可见这位大叔泡妞手段之高超。

而且同时与15位女孩交往，还要让对方都对他死心塌地，愿意给他钱甚至与其发生性关系，相互之间是要很信任的，那么这位大叔又是怎么骗取这些女孩的信任呢？

从受害人的描述中，这位大叔特别善于甜言蜜语，且见面即和女生发生关系，使其变为其名副其实的"女朋友"，并以结婚为诱饵，让女生觉得不借钱都不好意思。

四年间，15名女子与其见面并确立恋爱关系，田福生骗取其中8人35.4万元。这些受害者多是20岁左右的女大学生，甚至有两位受害人还是一个宿舍的同学。

案例2

一女大学生被邓州男子拍下裸照威胁　沦为性奴[②]

2012年7月，邓州市五旬男子刘某用演双簧的方法，在网上虚构了"倪俊波"和"倪朝正"两个身份。通过上网聊天，认识了刚好失恋的南阳理工学院女大学生高某。刘某以"倪俊波"的身份，自称中国人民大学金融系研究生，在网上与高某逐渐建立了恋爱关系，并称其大叔在北京是高官，小叔"倪朝正"在邓州市二高中教学，办有辅导班。

2013年1月9日，刘某又以"倪朝正"的身份，借口给高某介绍工作，将高某骗至邓州市新华路老造纸厂家属楼二楼其租赁的房屋内，非法限制人身自由10多天。期间，刘某采用电警棍电击、殴打等手段，多次强行奸淫高某，并拍摄下高某裸照及强奸其过程的视频。

随着春节临近，高某家人不断打电话催其回家过年，刘某扣下高某的身份证、手机、笔记本电脑，并以裸照、视频相威胁，让其承诺不报警，方让高某回家。2013年2月至4月2

---

① 15名女大学生被大叔骗财骗色[EB/OL].中国青年网，http：//picture.youth.cn/qtdb/201506/t201506176763043.htm，2015－06－17

② 一女大学生被邓州男子拍下裸照威胁 沦为性奴[EB/OL].中国网，http://henan.china.com.cn/news/2015/0319/196540.shtml，2015－03－19

日期间，刘某一方面以"倪俊波"这个男朋友的身份安慰高某原谅其小叔，不要报警，先稳住他，不能让其乱发裸照把事情扩散，否则婚事告吹；另一方面以"倪朝正"的身份，用散播裸照、视频相威胁，先后 6 次迫使高某来邓州，将其拘禁在同一地点，多天多次对高某强行奸淫，并用手机拍摄下视频及照片。

2013 年 3 月 12 日，为达到长期控制被害人目的，刘某持匕首并以散播裸照、视频相威胁，逼迫高某写下一个 30 万元的借条及保证书，保证"分批分期还款，随叫随到；如果违约，再增加 30 万元给对方作为补偿"。同时，为显示"公平"，刘某也给高某写下一个保证，保证"如果高某能够按期还款，保证不散播裸照视频，让其平平安安；否则，愿返还高某 60 万元作为补偿"。

2013 年 4 月 3 日早晨，不堪忍受非人折磨的被害人高某，趁其不在，穿着内衣、裹着被子从后窗冒死跳楼，虽然脚脖严重扭伤，但总算逃出魔窟。之后，刘某不但不收敛，反而变本加厉，更加嚣张，居然又多次向高某家里打电话、发短信，催逼所谓的 30 万元欠款，以"散播其裸照、视频让其家破人亡"等相威胁，对高某父母进行敲诈。终于，高某及家人走投无路，选择了报警。

接警后，警方立即组成了抓捕小组。为引蛇出洞，掌握有力证据，高某假装恳求刘某别发裸照，自己已经回心转意。狡猾的刘某非常警惕，再三试探，但色心不改，最终约定与高某见面。

2013 年 4 月 11 日上午，经过几番周旋，警方在约定地点终于将刘某抓获。在其车上搜出了高某的笔记本电脑、手机以及作案用的匕首、电警棍等物品。电脑里还存有高某大量的裸照和不雅视频。

河南省邓州市人民法院以强奸罪、敲诈勒索罪、非法拘禁罪、猥亵妇女罪，数罪并罚，判处被告人刘某总计刑期有期徒刑 20 年，决定执行有期徒刑 18 年，剥夺政治权利 2 年，并处罚金 20000 元。

从以上案例来看，在校大学生因为阅历较浅，很难辨别社会上形形色色的复杂人物，所以在交往时，务必要慎重，不要被对方的花言巧语所蒙蔽。另外，若遇到伤害，则应毫不犹豫地选择报警，拿起法律的武器保护自己。一些人，因为怕丢脸、怕没有面子，选择隐忍，结果，被犯罪分子进一步威胁，麻烦不断。

（三）重视细节与技巧，保持合理的交友尺度

俗话说"细节决定成败"，细节的重要性已经不言而喻，注重细节在交友中同样显得特别的重要，一方面关乎友谊的发展，另一方面还关乎安全。如果在交友中重视一些细节和技巧，则能为我们的友谊加分；反之，不注意交友的尺度，不在乎交友的细节，则有可能使原本健康的友谊蒙上灰暗的色彩。所以，在安全交友中务必把握以下几个原则：

（1）重视衣着与妆容细节，保持朋友间的良性互动。同学们从高中的埋头苦读到今天精彩的大学生活，对自己的穿着打扮也逐渐重视起来，在摸索自己的衣品的过程中，也会遇到一些小尴尬。如烈日炎炎，女大学生超短裙、吊带低胸装、露背露脐装等清凉夏装走进公众的视野时，那"一低头的温柔"、"一弯腰的疏忽"，常常让人尴尬不已，有时还可能滋生一些是非，威胁到自身的安全。所以，女大学生在衣着与妆容方面要注意以下一些细节：

①化妆。

平时上课时，尽量不要化妆，保持清新与自然的面容。在面试时，建议化淡妆，这样既尊重别人，又尊重自己，同时让自己的五官精神起来，增强自信。

②发型。

在日常生活中，注意清洁自己的头发，保持自然的颜色，即使要染发也以自然一些的颜色为好，不要太夸张。面试时，发型要干净利落，可把头发扎起来或盘起来。

③服装。

在校园里，保持衣着的干净整洁，可以有个性，但是切莫过于非主流。面试时，建议穿套装，不论年龄，一套剪裁合体的套装会让人看起来干练而自信。

④色彩。

在日常生活中，保持衣着色彩的和谐搭配。面试时，建议素色和深色，如黑色、藏青色、灰色；带有细纹面料也可以。深色通常会让面试官觉得人成熟、稳重、踏实。

⑤配饰。

女孩常常爱一些配饰，但不要太复杂。建议佩戴一两件小巧配饰。小型耳环、有小坠子的短项链或珍珠项链、别致胸针、装饰戒指等，都是体现个人品位的较好选择。选择配饰的原则是大方无华，要画龙点睛，不能画蛇添足。

⑥手袋。

平时生活中背各种形状的包也没有特别的要求，如果面试时，可以选择简单大方、不太女性化的提包，公文包较好，可以把简历和证明文件放平整，体现较强的专业感。

⑦仪态。

在日常生活中要注意个人气质的培养。保持自信的笑容、亲切的问候、优雅的步伐，使自身的气质浑然天成。

（2）重视语言的艺术，保持朋友间的和谐关系。和朋友在一起，还要懂得语言的艺术，特别是当朋友犯错时，劝导的艺术显得尤为重要，不仅关系到朋友，还关系到彼此间的友谊。

（3）恪守底线，保持朋友间的适当距离。俗话说"距离产生美"，和朋友相处也要保持适当的尺度。这个尺度涉及沟通的范围，哪些话题朋友间可以无所顾忌，哪些话题则尽量避开。还有身体接触的尺度，即便是男女朋友，也都必须有自己的尺度，何况不认识、不熟悉的网友！

在校女大学生失恋也好，还是考试失败也好，都不能失去理智；和朋友交往要保持合理的距离；遇到以帮忙找工作为由接近自己甚至提出以满足对方身体需求为条件的人，要保持清醒，并想办法逃离危险境地。

二、社团安全

（一）认识社团的性质及社团活动的内容

大学生刚刚踏进大学的校园，很快就发现大学与高中有很大的不同，其中最吸引人注意的就是各种不同的社团。如计算机协会、乒乓球协会、环保协会等，各种名目繁多的协会都在学校的某个固定场所搭台设点，进行宣传。这着实让初来乍到的大学生感到有些茫然。所以，有必要给新来的大学生就社团的性质以及活动的内容进行一个全面的介绍。

1. 认识、了解社团

大学社团是中等学校和高等学校的学生在自愿的基础上自由结成的群众组织。这些社团可打破年级、系科及学校的界限，团结兴趣爱好相近的同学，发挥他们在某方面的特长，开展有益于学生身心健康的活动。

学生社团的形式多种多样，有学术问题、社会问题的讨论研究会，有文学艺术、体育、音乐、美术等方面的活动小组，如文艺社、乒乓球协会、足球队、模特队、军乐队等。

学生社团的活动以保证完成学生的学习任务和不影响学校正常的教学秩序为前提，以有益于学生的健康成长和有利于学校各项工作的进行为原则。学生社团组织和活动的目的是活跃学校的学习气氛，提高学生的自我管理能力，丰富学生的课余生活。学生社团可以根据学校的不同情况，利用学生的课余时间开展各种形式的活动。

2. 选择、参与社团

大学社团是具有共同兴趣爱好的志同道合者的集结，选择参加什么样的社团，最主要是从自己的兴趣爱好出发，寻找适合自己发挥才能的舞台。当然不同的学生参加社团的目的也不尽相同。如为了锻炼自己身体素质的同学可能倾向于选择与体育相关的协会、社团，为了锻炼自己某方面专业知识的同学可能会选择与专业有关的协会、社团，如计算机协会、英语协会等。

案例

老师，我该参加几个社团？

张老师是某大学的马克思主义中国化的教研室主任，多年来一直坚守在大学政治理论课的一线教学岗位上，每年在与新生接触的过程中，总有学生提出"老师，我该参加几个社团"之类的疑问，现在张老师又遇到了这样的问题。一次下课后，有位很瘦弱的同学来到张老师身边，怯生生地对老师说："老师，我想参加学校的几个社团，但不知道该选哪几个？""你对哪些社团比较有印象呢？"张老师问道。这位同学抿了一下口水，看了一眼张老师又低下头说道："我的胆子有点小，想参加演讲协会锻炼一下，还想参加学校的羽毛球协会，可以加强体育锻炼，还想参加英语协会，把口语提高一些。当然，我最想参加的是文学社，我一直比较爱看文学作品，但班上同学们都觉得那样的学社很酸腐，呵呵，所以……"张老师听完这位同学的回答后，看了看这位瘦弱的学生，根据自己的判断建议他参加两个协会：一个是羽毛球协会，把身体锻炼好，另外，再挑一个这男生最喜欢的文学社，毕竟兴趣是最好的老师。不过，张老师在后来的课堂上，也常常采取一些激励的措施，鼓励学生锻炼自己的口才和胆量。

从上述案例来看，参加的社团数量要控制在合理的范围内，毕竟一个人的精力是有限的，如果投入过多的时间与精力，那么学业上必然会受到影响。选择了某些社团之后，有许多服务广大学生的事情需要处理，并且都是不带薪酬的无偿服务。在这里，需要注意处理好课堂时间与业余时间的关系。有许多学生在为社团工作时常常占用了上课的时间，某些公共课程常常缺席、逃课，这种行为则是得不偿失。

合理安排好时间后，在社团就要大显身手了。社团工作的类型很多，既可以在班集体里担任班干部，又可以到院系团总支、学生会或学联担任其他工作。每个学期初，都有许多社团招聘纳新的宣传海报，可以抓住机会主动应聘。通过在社团的工作，大学生可以结交很多朋友，锻炼自己的胆量和处理各种人际关系的能力，还能加强服务社会的精神，所以适当地参加一些社团组织非常有意义。

当然，大学社团毕竟是一个自愿性、自发性和群众性的组织，进入或退出协会都有很大的自由，除了少数一些社团有比较严密的组织和严格的纪律，大多数大学生参加或退出社团组织都比较容易。

3.避免参加一些庸俗的"小团体"

大学生进入大学后，要根据自己的兴趣和特长选择加入适合自己的社团，对丰富课余生活有积极作用。但有少数同学进校后，盲目加入一些庸俗"小团体"，结果使自己陷入矛盾和纠纷之中。

比如，在一些学校里曾经出现过的"同乡会"，就是大学生不能组织的，也是不能加入的。"同乡会"主要是由学生中的老乡组成的，其成员跨班级、跨系科，算是一个"小团体"，这个"小集体"缺乏必要的手续，未经学校党政领导和保卫部门批准同意，不是一个合法的组织。有些"同乡会"为了扩大自己的影响，不惜"招兵买马"，扩大队伍，这样就沾染了"帮派"气息。这些"帮派"之间摩擦和争斗不可避免，会给学校的治安和管理带来许多麻烦。更大的隐患是，这些"同乡会"容易被利用和操纵。所以，尽量避免参加这些庸俗的"小团体"。

（二）规范社团管理，营造良好的社团环境

随着大学社团组织规模的不断扩大，影响和效果的不断提升，社团的问题也逐渐浮出水面。如有的社团组织结构松散，会员流动量大，缺乏组织纪律约束，容易受到一些非马克思主义思想的侵扰；有的社团缺乏骨干，成员仅凭兴趣凑集，无活动计划；有的社团的成立不合法定程序，内部管理也较为混乱等。为此，必须从以下三个方面加以调整：

1.规范社团管理，坚持四项基本原则是前提

四项基本原则是立国之本，任何单位和个人都不能无视它的存在。大学社团不是什么政治团体或政治派别而是以兴趣为基础而建立起来的组织，着重培养学生的兴趣爱好，以丰富大学生活为主要目的。所以，有责任、有义务拥护和支持四项基本原则，并且要和一切非马克思主义思想做斗争。

案例

明辨真伪，树立科学的世界观

一天，某校英语协会的张某在学校门口遇到一位中年妇女向他走来，原以为要向他打听什么，没想到，这位妇女四周张望一下，神情诡异地从口袋掏出几张宣传单，便匆匆离去。张某看到上面印着有关于基督教的图片和一些介绍，并附上了相关的网站。事后，张某觉得这事较为严重，虽然信教自由，但是宣传地点只能是指定地方，而大学校园是坚持马克思唯物主义的思想阵地，不能受到非马克思主义思想的侵扰，便将这事报告了学校保卫处，并在英语协会的内部会议上就此事提醒会员要注意，避免受到一些社会上不正当的思想的影响。

2.规范社团管理，培养合格的干部是关键

社团干部是社团的主心骨，只有合格的社团干部才能让所在的社团朝气蓬勃，充满活力。所以，培养合格的干部是规范社团管理的最关键一步。

（1）选择合格的社团干部。社团干部一般都来自社团组织，对社团的工作非常熟悉，在

社团从事干事时，表现积极，热心为社团成员服务，具有良好的人际关系，有一定的组织和管理能力。另外，能够合理安排学习与社团活动的时间，学习成绩优良。符合以上条件的社团成员可以通过申请、推荐等方式，最终通过民主投票，成为社团干部。

（2）培养合格的社团干部。选定社团干部之后，要对其进行培养。社团干部来到一个全新的岗位，需要指导老师给予适当的指点，通过一个试用期，来加强管理能力的实践性培养。

（3）定期考核社团干部。对社团干部每年要进行一次考核，考核分为优秀、良好、及格与不及格。经考核，对那些优秀的社团干部颁发荣誉证书，对影响不好的社团干部给予批评，严重者撤销其职务。

3.规范社团管理，加强程序化建设是重点

规范社团管理，其程序上的管理主要体现在社团成立的程序上和社团活动的程序。

（1）社团成立过程中的程序问题。

目前很多高校社团缺乏专业指导和有效管理，大学生社团成立时没有正确的方向性和严格的组织性，立团、废团随意性很大，社团潜藏着非法性等安全隐患。为此，大学社团成立必须遵循合理、合法的程序：

①向学校相关学生社团管理部门了解有关规定。

②向学校的社团管理部门提供相关的申请材料，包括社团名称、宗旨、活动内容、活动范围、组织机构和负责人以及成员情况、经费来源和其他需要说明的事项等。

③提交申请，经学校有关职能部门审批同意后才可成立社团组织，社团负责人必须在规定的时间内到有关部门注册。

④社团干部、负责人必须按照自荐、成员选举和学校考察的方式产生，确保其能有效地领导、组织社团活动。

⑤社团成员入团必须经过该团负责人的审核批准，登记注册后发给其会员证，并规定成员的权利和义务。

（2）社团活动中的程序问题。

①遵守社团活动审批程序。任何活动开展都不得影响学校的正常秩序。

②确保活动经费的来源合法化。大学生社团活动经学校批准后，活动经费应该视其性质向学校有关部门申报，或者从社团成员的会费中筹集，一定要确保其来源的合法化。

③务必注意活动场地的财产安全和活动安全问题。

④社团编印刊物必须经学校批准并接受学校管理。每期刊物都应报管理部门备案，并且只限于校内张贴、散发。在校内张贴刊物、海报和通知也应按照学校相关管理办法张贴在指定的地方。

（三）重视社团外联活动，保障社团成员安全

社团的外联活动实际上就是为社团活动筹集资金，也就是拉赞助，这项工作对学生来说，具有极大的挑战性，是学生接触社会、了解社会、融入社会的重要锻炼过程。但是，在"小社会"向"大社会"的迈进中，还是需要完善的社团规章制度为社团成员的安全护航。

（1）计划向公司申请赞助前，先通过网络、电话了解赞助公司的基本情况，以免被一些假冒公司欺骗。

（2）外出拉赞助时需要向社团负责人申请，经同意后方可。

（3）外出联系时最好有两名以上人员一同前往，并携带相关证件，同时确定目的地地址和乘车路线，确保人身安全。

（4）条件谈妥后要签署协议，并确保单位负责人盖章，避免社团活动结束后单位拒绝支付赞助费。

（5）拉到赞助后必须向学校相关部门汇报，得到批准后才可举行活动。

三、聚会安全

（一）选择安全聚会场所，避免与社会人员发生纠纷或误入歧途

大学生相处在一起，聚会成为大学生活中最平常的一件事情。如同学生日聚一聚，通过考试聚一聚，还有得了奖学金、论文发表等都是聚会的理由。当然，还有寒假、暑假回家，和过去高中、初中等不同层次同学的各种聚会。聚会的形式也是多种多样，最常见的是聚餐，其次还有去 KTV 唱歌，去野外郊游等。尽管大学生的聚会是一件司空见惯的集体活动，但并不是每一次聚会都是一次愉快的经历，有些聚会常常伴有某些危险因素，甚至威胁到大学生的生命安全。

案例

达州女大学生参加聚会后失联疑陷传销：被成功解救①

在 2016 年春节期间（1 月 31 日），达州市大竹县永胜乡黄安村人小霞（化名）去大竹县同学那里参加完高中同学聚会后，就一直没有回家，也没跟家人联系。

"小霞你在哪里？你爸爸妈妈到处找你！"2 月 20 日下午，大竹县一则寻人启事在微博、贴吧流传，四川新闻网记者获悉该信息后，立即向当地警方求证，初步确定了小霞在陕西省商洛市陷入传销组织。

据陕西广播电视台报道，经过连续几天的全力搜寻，商洛警方虽然捣毁了一些传销窝点，但一直没有四川女大学生小霞的消息。"直到 24 日中午 12 时许，在商洛和四川两地警方的配合下，成功将被拐至商州的女孩成功解救出来。"

"那是我在网上认识的一位朋友，对方叫我过去做化妆品网络营销。"当天下午，小霞在接受陕西广播电视台记者采访时表示，她是 2 月 1 日到达商州后，就被安排住到附近城中村的出租屋中，一间房有十几人混住，还让她交 2900 元钱，可她并没有交。

在媒体报道的解救现场，四川新闻网记者注意到，在一间出租屋内铺满了泡沫地垫，上面杂乱地摆放着衣物等生活用品。而在该房间的角落处，一个红色的面盆里放了多个洗漱用具，旁边还堆放了一大堆新鲜的白萝卜、红薯。

"他们（传销组织）知道公安机关在找你不？"面对记者的提问，小霞坦言，是迫于公安机关的压力，传销组织的人才让她离开的。但她在传销组织的 20 多天里，却并没有想着回家。

从以上的案例可以看出对聚会安全不能掉以轻心，要重视聚会的安全，特别是聚会的地点要选好，春节期间聚会特别密集，伴随浓浓的节日氛围，常让我们忽略安全问题的存在，所以要从以下几个方面提高认识：

---

① 达州女大学生参加聚会后失联疑陷传销：被成功解救［EB/OL］. 网易，http：//news. 163. com/16/0225/20/BGMQ18DR00014AEE. html，2016 - 02 - 25

第一，尽量选择学校内部的安全聚会场所。现在的大学校园为了满足大学生生活交友的需要，一般都设有商业一条街，这里的餐饮与休闲场所管理相对比较严格，又是设在校园内部，社会上复杂人员较少。如果聚会在校园之外，应则选择口碑不错的聚会场所。

第二，用谦和礼让的态度化解矛盾。在聚会的时候常会有一些突发事件，如碰撞了他人、酒后胡言乱语等，这些都有可能引发冲突与矛盾，聚会的同学们一定要想办法用真诚的态度去化解。否则，小则一顿口角，大则伤及无辜。

第三，针对不同年级、阶段的同学聚会，还是要保持警惕。毕竟读大学后和过去的朋友长时间没交往，过去的记忆和现在人物的实际情况也会有所差别，及时了解朋友们的现状和动态，可以让聚会少点尴尬和意外。

总之，选择安全的聚会场所能够帮助同学们建立良好的友谊，谦和礼让的态度则能最大限度地化解各种危机，多观察和了解过去的朋友也能让聚会更加安全、愉悦。

（二）避免过度饮酒，防止造成各种意外

酒精是中枢神经的抑制剂。少量饮酒会让人表现出轻度愉快、言语增多、行为轻浮、情绪失控等症状。随着饮酒量的增加，酒精对中枢神经的抑制作用也会逐渐增强，从而引发言语无度、行为失控、极度兴奋等症状。特别是过度饮酒，损害的不仅是个人的身体健康，还有可能酒后的一些行为会给他人带来伤害，在社会造成恶劣的影响。

案例

胶州一大学生同学聚会醉驾被查受重罚①

同学聚会，把酒言欢，但狂欢之后酒后驾驶就要冒风险了。目前，大学生在读生田某某就栽在聚会之后的酒驾上。

2016 年 2 月 17 日 23 时 30 分许，在胶州市澳门路与福州路检查点，执勤民警发现一辆车牌号为鲁 B 牌福田小型客车自东向西晃晃悠悠跑着"S"路线，司机看到交警后，缓缓靠边停下来。交警发现车辆形迹可疑，便将车辆拦下来例行检查。

当民警请驾驶员出示证件时，该驾驶人神情慌乱，对民警的询问支支吾吾，不敢面对民警，细心的民警闻到驾驶室内一股酒味，经酒精呼气检测，酒精含量 151 mg/100 ml。经了解，驾驶人田某某是一名在读大学生，春节过后与同学聚会，开怀畅饮，一直玩到 11 点多，感觉头脑还清醒，考虑到这个点路上车少，也不可能有交警，就怀着侥幸的心理驾车回家，没想到快 12 点了，还被交警抓个正着。

民警将田某某血样进行检测，经酒精含量检测报告，田某某血样中乙醇含量为 184.94 mg/100 ml，是醉驾标准的两倍还多。最终，田某某因涉嫌危险驾驶罪于 2016 年 2 月 18 日被依法刑事拘留。

从上面的案例来看，过度饮酒的危害绝对不容忽视。作为大学生首先应该了解酒精对人体的伤害，认识饮酒特别是过度饮酒引发的后果。其次，在聚会时要相互提醒和相互照顾。尽量不要选择高度白酒，对平时不胜酒力的同学不要强行劝酒，同时可以选择一些饮料、牛

---

① 胶州一大学生同学聚会醉驾被查受重罚［EB/OL］．青岛大众网，http：//qingdao. dzwww. com/xinwen/qingd aonews/201602/t20160219_13860070. html，2016－02－20

奶之类的饮品替代酒水。最后，一旦有同学醉酒了，务必安排妥当，绝不能侥幸驾车，否则害人害己。

（三）保持清醒头脑，防止性骚扰

性骚扰指以性欲为出发点的骚扰，以带性暗示的言语或动作针对被骚扰对象，引起对方的不悦感，通常是加害者肢体碰触受害者性别特征部位，妨碍受害者行为自由并引发受害者抗拒反应。性骚扰在人群中的表现主要有领导性骚扰、同事性骚扰、亲戚性骚扰以及来自公共场所的性骚扰。性骚扰的受害者不只是女性，男性同样也可能被骚扰。但由于两性的差别和社会地位的不同，女性受害者往往多于男性，特别是年轻靓丽的女大学生更是难以幸免。女大学生在做家教时、在求职应聘时、在影楼拍照时、在公共汽车上、在游泳池里，经常会受到不同程度的骚扰。而大学生在聚会时所遇到的性骚扰很多时候是来自熟悉的同学、朋友，所以在各种聚会场所始终要保持清醒的头脑，警惕各种超越同学友谊的举止。

案例

女大学生频繁遭遇性骚扰　　高校里的"狼"早来了①

2016 年 4 月 5 日，南京大学大二女生赵梦在校园里遭遇惊魂一刻。下午 3 点左右，她正走在去往仙二教学楼的路上，突然，一个骑车男子拦住她，说自己的脚扭了，问她能不能帮他扭回来。赵梦起先很警惕，但当对方说起熟悉的学校地名，加上周围人来人往，防备的心松弛下来。

赵梦随他走到四食堂旁边，对方脱下鞋子。男子说："不介意的话，用脚踩也可以。"赵梦弯起腰正考虑如何操作时，对方突然抓住她的小腿。赵梦惊得后退，男子解释自己是"足控"，还提出要求："能不能找个袜子给我绑一下？"赵梦没有理睬，转身时踩了男子一脚，赶紧跑到教学楼里。后来她在微信里跟小伙伴说："还好是白天，心有余悸。"

随后两天，陆续有南大女生遭遇同样的事情。南大女生的遭遇，恰好跟突然爆发的"和颐酒店女子遇袭事件"处于同一时间段。当女性安全再次成为一个社会热点议题时，不为人知的是，大学校园里的女生也在遭遇各种安全威胁。《中国妇女报》曾报道，全国妇联一项针对北京、南京等城市 15 所高校大学生的调查发现，经历过不同形式性骚扰的女性比例达到 57%。

"轻的有露阴癖，重的有性侵，甚至奸杀。学校的处理一般都是维稳，不让受害者声张，于是每个学校都有'保研路'（一般是指高校偏僻幽静的道路，女学生走在那条路上容易被骚扰。一旦发生恶性事件时，学校为了名声都会答应给那些女孩子很大的好处比如保研，因此有人戏称那条路是'保研路'）的各类传说。"女权主义者肖美丽告诉南方周末记者。在开放的大学空间中，女大学生就像没有围栏的牧场里的羊，那些意图实施性骚扰的人无疑便是"狼"。让人吃惊的，高校里的"狼"早就来了。

性骚扰在偌大的校园发生的概率有，但毕竟少，而在一些公共场所则时有发生，如公交车、地铁等人多拥挤不容易发觉的地方。另外在许多聚会上，特别是醉酒后的性骚扰更是屡

见不鲜。所以要在日常生活中加强性骚扰的预防和提高性骚扰的应对能力。

1. 性骚扰的预防

（1）要清楚哪些行为已经构成了性骚扰。性骚扰就是超越了可以接受的亲密界限。如果对方行为已经超越了我们的接受范围，对我们造成了心理上的排斥和行为上的反感时，就要及时表明自己的态度以及可以接受的底线了，请对方予以尊重，也可以借故赶快离开。当然，对待性骚扰要冷静处理，也莫过于敏感。

（2）面对性骚扰要表明自己的态度。隐瞒或者置之不理会让对方误以为我们是接受。另外拒绝的态度也要前后一致，否则会引起对方的探究兴趣，以为我们喜欢这种行为，不过是半推半就而已。

（3）要及时和师生家长沟通。遇到性骚扰要及时和家长以及学校里值得信赖的同辈、老师和辅导员沟通，可以寻求支持和帮助，以及在遇到此事时如何应对的妥善办法等。

2. 性骚扰的应对

性骚扰的应对方法有很多，例如，聚会的场所，有人对自己的身材和外貌以有关性方面的评价时，并且言语暧昧伴有性挑逗时，可以抽身离开，或者用眼神表示自己的不满，严重时可以找警察处理。还有遭遇电话性骚扰时，可以以"你打错电话了"为由挂掉。总之，面对性骚扰要冷静沉着，灵活处理，摆脱困扰。

四、公共活动安全

（一）了解大型公共活动特点，重视公共活动安全

这里所说的公共活动一般是指比较大型的公共活动，如搞联欢会、迎新会、大型会议等，这些公共活动丰富了大学生的生活，也开阔了学生的视野，但这些大型公共活动中的安全也是一个不容忽视的重要问题，需要对其进一步了解。

1. 大型公共活动的特点

了解大型公共活动的特点，对防范大型公共活动的安全问题至关重要，一般来说，大型公共活动具有以下几个显著特点。

（1）人员数量较多。大型公共活动一般是有组织、有计划、有领导的集体活动。例如，每年学校组织的迎新晚会，在室内举行的人数至少在200人以上。有时干脆在露天举行，让每个新生都能参加，人数也激增到几千人甚至上万人。如此多的参与人员，各种纠纷与摩擦也会随之而来。

（2）人员结构复杂。学校在室内场所搞的大型活动，参与的人员主要是老师和学生，但还有些是在较为开阔的场所举办的活动，参与人员就较为复杂了。有家属、朋友，还有来自周边附近的居民、社会青年等。所以在管理上有一定的难度。

（3）人员集中、活动范围受限。多数情况下，大型公共活动是在一定区域内举行的，众多的参加人员集中在有限的范围内，一旦发生意外情况，人员混乱拥挤，疏散不便，秩序难以控制，对人身安全就会形成较大威胁，严重者还会造成各种伤亡事故。

2. 大型公共活动中常见的安全问题

（1）火灾事故。重大火灾事故一般发生在相对封闭的场馆或室内，火灾的诱因也多种多样，其中不乏众多的人为因素，一方面，是消防管理薄弱，防范工作不到位，从而导致火灾隐患在某种条件下演变为火灾；另一方面，个别参加大型活动的人安全意识不强，违反安全管

理制度也可能成为引发火灾事故的原因。因此，大学生在参加大型公共活动中，一定要严于律己，遵纪守法，这不仅能够提升大学生的文明形象，同时也是保证自己和他人安全的大事情。

（2）群体纠纷。群体纠纷可分为个人与群体的纠纷、群体与群体的纠纷两大类。尤其是群体与群体的纠纷，在大型公共活动中比较常见，危害后果更为严重。

（二）做好审批、策划与预防工作

在了解大型公共活动特点之后，在策划、组织包括审批方面都要严格进行，确保参与人员的人身与财产的安全。

1. 大型活动审批、策划和组织工作中应该注意的事项

（1）学生准备组织大型活动前，应按学校规定办理申报审批手续，上报活动的目的、任务、要求、名称、主办和协办单位、规模、形式、时间、地点、安全措施和负责人姓名等内容。大型活动审批实行一事一报制。邀请校外团体、个人来校开展活动，组织者必须提供被邀请者的详细情况。

（2）如经审查，活动不符合安全要求而不予批准，主办者不得擅自组织开展。

（3）大型活动的安全工作坚持"安全第一，预防为主"的方针，按照"谁主办，谁负责"的原则，由主办者对安全工作全面负责。

2. 大型活动中的安全问题预防应注意的事项

（1）考察场地，做好安全部署。举行大型的公共活动，要对举办场地进行实地考察。首先，看场地设施是否符合安全要求。例如，消防设施配备是否齐全，能否正常使用，活动场地出入通道是否畅通，还有夜间活动是否有足够的照明设备及停电应急措施等。其次，考察完成之后，要对有安全隐患之处进行整改。例如，对安全出口、安全通道做好标示，张贴一些温馨提示，必要之处要派安保人员进行管理等。

（2）加强活动组织人员的安全意识与沉着应对突发事件的能力。大多数事故都有突发性，使人猝不及防。无数经验证明，事到临头，临危不惧，保持冷静的头脑和理性的状态是能否化险为夷、转危为安甚至死里逃生的重要主观条件。以火灾为例，火灾的发生往往都是瞬间的、无情的、残酷的。根据火灾现场调查，在各种恶性火灾事故中，80%的死者都是因烟熏窒息而死的。所以，作为活动的组织者能够在突发事件发生时，保持清醒头脑，引导参与活动的人员用正确的方法自救，并紧急疏散、逃离危险区域，成为安全预防中一个重要环节。

（3）加强对参与活动的学生进行安全教育。学校的大型活动参与者的主体都是学生，在参加活动之前，各班辅导员或班主任要对学生进行安全意识的教育，学会一些常见的自救与逃生的办法，一旦发生紧急情况，可以避免慌乱，更好地配合指挥人员的管理。

（4）加强安检工作，严禁携带危险品入场。在公共活动中要特别重视安全检查工作，发现带有刀具和易燃、易爆、剧毒等违禁物品一律禁止入内。同时，对于破坏公共物品、打架斗殴等都要加以制止，发现一些潜在的危险后要立即排除。

总之，只要做好活动前的充分准备，把一些细节都考虑妥当，大型公共活动中的安全问题就可以降到最低程度，即使有突发事件发生，也能够及时、有效地应对。

第六节　就业与创业安全

大学生就业是一个涉及千家万户利益的大问题，创业作为新形势下实现就业的一种有效途径和方式，受到充分的重视，不仅党和政府出台多种举措鼓励大学生毕业时创业，各高校也把创业安全教育作为就业指导的重要组成部分，不少大学生也立志毕业时成为一个商海弄潮儿，但往往事与愿违。

一、实习和兼职

实习，顾名思义，是指在实践中学习。在经过一段时间的学习之后，或者说当学习告一段落的时候，我们需要了解应当如何把自己的所学应用到实践中，通过实习对学到的理论知识进行检验和应用，以锻炼工作能力。任何知识都是源于实践而归于实践的。因此实习是一种实践，是理论联系实际、应用和巩固所学专业知识的一个重要环节，是培养能力和技能的一个重要手段。

兼职是指在不脱离原组织的情况下，利用业余时间从事第二职业并取得一定的报酬，或为了达到某种特定目的而通过交换，为第三方提供体力或脑力劳动支出的行为。在西方国家，兼职是指有较高专业知识和实际经验的专家、学者、实业家同时兼任两个或两个以上的职业。只要处理好相关关系，兼职制度无论对个人、社会都有益。

在校大学生兼职是指尚处于在校学习的大学生，利用自己的课余时间，通过为雇主提供劳动，而获取报酬并提高自身能力的行为。

案例

兼职却赔钱

某高校一位大三女生在 2012 年五一期间和同寝室另外 3 名女生一起做兼职，没有任何手续就上岗了。4 名女生做美容产品促销，老板承诺：每天上 10 个小时班，工资 60 元。上了 6 天后，公司不但没给 1 分钱，还指责她们弄丢了产品，需要赔偿 200 元钱。

（一）大学生实习和兼职的区别

实习和兼职都可以达到锻炼和提升个人能力的目的，但是它们之间是有很大区别的。

可以认为实习是大学专业学习的一种延续，只是学习形式发生了变化，其主要目的是学以致用，接触和了解自身的专业领域；其对知识和经验的追求是次位的，不以经济报酬为主要目的，或者甚至完全没有报酬。兼职则首先考虑的是经济报酬的多少，并不一定与所学的专业或者未来想从事的职业相关。

用人单位一般要求参加实习的同学要能够安排 2 ~ 4 周以上相对集中的时间，这样才能较系统地了解和掌握相关知识和技能，了解职业环境。比如寒暑假，专门安排学生在校外实习时间，或者利用课后的空余时间（但是这样的实习时间的长度通常会比较久，1 个学期甚至 1 年才会有效果）；兼职时间则比较随意灵活，按照自己的需要，可以利用每天业余时间长期为同一个服务对象工作，也可以短期工作。

一般情况下实习是在相关单位的办公场所进行的;兼职则比较灵活,根据兼职工作的具体内容而定,比如网络兼职等,就不需要到相关单位上班;兼职财务人员,则每月固定时间将产生的账务领回做完上交即可。

大学生的实习一般分为两种情况:一是学校指派的实习。就是在学校与单位建立实习合作关系的基础上,由学校指派学生到单位实习,根据校企合作协议确定相互关系,不受劳动法约束。二是毕业前的就业实习。这种情况,一般是全职实习,因工作时间超过非全日制用工的限制,与全日制用工已经没有什么区别,但由于无法建立正式劳动关系,因而客观上不能按照正式员工给予其他福利和保障。在这方面,我国法律目前还没有相关规定。

大学生兼职是指大学生通过提供劳务获得报酬,以维持或者改善生活。兼职工作若完全符合劳动关系特征,符合非全日制用工条件的,则按照非全日制用工规定处理。

实习和兼职的主要区别如下:

(1)是否建立正式的劳动关系。

指派实习和全职实习都没有建立正式的劳动关系,而兼职则是符合劳动关系特征的。

(2)是否适用劳动法律制度。

实习是不适用于劳动法律制度的,而兼职则适用。

(二)大学生实习和兼职的意义

了解职业行业有很多方法,譬如阅读相关的文章,请教业内人士,但最直接的方法还是亲自做这份工作。在做的过程中可以确定自己是否喜欢这份工作、能否胜任。如果喜欢又胜任,担心以后毕业找工作困难,就可以把它作为目标职业;反之,就要寻找新的工作方向。实习和兼职都有验证自己的职业抉择、了解目标工作内容、学习工作及企业标准、找到自身职业差距的作用。

1.验证自己的职业抉择

当大学生在了解自我的基础上确定未来的职业理想时,需要以身试水,需要在真刀真枪的实际工作中检验自己是否真正喜欢这个职业,自己是否愿意做这样的工作。如果想从事财务工作,但是在实习过程中发现自己并不是很喜欢这个整天与数字打交道的工作,就要反思自己的职业抉择了,以便及时地纠正和反馈自己的职业发展轨迹。

2.了解目标工作内容

确定自己适合财务工作后,那就要明确财务的所有工作内容,知道财务的核心工作是什么、财务的边缘工作是什么、财务要与哪些部门打交道、财务的核心能力是什么,等等。了解工作内容后就要尝试进行操作,争取在实习时把财务工作的流程全部尝试做一遍,在操作中明确自己的优劣势。

3.学习工作及企业标准

知道了财务工作需要做什么后,就要了解企业及业内每个工作内容的流程和标准,要以业内及企业的最高标准要求自己,努力成为业内的一流人才。

4.找到自身职业差距

实习不单是为了落实工作,更重要的是为了明确自己与岗位的差距以及自己与职业理想的差距,并在实习结束时制订详细可行的补短计划;从明确差距、弥补不足的高度来看实习,就会从实习中得到更多。

人们常说,大学是个象牙塔。确实,学校与职场、学习与工作、学生与员工之间存在着巨大的差异。在角色的转化过程中，人们的观点、行为方式、心理等方面都要进行适当的调整。

据近两年用人单位反馈，现在不少应届大学生存在这样的现象：上班绝不早到一分钟，下班绝不拖延一分钟，下班后手机自动关机；跳槽频繁，而且离职也不通知原公司；上班煲电话粥；好高骛远，不切实际，张口就是世界 500 强的例子，提出的建议需要上千万元的投资；不愿意做基础工作，连简单的应用文格式都搞不清楚，通知都不会写，等等。所以，不要老抱怨公司不愿招聘应届毕业生。而实习和兼职就提供了一个机会，让大家接触到真实的职场。有了实习和兼职的经验，在毕业后参加工作时就可以更快、更好地融入新的环境，完成学生向职场人士的转换；有了在大型公司长期实习和兼职的经历，就可以在找工作时增加一个非常有利的筹码。

有公司曾经做过一项"雇主如何选择应届毕业生"调查，参与的公司包括外企、国企和民营企业，规模有大有小。其中有一个题目是让它们选择所看重的方面，包括学校、专业、成绩、证书、实习经验、社会实践、户口等。结果不同性质与规模的公司其侧重点有较大的不同，但所有公司都看重的是和应聘职位相关的实习经验。所以，如果大学期间有相关的实习经验，找工作时将有很大的优势。而且不少公司会挑选实习中的优秀者留下来成为公司的正式员工，这样的招募方式正被越来越多的大公司采用，并成为其挖掘"早期人才"和"储备干部"的战略之一。也有越来越多的公司和学校达成校企共建协议，选拔优秀学生长期实习，共同培养在毕业后有意向到该公司工作的学生，譬如 IBM 公司有一年的实习生中 50% 留在了 IBM，他们希望今后这个比例可以提高到 80%。

（三）大学生实习和兼职的利弊分析

1. 大学生实习和兼职的好处

并不是每一个人都能够在大学校园里表现自己的个性、拥有荣耀与辉煌的。自我价值的失落是普遍存在于大学生中的一种彷徨而苦闷的心理状态，所以，一部分学生另辟蹊径，选择了在兼职中找到自我价值的感觉。

兼职带来的直接收获就是经济效益。"钱不是万能的，但是没有钱是万万不能的。"这一观念可以说是大学生追求实际的心理造成的，很多大学生强调自主自立，不愿意再让父母承担自己的学习费用和日常消费开支，而兼职无疑是一个很好的选择。

当前，大学生面临的一个突出问题就是就业问题，这是一个不容回避的现实问题。因此，大学生们将锻炼自己的空间不再局限于校园之内，而是投入到丰富多彩的社会生活中，以求在兼职过程中，培养自己交际、处世等方面的能力。能力是锻炼出来的。首先，兼职让许多善于读书的学生感受到团队精神和沟通能力的重要性，这些对以后参加工作很有帮助。其次，兼职还能让学生更早地接触社会、更清楚地认识社会。学生在兼职过程中经历的各种挫折使大学生提前经历挫折教育，为以后更好地适应社会打下基础。社会经验对于一个即将就业的大学生来说是一笔宝贵的财富，竞争是残酷的，只有不断地充实自己、锻炼自己，才能在竞争中占优势地位。再次，兼职还能提高大学生的自信心，激励大学生的热情和激情，锻炼大学生积极进取、奋斗、自立的人生态度，促使大学生自身能力的提高和人格完善，还能扩大交友圈和视野、更好地认识自我等。

2. 大学生实习和兼职的弊端

（1）兼职必然要花费一定的时间和精力，时间调配不当会影响学生的学习。有些学生把大部分的时间和精力放在兼职上而荒废了学业。大学时期，我们的思维和理解、记忆能力都处于人生最优的阶段，在大学校园里又有难得的学习条件，正是学习的大好时光，如果因为其他的事情耽误了学习，就得不偿失了。现在学好专业知识，为自己储备好能量，才能在今后的工作中更加出色，工作得更加轻松。

（2）有些学生兼职就是为了赚钱，用兼职赚来的钱买奢侈品满足自己的虚荣心，这样就失去了兼职的意义。

（3）有些学生由于缺乏社会经验和急于求成，在兼职过程中往往容易上当受骗。另外，在兼职中遇到的安全问题也是一个很大的隐患。

（4）很多大学生抱着锻炼自己的心理去寻找兼职，但事实上，社会为大学生提供的工作大都偏向于体力劳动，技术含量并不高，要找到与自己专业对口的工作更加不容易。这样，绝大部分的工作无法满足大学生学以致用的需求，不但浪费时间，而且收获甚微。

（四）实习和兼职岗位的选择

目前，大学生做兼职多半是为了赚钱，但兼职真正的意义还是能力的培养。做兼职是件好事，但是也要有选择地做。要针对自己的兴趣爱好、专业来选择，并不是越多越好。最重要的是做对自己有意义的兼职。也就是说所兼职务对自己今后的事业有帮助，而不能只看薪酬待遇的高低。

实习或者兼职的目的因人而异，可以千差万别，而真正的目的只有自己清楚。只有在开始实习之前明确自己的目的，后面的路才会变得清晰明了。如果学生做兼职是为了毕业后被兼职单位留用，则应该在申请时搞清楚这个岗位是否有留用的机会，有的企业只是招收实习生或者兼职工作人员，那么这个岗位就显然不适合了。因此，明确好实习或者兼职的目的是每个同学选择岗位时应该思考的第一步。

（五）大学生实习和兼职陷阱分析

下面介绍大学生在实习和兼职过程中容易被骗的几种情况，供大家参考。

1. "黑"职介的骗局

一谈到大学生实习、兼职的陷阱，很多人都会想到"黑"职介。"黑"职介有以下几个特征：

（1）没有营业执照或营业执照过期。

（2）没有固定的办公场所。

（3）非职介机构，在经营其他项目时兼营中介。

"黑"职介利用学生涉世未深、求职心切，或夸大事实，或无中生有，以骗取中介费。常见的几种中介诈骗方式有：职介公司"金蝉脱壳"、用人单位收取抵押金、收取各种名目的费用、校园代理欺骗、工厂委托招工陷阱等。"黑"职介捞钱方式有：收取中介费后敷衍、搪塞，而未提供相应的工作；收取佣金过高；克扣工钱；榨取和瓜分所谓的职介费用。

2. 用人单位收取抵押金或抵押证件

一些用人单位在招聘时，往往收取不同金额的抵押金或收取身份证、学生证作为抵押物。这类骗局通常在招工广告上称有文秘、打印、公关等比较轻松的岗位或许以优厚的报酬等作为诱饵吸引大学生，求职者只需交一定的保证金或者其他一些费用，如服装费、建档费等即可上班。但往往在学生交钱后，招聘单位推托目前职位已满，要学生回家等消息，接下来便石沉大海。

案例

大学毕业生小刘在郑州北环一家电器贸易公司面试通过后，被要求交 360 元服装费，然后才能签合同、培训，再开始工作。交费后，她同该公司签了劳动合同，合同特别注明：如因个人原因辞职或自动离职，服装费由自己承担，公司不予退还。上班后，小刘因一直未被安排工作，她要求辞职并退还服装费，被对方以签有协议为由拒绝。

3. 娱乐场所高薪招工

有的娱乐场所以特种行业的高薪来吸引求职者。工种有代客泊车、侍者，有的甚至是不正当交易，年轻学生到这些场所打工，往往容易误入歧途。"星级饭店招聘男女公关经理，要求气质好、口才佳；无须工作经验，无学历要求；底薪 600 元，月薪可达上万元"。2015 年 8 月，一则贴在电线杆上的招聘广告引起了大学毕业生小马的注意，优厚的薪酬吸引他前去应聘。结果，想走致富捷径的小马被骗去 600 元。

4. 陷入传销组织

传销组织一般多以"介绍生意""介绍工作"或"招聘"等名义，谎称可以获得高额回报，利用亲属、朋友、同学、战友等各种关系，通过打电话、写信或者在互联网上发布信息等手段，将人员骗往异地，通过采取利诱甚至威逼、暴力等手段，对被骗人员进行人身控制和精神控制，使其最终交纳入门费，加入传销组织，并由被骗走向骗人的道路。

5. 代理销售陷阱

一些不法分子委托同学代理销售的货品为假冒伪劣产品，一旦不辨真伪，上当受骗，会损失大量的购买费用。校园代理让学生做代理，去招学生的同学，承诺招到一个人，给一定的酬劳。另外，有同学自称代理，招人去公司面试应聘，或直接交钱给代理人，害自己又害朋友。但某些情况下，学生做代理能拿到一些钱。不过这些钱是来自于被骗朋友所缴纳的钱。

6. 工厂委托招工陷阱

这种情况现在比较普遍，"黑"职介往往说沿海城市如苏州、杭州、深圳等地的电子厂、鞋厂等因为工人过年回家，员工不足，需要招聘学生到工厂做寒暑假工，许诺报销路费、体检费、包吃住，工资以计件付酬方式计算。这种招工看起来非常正规，但因为距离学校太远，学生遇到被骗时不便维权。

7. 无手续上岗

兼职上岗时用人单位不办理相关手续，如寒暑假有的同学到工厂打工，看似简单省事，但在关系到核心利益时往往会出现各种问题，没有有效的凭据来维护自己的权益。如寒暑假打工学生没有与用人单位签订任何协议，只有口头约定，当发生意外伤亡事故时，吃亏的还是学生。

8. 网络陷阱

网上招聘在为大学毕业生提供更为广阔的就业选择空间的同时，也催生了形形色色的网络招聘诈骗。一些不法分子利用当前就业形势严峻、学生涉世不深、缺乏社会经验和求职心切的心理而实施网络招聘诈骗，严重扰乱了就业市场秩序。很多网友们通过发帖曝光种种网络招聘诈骗陷阱。在此提醒大家，网上求职时，务必擦亮眼睛，提高防范意识，以免上当受骗。据了解，目前网上招聘诈骗主要有以下几种作案手段：利用网站发布虚假求职信息，以缴纳中介费、押金等名义实施诈骗；在求职网站上发布虚假招聘信息，设立虚假的某大型企业招聘网站，以向求职者索要手续费、押金等为名实施诈骗；利用求职者资料实施其他犯罪，如犯罪嫌疑人从网上查询到求职者资料后，打电话通知当事人前往应聘，伺机抢夺当事人的手机或包。

（六）大学生实习和兼职的防范措施

1. 学会辨别招聘信息

在收集招聘信息时，主要依据两个原则来进行整理：一是去粗取精，选择适合自己的；二是去伪存真，获取真实准确的信息。针对收集到的信息，不论是从网站上看到的还是报纸上看到的，或者是职介机构提供的，都要进行仔细分析，对于一些不正规的公司，只要细心观察，还是有些端倪可以看出的。

（1）招聘启事上无公司的名称及地址的。

（2）同一个招聘启事长期不断出现的（尤其是岗位要求很低的）。

（3）直接列出月薪多少的（尤其是报纸上的人事分类广告）。

（4）打出不合情理广告的（如高薪月入数万元、免试、免经验等）。

（5）利用电子信箱号码及电话招聘的。

（6）招聘启事上的联络电话是手机的。

2. 做足准备摸清公司底细

我们在做职业规划时有一项很重要的工作就是"知彼"，指的就是要了解我们将工作的社会环境、行业环境和具体工作单位情况。因此在实习和兼职中要做足准备，摸清公司底细。

（1）弄清楚对方公司名称、公司提供的职位、面试时间、公司地址、联系人及电话，并且要记在纸条上，做到心中有数。可以直接打电话询问公司背景、经营项目、员工多少及工作内容。

（2）面试前上网查询是否有企业网站，查看一下该公司的情况，做一些必要的了解，并和从其他途径获得的信息进行比对，以做到心中有数。如有无正规的工商注册、ICP 认证、联系方式等。诈骗网站一般会使用点不开的照片贴图迷惑人，联系人常自称×先生、×小姐；有的诈骗网站会从别的网站链接一些图书资料，或在首页醒目位置放置所谓的"工资发放清单"，以迷惑求职者。

（3）接到面试通知后先到工作地点探探虚实，如果对方不肯透露地址，可拨 114 查号台查询该公司的名称，如果在 114 查号台没有查到号码，应持怀疑态度坚决放弃；如果有联系号码，也应去现场看了之后再做决定。对于自己满意的工作，在正式工作之前一定要确认用人单位是否具备法人资格，是否具备工商管理部门颁发的营业执照，是否拥有固定的营业场所。如果没有合法的执照、固定的营业场所等，千万不要应聘。面试通知你到某个地方后等人来接的，一定要提高警惕。

3. 面试过程用心分辨真假

面试当天应提高警觉，用心观察面试地点及场合的情况，以保障自身安全，另外可借助一些细节观察该公司是否正规。

（1）面试时应提早十分钟到，先观察一下面试地点附近的地理环境与对外通道。比如有无保安、门卫，是否位于旧厂房、偏僻无人之处或住宅区，面试地点与招聘启事上的地址是否一致。

（2）进入公司后观察有无公开的公司招牌及各类登记证书；观察办公室隔间及员工座位的布置。

（3）面试时，不轻易食用公司提供的食品或饮料。

（4）是否有试用期或试用的不合理要求。

（5）为确保自身权益，询问清楚工作内容与劳动条件。

4. 不轻易缴纳任何押金，不抵押任何证件

当用工单位以管理为名收取一定数额的押金或保证金时，要谨慎。如果确实要缴，应将费用的性质、返还时间等明确写入劳动协议，以免被随意克扣。当用工单位要求以学生本人的有关证件作抵押时，一定要拒绝，谨防证件流失到不法分子手中而成为其非法活动的工具。证件的复印件也要谨慎使用，在递交复印件时，要在复印件上注明使用目的，使用完毕后最好收回。

5. 要签订劳务协议且要仔细阅读

大学生应在工作开始前与用工单位签订劳动协议。协议书一定要权责明确，如工资额度、发放时间、安全等，关系学生切身利益的方面，一定要在协议中详细说明以免被随意乱扣工资。此外，一定要仔细阅读合同或协议的所有条款，不要被少数用人单位的文字游戏所迷惑。如果与用人单位发生劳资纠纷，首先采取友好的态度以协商方式去解决，若发现上当受骗，应立即到相关劳动部门进行投诉，必要时采取法律手段。

6. 保持信息的畅通

（1）将面试和工作的公司、时间、地点告之室友、老师、家人，保持通信畅通。

（2）有意识地告知对方，自己的老师、朋友、家人对此次面试的相关情况是知情的，这样可以给对方一些警示。

（3）遇到问题及时与老师、家长沟通，尽量理智而妥善地解决。

（4）女生最好不单独外出面试，最好有友人相伴并备有适当的防范器物。

有的女生求职心切，自我保护和防范意识比较差，一听到有面试的电话就兴奋不已，对方要求约见时，没有留下详细的记录，也没了解面试单位的基本情况，更可怕的是在没有和其他人员说明去处的情况下，只身前往面试地点，这时便有可能遇到危险。建议女生不要单独外出面试，尽量不要在夜间工作，如果可能，可以和同学结伴外出工作。

（5）不要盲目贪图高薪。开出诱惑力十足的薪酬是吸引对行业无知者的常见手段。对于高薪兼职，侥幸心理不可存，逻辑判断很重要。以网络打字员兼职为例，目前专业录入员的月收入为4000元，但许诺高薪兼职，每月可轻松赚得10万元以上，则是无稽之谈。

7. 海投简历容易泄露信息

海投一度被高校学生奉为求职圣经，然而海投也有可能成为泄露个人信息的罪魁祸首。如果学生没有投简历而有某公司让自己去面试，估计是信息被泄露了。

8. 警惕传销陷阱

传销组织一般会盯着刚毕业的大学生。据专家人士分析，一是大学生离开父母监管之初，自立的意识较强，而其社会接触面不广，思想单纯，容易轻信他人，缺乏社会经验和识别陷阱的能力。二是传销组织利用当前大学生求职压力大、求职心切的心理，打着"高薪高福利招聘"或"低投入高回报创业"的幌子，将大学生骗入传销团伙。因此大学生应具备辨别能力。传销人员往往抓住大学生急功近利、容易轻信他人的心理抛出各种诱惑，让学生进入陷阱，如：提供条件优越、高薪的工作；很久不联系的朋友突然联系你许诺有工作岗位，提供的待遇丰厚；推销产品积累积分，达到一定级别后可以拿到丰厚的待遇。对此，同学们要保持清醒的头脑，天下没有免费的午餐，一分耕耘一分收获，要树立正确的世界观、人生观，学会靠自己的劳动改善自己的处境和生活，用智慧和汗水开拓自己的人生路。

辨认传销的方法如下：

（1）如果一位同学外出几天联系不上，则有可能被传销组织控制。

（2）如果这位同学说他实习了且所在的单位如何好，却又没有任何就业证明材料，也需要警惕。

（3）还没到工作单位就要求你向家里报平安，接着把你的手机拿去，噩梦就开始了。

（4）一到目的地就有另外的陌生人来陪伴，是为了加强对被骗者的控制。

（5）工作单位处于较偏僻的居民区，也是传销活动的特点。

9. 受骗要举报、投诉，要学会保护自己

当上当受骗时，要学会用政策、法律手段保护自己，如当被克扣工资时要到相关部门咨询。不能冲动，要冷静，不要有过激行为，以免引起打斗事件。

案例

被骗的小李

小李是某高校大三学生，他想趁假期找一份兼职工作，同时锻炼一下自己的社会实践能力。他在某人才网站看到了一条十分诱人的招聘信息：替淘宝商家刷钻，称按要求拍下宝贝，付款到支付宝就可以了。小李和对方取得联系后，对方让他开通网上银行，为某网店刷钻购买300元Q币。小李完成了任务，要求对方返还货款并支付佣金，对方却要他再购买300元Q币。被拒绝后，对方就将小李拉黑并"网络蒸发"了，而小李支付宝账号内的300元钱也被转走了。

专家点评

大学生在勤工助学期间权益受到损害的原因有以下几点：

1. 学校对勤工助学管理不规范

在对勤工助学特别是校外勤工助学的管理与实施中，许多学校的学生管理部门面临的是管理人员少、管理层次多的问题，没有把勤工助学管理工作真正落到实处。在校学生在校外从事勤工助学，或在校外勤工助学后，正当权益受到侵害的时候，学校的相关部门一般是无暇采取措施帮助学生维护权益。

2. 制度或相关法律监管不到位

目前，我国相关法律部门和学校对在校大学生勤工助学的监管几乎处于真空状态。多数学生只是想找一份勤工助学的工作挣点钱，然而当他们的合法权益受到侵害请求劳动部门帮助时，得到的往往是"不属于劳动法调解的事，我们无能为力"的答复。

3. 用人单位以及中介的欺诈行为

一些用人单位利用大学生急于求职的心理，在招聘中采取种种欺骗手段，如以试用期的名义盘剥大学生；向应聘大学生收取风险抵押金、培训费、建档费等各种不合理费用；招聘时以高薪为诱饵，进入单位后却违背承诺；甚至利用考试等形式将大学生的劳动成果无偿占有。

4.大学生法律及社会常识的缺乏

不少大学生缺乏法律意识，他们对劳动法及其相关的法规、对劳动合同、对自己应该享有的权益都了解太少，而对现在社会上存在的一些潜规则却盲目接受，因此，他们的合法权益容易受到侵害。

小李被骗主要是由于上述种种原因造成的。

大学期间如何合理地安排实习和兼职，应注意如下几点：

（1）时下，由于用人单位普遍看重学生的实习经验，导致有的人认为实习是找到好工作的敲门砖，而学习成绩只要过得去就可以了。似乎这种论调在校园里很盛行，刮起了一阵浮躁之风，甚至像北京大学这样的全国高等学府，也有学生在试卷上留言"我因为实习而无暇学习，请老师高抬贵手"，令人哭笑不得。许多大学生为了"增加社会经验，培养综合能力"，纷纷加入兼职大军，甚至一些大一新生也不甘人后，颇有泛滥之势，甚至影响了自身的学习。但是连自身的专业知识都没掌握好又怎能算一个合格的人才呢？现代社会竞争激烈，需要综合型的人才，这种人才专业知识基础扎实且知识面广博，还具有多种实践能力，即我们通常说的"一专多能"的人才，而不是那种空有一身"实践能力"却无理论知识的所谓的"综合型人才"。因此，我们需要合理地规划大学生活，做到专业学习和实践两不误。

（2）古希腊德尔菲神庙的墙壁上刻着一句话："认识你自己。"现在看来，这句话不仅对当时的希腊人很有教益，对我们当代人也具有深远的警示意义。人类发展的历程不仅是认识宇宙、征服自然的过程，也是认识自我、控制自我、发展自我的过程。我们每个人都需要通过自我认识对自己进行评价和定位。白雪公主童话里面的皇后经常拿镜子照自己，想通过神奇的镜子找到自己在"美丽排行榜"上的位置，这其实就是一种习惯性的自我认识行为，童话作者实在是深谙人类心理，因为只有人类才会不断通过比较、评价来为自己寻找坐标，否则人类就会陷入焦虑和迷茫中。所以我们必须要认识自己，并结合自己的专业进行职业规划。大学生职业生涯规划是一个由内而外的过程，即首先从自身特点出发，了解自己的职业兴趣、职业性格、职业能力和特长，然后根据这些特点谋划自己的职业生涯。所以我们必须有计划、有步骤地去认识自己、了解自己。

（3）要做到有计划、有步骤地认识和了解自己，就要结合所学专业，针对不同年级的学习、实践的不同需求进行目标管理，这样才能使自己在毕业时成为一专多能、满足社会需求的毕业生。

①一年级。入学第一年，应该注重自身对专业的认识并初步形成职业生涯规划理念，通过感性的认识加深对专业和大学生活的了解，培养专业意识，了解专业知识的需求，增加对专业学习的兴趣，初步了解专业的未来职业发展道路。可以积极参加各种学习、实践活动，加快从高中到大学的适应过程。走出校门，在保证安全的前提下参加各种社会实践活动，对社会经济发展现状有所了解，锻炼和提高个人综合能力（如人际交往能力、表达能力、抗压能力等）。

②二年级。正式进入专业知识学习阶段，这时对专业有了初步认识，可以利用假期或者业余时间到与专业相关的企事业单位见习、实习或者兼职，帮助自己在进入专业核心课程学

习前对专业知识在实际工作中的应用有一定了解，更快进入专业学习的角色。还可以在实习、兼职中了解所需要的综合素质和能力，有目标地培养和锻炼自己，还可以根据自身实际需要考取对提高就业能力有帮助的相关资格证。

③三年级。开始学习专业核心课程，这时可以结合专业实习或实训掌握相关专业技能，并利用假期或课余时间到大型企事业单位进行专业实习或兼职，在实践中检验专业学习所得，锻炼自己待人接物的能力，培养团队协作精神。

④四年级。在掌握专业知识和技能、了解自己职业定位的基础上，目标明确地进行毕业前的专业实习和兼职，争取实现高质量就业。

二、平平安安就业

大学生就业，是指大学生毕业后能获得一个职业机会并从事一定的职业。包括大学生获取一定职业的过程以及从事该职业的状态。

随着高等教育的大众化，我国高校毕业生人数急剧增加，大学毕业生就业压力加大，2008 年爆发的世界金融危机对中国经济和大学毕业生就业造成了巨大冲击，2013 年全国高校毕业生达 699 万人，高校毕业生的就业形势日趋严峻，就业问题已经成为最重要、最紧迫、最现实的民生问题之一。

案例

被欺骗的张某

张某是一名来自河南郑州的大学生。热衷于校园活动的他，早在临毕业前的 6 月份，无意中与一家中介公司取得了联系。当听到小张有暑期打工意愿后，中介公司的负责人立刻表示，他们手头有不少需要暑期工的公司，只要能联系到 40 个人，就能组团并且到同一家公司打工。为此，小张在学校范围内招了 40 个大学生，在简单签了一个协议后，40 个学生便踏上了打工之路。

这张协议上写明每个学生每月需要支付中介公司 200 元管理费。至于工作的具体情况，中介公司口头向小张等人承诺，月薪在 2500 元左右，一天最多工作 12 小时。随后中介公司的一句"一切都跟着劳动法走"，让小张等大学生倍感安心，并每人交纳了两个月 400 元的管理费。

很快，小张一行 40 人浩浩荡荡来到了苏州一家公司。谁料当大家兴冲冲赶到后，却被告知厂家根本不招人。收了钱却没安排工作，这让小张等人非常不满意，集体要求对方退钱。见情况不妙，陪同的中介只得到处打电话找寻"下家"。很快，一家位于嘉定区的机电制造厂表示，目前正缺少临时工。至于工资待遇等，中介表示和先前介绍的工作相同。等大家来到嘉定区的机电制造厂后，中介早已逃之夭夭。

（一）大学生就业的状态

我国长期以高考指挥棒为中心的教育模式，导致大部分大学生在进入大学之前从未考虑职业需求，入学选择专业时盲目追求热门，在校期间规划不足，毕业选择职业时较迷茫，存在着"无业可就""有业不就"和"有业不会就"的情况。

1. 对当前就业形势过分紧张,感觉就业无望

目前,高校毕业生就业的困难主要是结构性矛盾,大学生应该充分认识到我国正处在经济高速增长阶段,私营、个体经济成为就业的重要增长点,中小企业是再就业的主要载体。第三产业是扩大就业的重要增长点,社区服务是再就业的重要领域,大学生要主动降低就业期望值,到需要自己的地方去就业。

2. 传统就业观念的影响,就业期望值过高

一是部分学生还存在"等""靠"思想,寄希望于政府、家庭的帮助解决就业;二是大学生中存在一次就业的观念,缺乏进取心,希望进入"稳当"的行业,避免竞争风险与失业危机,如近几年居高不下的"考公务员"热潮;三是一步到位的就业观念,不愿意先就业后择业,对就业地域、薪酬的过高要求,势必造成就业资源的闲置和浪费,如毕业生中存在着"宁要东部一张床,不要西部一间房"的现象。

3. 就业自信心不足,造成就业错位现象

部分学生为了躲避就业高峰而选择深造,认为自己读完硕士或博士后,就业形势就会好起来,这种侥幸心理并不可取。客观的态度应该是勇敢面对,理性分析自身的优劣势和当前的就业形势,选择脱产学习或者在职学习的形式,积累自己的社会工作经验和知识技能。还有部分学生悲观地认为形势不好,不加考察和思考,有单位录用就贸然签约,却发现上当受骗。求职过程是用人单位与求职者"双向选择"的过程,大学生应不卑不亢,全面考察自身和用人单位的情况,在知己知彼的情况下才考虑签约事宜。

这些情况反映出大学生没有深入地了解职业发展的成功因素,对个人的职业生涯缺乏规划。在就业前,大学生一定要对自己有一个全面的自我认识、自我分析和自我定位,问一问自己:"你的志向是什么?你是擅长与人打交道还是擅长埋头做事?你是否掌握某种专业的技术?你能做什么?你看好什么行业和领域?"然后再分析哪些行业和领域存在机会,以及如何才能进入这个行业。应聘前考虑好三个问题,即你想做什么、你能做什么、企业认为你能做什么,以帮助自己迅速确定职业定位,增强就业的成功率。

(二)大学生求职的陷阱

与其他社会群体相比,大学生因付出了高昂的教育成本及背负着父母家族众望等原因,职业期望值及就业压力较大,加上招聘单位鱼龙混杂、招聘形式纷乱不齐、就业人群多样化,使大学毕业生在求职就业过程中处于弱势的地位。具体表现在许多用人单位的招聘为大学生设置就业的门槛,如户籍歧视、性别歧视、地域歧视、学历歧视、乙肝歧视等。同时,大学生在求职过程中很容易陷入用人单位的招聘陷阱,常见的有违约金、试用期、服务期、高薪陷阱等,还有部分大学生会面临试用期过长、违约金过高、就业协议性质和责任承担不明,用人单位随意更改就业协议内容、随意解约或不兑现用人协议条款等侵权情况,甚至招聘大学生搞传销或采取限制人身自由的方式强迫劳动等。当自身权益受损时,大学生由于缺乏法律知识,不懂寻求法律途径解决问题而失去维权的机会。大部分大学生在就业过程中,关心如何设计个人简历、如何应对面试等求职技巧,而忽视了就业法律保障方面的事项,对用人单位侵权行为缺乏防范意识,一旦自身权益受到侵害就不知所措。大学生只有深入学习和实践,充分掌握法律知识和辨识技巧,才能积极应对职业道路上可能出现的各种困难和问题,防止掉入就业陷阱,顺利实现自己的就业目标。

1. 误入传销组织

张某是某高校美术专业的毕业生。一天，张某接到朋友周某从广州打来的电话，希望他来公司工作。张某来到广州后，周某让他签订了一份合同书，并让他交押金3000元，并承诺如辞职离开公司，押金随时如数退还。张某认为周某与自己是朋友，又有合同和承诺，便拿出3000元交了押金。当天下午，周某就带三人开始对张某进行岗前"培训"。"培训"内容主要是怎样赚钱、怎样暴富和怎样不择手段赚钱以及"发展下线""金字塔"理论等。经过几天"培训""洗脑"后，公司让张某"上班"，工作任务是打电话蒙骗认识的、想找工作的人来"工作"。

张某的求职过程中有什么不妥当的地方？

此案例是典型的不法分子利用招聘诱骗大学生踏入非法"传销"陷阱。大学生被非法传销组织所骗受困的原因主要有：一是大学生自身防范意识薄弱，轻信他人上当受骗；二是对同学、朋友的介绍过于信任，没想到熟人也会骗自己；三是就业压力过大，择业时放松了必要的警惕，轻信以用人单位身份出现的非法传销公司；四是个别学生存在不劳而获的思想，被非法传销组织宣传的高额回报引诱，甘愿从事非法传销活动。

2. 保证金诈骗

韩某是大学毕业生，在人才交流市场经过初步了解，与某家公司达成就业协议。但韩某了解到，这家公司要收取200元的服装保证金用于制作工作服，离开公司的时候，200元可以退还。1个月后，韩某按照公司的约定来到公司的办公地点参加培训，但却发现，该公司早已经人去楼空，才知自己已经上当受骗。据了解，在这起诈骗案中，有150多名求职者上当受骗，其中大多数是刚刚毕业的大学生。

在就业过程中类似的诈骗案很多，骗子往往打着招聘的幌子，要么收取"报名费"，要么收取"保证金""培训费"，很多大学生为了获得工作的机会，明知道对方提出的是无理要求，也不敢拒绝。骗子们往往抓住大学生的这种心理，屡屡得逞。

3. 不合理条款

王某是大学毕业生，由于急于找工作，没来得及仔细推敲合同里的条款，结果不但失去了一份工作，还付出一笔违约金。据其称，他与某公司签合同时还未毕业，但该公司要求其进入实习期。在4个月的实习期里他卖力地工作，却只能得到300多元钱的"实习工资"。实习结束后，他以为工作已经敲定，打算回学校修完剩下的一些课程，9月份再回到公司正式上班。但当他向公司请假时，公司却以合同中"工作前两年不得连续请假一周以上"的条款为由认定王某违约，索要违约金。王某只好交了2000元的违约金。

在大学生择业的过程中，王某这种情况普遍存在，由于就业形势比较严峻，大学生在求职过程中往往处于弱势地位，很多用人单位提出了一些明显的不合理条款，如违约金、服务期等。大学生虽然知道这些附加条款有失公平，但也不敢明确表示异议。现实生活中，在职场上把"试用期"当成"剥削期"已经成了一些无良老板逃避法定义务的惯用伎俩。

4. 人身安全

女大学生王某几天前到省会某地做家教时被杀害。由于过分地轻信他人，该同学在未经认真核实的情况下，只身去应聘家教，结果遇害。另一起相关的案例是：女大学生吴某根据广告找到一家俱乐部做高级商务公关，在交纳400元"制卡费"后，却发现工作是"三陪"。

近年来，女大学生在就业过程中遇到不法侵害的事例层出不穷，这也给我们敲响了警钟，安全问题要时刻牢记，危险离我们并不遥远，就业机会有无数，但生命只有一次。

5. 个人信息泄露

毛某是大学毕业生的家长，日前在家中接到一个长途电话，称其是儿子目前工作单位的同事，其儿子在上班途中遇车祸受伤，正在医院抢救，急需手术费 5 万元。毛某闻讯立即拨打儿子的手机却怎么也打不通，因此相信真的出事了。就在此时，一个自称是儿子学校领导的人又打来电话，证实确有其事，并留下一个账号。毛先生连忙筹集了 5 万元汇去。几小时后，毛先生终于打通儿子的电话，方知上当受骗。

毕业生在求职过程中需要填写一些表格，其中涉及个人信息，尤其是网上求职，要求填写的内容更是事无巨细，从个人电话号码，到家长姓名、家庭住址、家庭电话、父母情况一应俱全。许多毕业生粗心大意，随意填写，或是随手将自己的简历给了不明身份的人，结果给骗子留下了可乘之机。

6. 自身利益受损

应届毕业生王某与某私企达成工作意向，双方当场签订了"高校毕业生就业协议书"。1个月后，王某毕业，并顺利进入用人单位开始工作。但该企业始终不愿意与小王签订劳动合同，得到的答复是：双方在就业协议书中并没有明确要求何时签订劳动合同，且关于工资、劳动期限等条款在就业协议书中已有约定，双方没有必要为此再另行签订劳动合同。王某觉得双方确实没有约定什么时候签订劳动合同，而单位不签劳动合同似乎也有道理，就不再向单位提起此事。不料一日王某忽被裁员，公司一分赔偿金也没给。王某后悔莫及。

"就业协议书"与"劳动合同"存在着不同，"就业协议书"只是一份简单的格式文本，诸如工作岗位、工作条件等劳动合同必备条款并不在"就业协议书"中直接体现，它对学生正式报到就业后的劳动权利无法全面保障。

（三）大学生求职中的安全应对措施

1. 确保就业信息的真实性、准确性和可靠性

对用人单位的需求信息要注意甄别真假，投递简历前应充分了解用人单位的情况。毕业生在求职时切忌急功近利，一定要保持冷静的头脑，尽量详细地了解招聘单位的实际情况，比如通过网络搜索查询目标公司名称，核实用人单位的法人资格、经营许可证、营业执照，通过电话向当地有关部门查询（推荐毕业生使用红盾网查询，红盾网是各地方政府工商局的门户网站，网上有工商局发布的各种公告、各行业的新规定、办事指南，并有网上办事大厅及查询平台和举报平台等方便群众办事、查询及对违法行为和不良信息的举报）。

一般不正规的公司的招聘行为有三个特点，一是不提供公司具体地址，以防求职者上门查证；二是提供公司地址，有详细的门牌号码，但是号码是假造的；三是所提供号码为无须身份注册的移动电话。现在多数骗子公司开始主动出击，通过浏览求职者在各种招聘网站填写的个人信息，主动打电话，实施诈骗。

2. 小心谨慎，时刻保持安全的警惕性

在求职过程中，毕业生应保持高度的警惕性，要擦亮眼睛，识别就业陷阱。如在求职或实习过程中自身合法权益遭到侵害，或有疑虑时，应在第一时间与学校就业工作指导部门或公安部门联系求得帮助。

面试时尽量结伴而行，如果无法结伴而行，至少要将自己的行踪告知辅导员或同学，最好是让辅导员或同学知道自己面试的时间与地点。面试地点偏僻、隐秘，或存在转换面试地点的情况，或要求夜间面试的，皆应加倍小心。特别是当用人单位约你到宾馆或其他非公开、非正式场合见面时，绝对不能贸然前往。

面试过程中要注意以下环节：一是应详记该单位及主试官的基本情况及特征；二是对方所谈及的工作内容空泛不具体时应有所警惕；三是身份证、毕业证书及印章等证件不宜留给对方；四是主试官说话轻浮、暧昧不清、眼神不正常等都是危险的前兆；五是如果有不安全、不对劲的感觉或不正常的状况，要以某种借口迅速离开该单位；六是拒绝不合理的邀约及要求；七是在面试时尽量不要随便喝饮料或吃东西。

如果遇到用人单位要交保证金或其他培训费用（如报名费、训练费、材料费等）时，一定要慎重，千万不要为了保住工作而盲目交费，也不可轻易出示银行账户号码及密码，以免不法之徒有机可乘。

3. 了解法律知识，学会保护自己

目前，法律课是大学生公共基础课，在大学一年级时开设，大学生真正接受系统的法律课堂教育的机会少，对《合同法》《劳动合同法》《就业促进法》等与就业有关的法律没有相应的了解，导致就业应聘时出现法律盲点。如毕业生找到合适的工作单位，双方达成就业意向后，毕业生需要签订《全国普通高等学校毕业生就业协议书》（以下简称《就业协议书》）。但有的毕业生正式到单位报到后，单位却一改初衷，擅自降低劳动报酬，变更原来双方约定的工作岗位，更有甚者以"试用期"（或"见习期"）为由不签订劳动合同，使得毕业生长期处于"试用期"，做最累的工作却拿最低的报酬，使利益受到侵害。

总之，在求职过程中，毕业生为了预防"陷阱"要做到"三忌"：一忌贪心，看到"高薪"字眼时首先要掂量一下自己，然后再摸清对方的背景；二忌急心，急于找工作的心理让一些人找到了借机骗财的机会，这些人以各种名义收取应聘者的费用后，便人去楼空；三忌糊涂心，求职者要对自己的职业生涯发展脉络有清楚的构想，只要仔细研究，是能识别招聘中的欺骗幌子。要时刻提醒自己，不交不知用途的款，不购买自己不清楚的产品，不将证件及信用卡交给公司保管，不随便签订文件，不为薪资待遇不合理的公司工作。

案例

几名大学生的求职经历

某高校计算机专业学生小王在暑假期间看到一家软件公司的招聘广告，于是去应聘。当该公司得知小王是计算机专业的学生，便把他安排到软件开发部实习。谁知小王干满一个月后，公司连基本工资都没给。小王便找公司询问此事，公司答复道："通过考查，公司认为你不适合在本公司兼职，因此不能与你签订劳动合同。"小王无奈，向公司提出补偿当月工资的要求，没想到该公司称，小王这个月属于实习，没有工资。小王只好气愤地走了。原来，小王进的是一家不良公司，它以试用期不合格为名，使用无偿劳动力，让小王这样的大学生付出了劳动却得不到一分钱的报酬。

小林独自一人来到繁华的深圳找工作。深圳虽有很多就业机会，但竞争也很激烈。当看到月工资5000元的招聘广告时，可能是过于兴奋，再加上缺少经验，小林失去了警惕心，对于对方提出的先交500元钱押金一事根本没有细想，毫不犹豫地把钱汇了过去。本以为这回工作有希望了，谁知，再打电话时已找不到任何联系人了。

小白也是受到高薪的诱惑。她先花70元买了公司的一瓶收缩水和一瓶保湿露，并认真地把产品介绍熟记于心，然后再去复试，结果却没有被录取。事实上这只是公司以招聘为名变相骗取学生钱财的一种手段，他们以各种理由拒绝录取应聘者。

专家点评

综观这些案例中学生被骗的经历，发现一个特点，即当知道自己受骗后没有寻求法律保护。这表明，这些大学生不但缺乏法律意识，更不懂得利用法律武器进行自我保护，这也是很多大学生求职时存在的问题。

近年来，不少年轻学子为了挣钱付学费或为了体验现实生活，自发利用寒暑假外出打工。一些骗子也趁机盯住这个"商机"，一双双黑手伸向外出打工的大学生们，使很多大学生上当受骗。

因此，一方面国家应该加强对大学生寒暑期打工市场的监督和管理，切实保障学生的合法权益和人身安全；另一方面，大学生打工时一定要提高法律意识，弄清各有关方面的情况，签订用工协议。这样一旦在打工过程中出现劳动纠纷，首先可以让校方出面与企业交涉，如果协调不成，再向法院起诉，通过法律途径解决问题，用法律武器来维护自己的合法权益。

为了更好地保护自己与身边的亲人朋友不受侵害，更好地服务社会，大学生们要注重对法律知识的学习，除了知法、懂法、守法，还要会用法，要善用法律武器，维护合法权益。

《劳动合同法》的相关规定如下：

（1）《劳动合同法》第十条规定："建立劳动关系，应当订立书面劳动合同。已建立劳动关系，未同时订立书面劳动合同的，应当自用工之日起一个月内订立书面劳动合同。"同时第十四条规定："用人单位自用工之日起满一年不与劳动者订立书面劳动合同的，视为用人单位与劳动者已订立无固定期限劳动合同。"

（2）《劳动合同法》第十九条规定："劳动合同期限三个月以上不满一年的，试用期不得超过一个月；劳动合同期限一年以上不满三年的，试用期不得超过二个月；三年以上固定期限和无固定期限的劳动合同，试用期不得超过六个月。同一用人单位与同一劳动者只能约定一次试用期。"

（3）《劳动合同法》第二十条规定："劳动者在试用期的工资不得低于本单位相同岗位最低档工资或者劳动合同约定工资的百分之八十，并不得低于用人单位所在地的最低工资标准。"第十一条规定，用人单位未在用工的同时订立书面劳动合同，与劳动者约定的劳动报酬不明确的，新招用的劳动者的劳动报酬按照集体合同规定的标准执行；没有集体合同或者集体合同未规定的，实行同工同酬。第二十条规定："用人单位为劳动者提供专项培训费用，对其进行专业技术培训的，可以与该劳动者订立协议，约定服务期。劳动者违反服务期约定的，应当按照约定向用人单位支付违约金。违约金的数额不得超过用人单位提供的培训费用。用人单位要求劳动者支付的违约金不得超过服务期尚未履行部分所应分摊的培训费用。"

这样的法律规定，有效遏制了用人单位利用订立合同时的优势地位强迫劳动者接受"天价违约金"的现象发生。

三、安全创业

创业本身是一种高风险的活动，多数大学生由于长时间在校园生活，缺乏社会经验，导致获取的知识较单一，缺乏市场运营和企业管理的相关知识及操作经验，大学生创业的成功率非常低。大学生创业除了要有激情、勇气、经验和资金扶持外，更需要有理性的思考和法律意识，时刻警惕在创业过程中所遇到的各种各样的风险，包括违法经营、合同纠纷、侵权纠纷、知识产权纠纷、劳动关系纠纷、票据纠纷、不正当竞争、产品质量问题等，有时法律风险甚至会大于市场本身带来的风险。不少大学生在创业过程中因为缺乏法律意识和足够的法律知识，导致法律纠纷频繁甚至违法犯罪，损害了商业信誉，导致企业资金链断裂、企业组织结构涣散，或者陷入旷日持久的诉讼，严重影响企业经营，甚至直接导致创业失败。

案例

23 岁的小舒是某科技发展有限公司的创办人，电子信息专业毕业后，和许多大学毕业生一样，他跑过招聘会，托过家人找工作。后来虽然有了一份不错的工作，但他却选择了辞职，他想在自己的专业上有所发展。很快，小舒和同学、朋友等 8 人筹资 7.8 万元，开始创办自己的公司。公司主营域名注册、网站建设开发等项目，并取得了一种产品的总代理资格。公司先后招聘了 20 多名员工，而且大多数是在校大学生，他们代理的产品也在不断地拓宽市场。但是经营公司和上学完全是两回事，短短几天时间，小舒就感到了压力，而且当初承诺办理公司注册手续的代理公司在拿了他 1 万元后杳无音信，一时资金短缺成了这家刚刚起步的公司的绊脚石。小舒一连几天没有吃顿饱饭，他拖着疲惫的身体跑学校、跑银行，但是没有获得贷款，"原因很简单，现在我没有房子、汽车做抵押，也没公司敢担保"。处于困境中，小舒作出了一个决定，通知媒体召开记者招待会让公司"破产"。其实，由于注册一直没办下来，从严格意义上来讲，小舒的公司还未成立便告夭折。

（一）大学生创业应该了解的政策

大学生年轻，思维活跃，想象力丰富，行事不受经验束缚，具有强烈的创新意识，在专业、技术、素质和能力等方面，大学生有着较之其他群体更大的优势。近几年，国家日益关注大学生创业工作，国务院及各级政府出台了许多优惠政策，涉及融资、开业、税收、创业培训等诸多方面，对打算创业的大学生来说，了解这些政策，才能走好创业的第一步。

（1）凡高校毕业生（含大学专科、大学本科、研究生）从事个体经营的，除国家限制的行业（包括建筑业、娱乐业以及广告业、桑拿、按摩、网吧等）外，自工商行政管理机关批准其经营之日起，1 年内免交个体工商户登记注册费（包括开业登记、变更登记，补换营业执照及营业执照副本）、个体工商户管理费、集贸市场管理费、经济合同签证费、经济合同示范文本工本费。

（2）高校毕业生申请个体工商户设立登记时，应当向登记机关出具普通高等学校颁发的毕业证书、个人身份证，以及省级高校毕业生就业工作主管部门签发的就业报到证；登记机关核实无误后，依法办理登记注册手续，并在"报到证"上注明登记注册时间、加盖登记机关印章后退回本人，在"个体工商户营业执照"经营者姓名后注明："高校毕业生"；高校毕业生凭"个体工商户营业执照"免交上述规定的有关费用。

（3）毕业年度内（自然年度 1 月 1 日至 12 月 31 日）高校毕业生在校期间创业的，可持"高校毕业生自主创业证"，向创业地县以上人力资源和社会保障部门提出认定申请，由创业地人力资源和社会保障部门核发《就业失业登记证》，一并作为当年及后续年度享受创业税收扶持政策的管理凭证。对持《就业失业登记证》(注明"自主创业税收政策"或附着《高校毕业生自主创业证》)的毕业生从事个体经营(除建筑业、娱乐以及销售不动产、转让土地使用权、广告业、房屋中介、桑拿、按摩、网吧外)的,在 3 年内按每户每年 8000 元为限额依次扣减其当年实际应缴纳的营业税、城市维护建设税、教育费附加和个人所得税。

(二)学校为大学生创业提供的服务

近年来,高校十分重视大学生创业能力的培养,大学生创业教育的核心要旨即是培养学生具有敢于创新创业的精神、勇气、素质和能力。共青团中央、中国科协、教育部和全国学联与各高校联合举办的中国大学生创业计划竞赛(简称"小挑"),已连续举办 9 届,是中国教育界最负盛名与影响力的创业计划竞赛。各地高校也纷纷出台各类举措,开展创业计划大赛、营销实战大赛、金融模拟大赛及 ERP 企业沙盘模拟赛等活动,开设创业教育等课程,广西财经学院还创建了大学生创业教育中心,在明秀、相思湖两个校区开办大学生创业孵化园,通过这些途径为在校生营造创业环境,提升创业能力。

(三)大学生创业的应对措施

1. 明确创业方向

大学生创业,必须先了解自己具备哪些能力、有什么优势,很多人创业失败的原因是没有从现有资源(能力、资金、人脉等)出发,而是去选择了一个根本不可能完成的任务。创业之初可以先分析一下自己的优势,盘点一下自己的各种资源与承担风险的能力。选对行业是迈开成功创业的第一步,在审视行业时,要做足功课,深入开展市场调研,眼光要向前看,要看清未来几年发展的趋势,不可盲目跟风、赶潮流。比如这几年视频网站很火,大家都一股脑地去做视频。调研后可以掌握更全面的信息,知道现在有多少视频网站在亏损,将行业发展的情况与自身的优势和资源作比较,理性判断这个行业是否值得投入。对于大学生而言,传统行业需要大量资金、人际关系,有些行业已经是夕阳产业,当一个产业或者一个项目关注的人太多的时候,其实对大学生创业往往是不利的,因为学生没有足够的优势、资源去参与竞争。可以尽量去选择一些新兴行业、朝阳行业,尽量去选择自己熟悉和感兴趣的行业。

2. 多方累积经验

在创业之初应尽量去找与自己相同或相通的行业进行实践学习,多方面给自己创造学习的机会,尽量从小做起,从基层做起,掌握行业规律,增加经验和资产,这里的资产指的是软资产。创业者在起步阶段遇到的很多问题都是由于缺少资金,缺少资金是一个普遍情况,在无法短期迅速解决资金短缺的情况下,就要尽量学会调动更大的资产——人脉资产、思维资产。缺少资金时,小本起家的创业者可以选择市场大而容易进入的行业。这样的行业没有太高的门槛,初创者会有较高的成功概率。大学生初创业或者出去工作时,应该多注重进行专业知识、管理能力、社会关系等的积累,积累得多了,创业就容易了。

3. 掌握法律知识

大学生创业不可避免地要参与市场竞争,参与市场竞争必须遵守游戏规则。在市场经济条件下,很多市场游戏规则已经被国家机关确认为法律法规。任何人的创业行为和任何企业的经营行为都必须得到法律的认可,才能得到有效的保护。所以大学生创业者应该充分掌握法律知识,助推创业成功。

目前,大学生创业过程中触犯法律的情况主要有以下两种:

（1）法律知识不足，犯而不知。

大学生能力和经验不足，创业和经营方面的法律知识欠缺。在创业和经营中没有意识到潜在的法律隐患，当问题爆发时没有能力处理，导致创业失败，甚至要承担法律责任；或是被对方钻了空子，无法保护自身的合法权益，只能吃"哑巴亏"。

（2）忽视法律风险，明知故犯。

大学生受过高等教育，大一即开设了思想政治修养及法律基础课程，但有些学生忽视了对创业、经营相关的法律的学习，尤其在实践中忽视法律。在风险和利益同时存在的情况下，大学生往往以赌博意识、投机心理和冒险行为替代理性思维，做出一些自认合理却不合法律规定的事，以致造成一些惨痛的教训。解决问题的根本办法是增强法律意识。大学生创业前，可通过实习或先就业学习和借鉴成功经营者的经验，如了解创业、经营中需要面对哪些法律问题，最好是向法律顾问、律师咨询后再签订合同，洽谈业务中请他们帮助把关，规范操作以降低创业风险。尤其不能以赌博意识、投机心理和冒险行为博取一时的成功和利益。

4.大学生创业应该掌握的法律知识

大学生创业应该掌握的法律知识如下：

（1）组织形式问题。

根据我国法律法规的规定，我国的企业组织形式很多，包括有限责任公司、股份有限公司、外商独资企业、中外合资企业、中外合作企业、集体企业、股份合作制企业、个人独资企业、合伙企业、个体工商户、加盟连锁等。一般而言，高校毕业生刚刚走向社会，经验不够丰富，资金也不够充裕，承担风险的能力相对较弱，进行创业时所能选择的创业组织形式有个体工商户、个人独资企业、合伙企业、有限责任公司等形式。根据中国有关法律制度的规定，这些不同形式的组织和个体，其投资者承担的责任是不一样的。个体工商户和个人独资企业的投资者对企业的债务要承担无限责任；合伙企业的普通合伙人对该企业的债务承担的是无限连带责任，有限合伙人则以其认缴的出资额为限对企业债务承担有限责任；有限责任公司的股东仅以其认缴的出资额为限对公司债务承担有限责任。大学生创业者在选择创业组织形式时，需要了解以不同组织形式存在的法律风险，然后根据自己的实际情况选择适合自己投资的组织形式。无论选择何种组织形式，大学生创业者都必须到工商行政管理部门领取营业执照和办理相关手续后，方可开始营业。

（2）合同法律风险。

合同是平等主体的自然人、法人和其他组织之间设立、变更、终止民事权利义务关系的协议。合同法律风险主要指在合同订立、履行过程中遭受利益损失的可能性。大学生在创业过程中不可避免地要签订各种合同，如租赁合同、买卖合同、运输合同等，由于缺乏对合同法律知识的了解，大学生创业者掉进合同陷阱的情形比比皆是。在订立合同时，可能产生的法律风险主要是以下几个方面：一是订立合同的当事人主体资格是否合法，即是否具备订立合同的资格；二是订立合同的内容是否合法。这就需要在订立合同之前先做必要的调查和了解，以确保订立的合同是有效和可以履行的。在合同履行的过程中，发生的法律风险主要是合同纠纷，要善于用法律手段解决问题。

大学生创业者还要注意收集一切重要的证据，尤其是在商品多、交易额大的交易和借贷关系中，更要做到签订书面正式合同文本，不仅要签订正式合同，更要注重合同的有效性和保护性。许多大学生创业都是在亲朋好友的帮助和支持下完成的，但在经营过程中不要受兄弟情、朋友情的影响，否则发生纠纷时往往很难处理。切记要把友情、义气转化成文字说明，比如合同、收条、借据等，这样自己的权益才有保障。

大学毕业的小捷（化名）在毕业前夕的 5 月份和几名低年级的同学共同投资 2 万元创办了一家免费电影网站。然而，他怎么也想不到的是，其在校期间创办的这家网站被杭州某影视公司以"版权侵权"起诉，要求索赔 60 万元，这样的索赔数额对他们来说无疑是个天价，最后不得不结束了自己的创业初征之路。

（3）知识产权风险。

知识产权又称智力成果权，是指人们对自己的智力活动成果依法享有的各种权利，包括商标权、专利权、著作权等，是企业非常重要的无形资产。对于商标权和专利权，要提出申请并经审查通过后方可取得，而著作权只要符合条件，完成便可取得。一旦某个主体取得这些权利，便享有专用权和排除其他主体的使用权，但他享有专用权是有一定的时间限制的。大学生创业中涉及的主要领域是具有明显创新特点的高新技术产业，高新技术开发投资高、产出高、风险大，同时高新技术产品具有易被复制、仿造且成本低廉的特点。这些特点注定高新技术产业需要知识产权法律的特别保护。此外，高新技术企业在发展过程中面临的开发研究、转化、转让、市场化等过程，也需要知识产权法律的保驾护航。实际中，大学生创业者中因不懂得知识产权法律知识而侵犯他人权利和不懂得维护自身知识产权的例子大有人在。因此，大学生创业者必须学习和了解这方面的内容，做到既不去侵犯别人的知识产权，同时又学会依法保护自身的知识产权。

（4）管理制度风险。

根据《劳动法》《劳动合同法》等法律法规的规定：企业等实体经济组织应当建立完善的人事管理制度、员工手册制度、保密制度等，有效防范劳动用工法律风险；同时企业应当主动与劳动者订立劳动合同、缴纳社会保险，应当促使企业负责人及人事部门工作人员以接受讲座、培训等多种形式熟悉劳动法律知识，提高预防和处理劳动纠纷的能力。自 2008 年 1 月 1 日《劳动合同法》正式实施以来，企业用人成本明显增加，对员工辞退和合同解除的要求十分严格。在此情况下，创业者如不足够重视，仍然不和劳动者订立劳动合同，不按规定为劳动者缴纳社会保险，不能建立比较完备的人事管理制度等，那么，在劳动者法律意识逐步增强、社会舆论导向不利的情况下，企业就会陷入不必要的法律纠纷。因此，在企业建立之初，管理者必须根据相关法律法规建立健全组织内部的人事管理制度，用完善的制度规避法律风险，避免企业遭受不必要的损失。

案例

<h3 style="text-align:center">法律不会纵容无知者</h3>

张某是某大学广告设计专业的大三学生。有一年，张某到我国台湾省去旅游，在台北看到一家经营礼品安全套的小店，里面的商品很受青年男女欢迎，许多人都抢着购买，生意非常火爆。出于好奇，张某也买了几件回来，并将商品发到购物网站上，没想到第二天就有几十个要购买的跟帖。这让张某很兴奋，于是他以台湾那家店为货源地，在淘宝网上开了个小店，开始卖这种商品。慢慢地，他的网上小店生意红火起来，有时一个月就能卖三千多元，甚至四五千元。赚了钱后，张某开了一家实体店。同时，他开始在网上寻找供货商，把生意

规模慢慢变大。由于工作繁忙，张某无暇顾及学业，因此决定休学一年进行创业。张某向父母借了5万块钱注册了一家保健品公司，并为自己设计的礼品安全套申请了商标。

考虑到有些人感觉安全套拿在手里比较尴尬，张某就发挥所长，为商品设计了一种搞笑的包装，以淡化这种尴尬。这种包装一般都是各种证件样式，比如"色狼证""处男证""奖状"等，还有一些曾经在网络论坛上风行一时的贴图、网友酷爱的签名档，也被张某拿来设计成为安全套的包装，并将一些名人头像印上安全套包装盒，再配上一些便宜的小饰物，经过这样组合，使普通的安全套马上就变成了时尚礼品。一个礼品一般装有两个安全套。售价在十几元甚至几十元不等。

张某的这种"时尚"安全套礼品一经推出，就受到很多年轻人的喜爱，在半年时间内他的营业额就有了爆发式的增长，加盟者也剧增，全国很多大中城市都有他的加盟店。但火爆的同时，也引起了更多家长的非议，于是，有人将张某的公司举报给了当地工商部门。工商部门对张某的公司进行了检查。经检查发现，这些安全套礼品非法使用了人物肖像和国家机关名称，违反了《广告法》，而仓库里存放的安全套大部分都没有中文文字，可能属于非法产品。工商局以违反《广告法》和《产品质量法》的案由对张某进行了处罚。面对处罚张某感到很迷茫，他没想到自己使用一些头像和名称竟然违反了法律。最后，张某停办了这家保健品公司，返回学校继续学习，他表示回校后一定要加强法律知识的学习。

专家点评

案例中，张某休学创业本也无可厚非。比尔·盖茨也是没毕业就缔造了软件业帝国——微软。通过创业，张某可以在社会的大熔炉中得到锻炼，年轻人勇于闯世界，创事业，是件好事。

张某也确实有做生意的头脑，他利用自己学广告设计的专业知识为商品设计了时尚靓丽的包装，再加上一些廉价的小饰品，使一个本来普普通通的安全套，刹那间成为流行于年轻人中的时尚礼品。张某的公司也在半年内大规模扩大，销售额不断上涨，加盟商遍布全国各大城市。

然而，就在他盲目地构筑他的"安全套王国"时，"滑铁卢"的命运却接踵而来，工商部门经过检查发现张某的安全套礼品非法使用了他人肖像和国家机关的名称，违反了《广告法》。而且，从网上联系到的货源大部分都不符合《产品质量法》规定的标准，属于非法产品，工商部门最终因产品违反《广告法》和《产品质量法》对他进行了查处。

《中华人民共和国广告法》第九条规定："广告不得有下列情形……使用国家机关、国家机关工作人员的名义。"第三十三条规定："广告主或者广告经营者在广告中使用他人名义或者形象的，应当事先取得其书面同意。"

安全套产品没有中文标志和中文说明，而《中华人民共和国产品质量法》第二十七条规定："产品或者其包装上的标识必须真实，并符合下列要求：（一）有产品质量检验合格证明；（二）有中文标明的产品名称、生产厂厂名和厂址；（三）根据产品的特点和使用要求，需要标明产品规格、等级、所含主要成分的名称和含量的，用中文相应予以标明；需要事先让消费者知晓的，应当在外包装上标明，或者预先向消费者提供有关资料；（四）限期使用的产品，应当在显著位置清晰地标明生产日期和安全使用期或者失效日期；（五）使用不当，容易造成产品本身损坏或者可能危及人身、财产安全的产品，应当有警示标志或者中文警示说明。"

张某的产品中没有中文文字，工商部门认为这些产品可能是非法产品，来源不明，以违反《产品质量法》给予了查处。

《高校毕业生自主创业证》的申领程序和监督管理：

（1）毕业年度内高校毕业生在校期间创业的，注册登录教育部大学生创业服务网站（网址：http：//cy.ncss.org.cn），按照要求在网上提交"高校毕业生自主创业证"申请。

（2）所在高校对毕业生提交的相关信息进行审核，通过后注明已审核，并在网上提交学校所在地省级教育行政部门审核。

（3）高校所在地省级教育行政部门依据学生学籍学历电子注册数据库对高校毕业生的身份、学籍学历、是否为应届高校毕业生等信息进行复核并予以确认。税务部门、人力资源和社会保障部门、高校和学生本人都可随时查询。

（4）工作流程建议。应届毕业生在网上提交申请后，所在高校应在3~5个工作日之内完成网上审核，省级教育行政部门在接到高校提交的申请后3~5个工作日内完成审核，由高校自行打印并发放。原则上应在高校毕业生提交申请后10个工作日之内办结。

（5）规范管理。《高校毕业生自主创业证》由国家教育行政部门统一样式并印制（带防伪标志），按毕业生比例下发至各个省级教育行政部门。省级教育行政部门负责发放到高校并在网上审核确认。《高校毕业生自主创业证》采用实名制，限本人使用；若遗失或损毁，高等学校应依申请及时补发、换发。

第五章

应急自救

第一节　公共突发事件

一、突发事件的含义

突发事件可被广义地理解为突然发生的事情：第一层的含义是事件发生、发展的速度很快，出乎意料；第二层的含义是事件难以应对，必须采取非常规方法来处理。

《中华人民共和国突发事件应对法》规定，突发事件，是指突然发生，造成或者可能造成严重社会危害，需要采取应急处置措施予以应对的自然灾害、事故灾害、公共卫生事件和社会安全事件。

二、突发事件的分类与分级

（一）突发事件分类

1. 自然灾害

主要包括水旱灾害、气象灾害、地质灾害、海洋灾害、生物灾害和森林草原火灾等。

（1）气象灾害是较为极端的天气气候事件，对人类的生命财产和国民经济建设及国防建设等会造成的直接或间接的损害。主要包括台风、暴雨（雪）、寒潮、大风（沙尘暴）、低温、高温、干旱、雷电、冰雹、霜冻和大雾等所造成的灾害。

近年来，我国气象灾害呈现种类繁多、分布地域广、发生频率高的特点，严重影响经济社会发展和人民群众的生产生活，每年造成的经济损失平均在 2000 亿元以上。

（2）地质灾害是指在自然或者人为因素的作用下形成的，对人民生命财产、环境造成破坏和损失的地质作用（现象）。它的主要类型有地震、崩塌、滑坡、泥石流、水土流失、地面塌陷和沉降、地裂缝、土地沙漠化、煤岩和瓦斯突出、火山活动等。

①泥石流是指存在于山区沟谷中，由暴雨、冰雪融化等水源激发的，含有大量的泥沙、石块的特殊洪流。

案例
深圳泥石流事故背后的启示[①]

2015 年 12 月 20 日 11 时 40 分许，广东省深圳市光明新区凤凰社区恒泰裕工业园发生山体滑坡，附近西气东输管道发生爆炸。根据现场指挥部 21 日上午 9 时发布的最新消息，目前失联 91 人，其中 59 名男性，32 名女性。

②地震是由地球内部的变动引起的地壳的急剧变化和地面的震动。

案例
云南江城县 4.3 级地震已致 2257 人受灾[②]

中新网昆明 2016 年 3 月 7 日电（王艳龙　陈静）　云南省江城县外宣办 7 日发布，截至 13 时，当日早间发生在该县的 4.3 级地震已造成 505 户 2257 人受灾，民房受损 285 间，无人员伤亡及房屋倒塌。

3 月 7 日 09 时 24 分 42 秒，云南省普洱市江城县曲水镇坝伞村大地村民小组（东经 102.1 度，北纬 22.5 度）发生 4.3 级地震，震源深度 10 千米，全县有明显震感。

（3）生物灾害是指少数生物偶然抢占生态位，导致原有生物种群之间的共生、竞争、协同等平衡关系遭到破坏，超出了生态系统自身恢复能力，导致人员、财产、环境等产生损失。它的主要类型有两种："暴露于微生物"造成的灾害属于新的"生物灾害"中的病害；"暴露于有毒物质"属于"环境污染"或其他灾害产生的有毒物质的侵害（如火山爆发、火灾、爆炸等）造成的次生灾害。

2. 事故灾害

主要包括煤矿、非煤矿山、危化品生产企业、建筑等安全生产事故，交通事故，公共设施和设备事故，核辐射事故，环境污染和生态破坏事故。

（1）安全生产事故。指生产经营活动中发生的意外的突发事件，通常会造成人员伤亡或财产损失，使正常的生产经营活动中断。

案例
南昌大学食堂天花板坠落致多名学生被砸伤[③]

2015 年 5 月 1 日下午 2 点 50 分左右，南昌大学食堂天花板一块石膏吊顶忽然掉落，造成 2 位学生骨折、3 位学生轻微皮外伤。经诊断，1 名女学生为右锁骨骨折，1 名男学生为第 1、2 椎体压缩性骨折，其余 3 名学生均为轻微皮肤擦伤。

（2）交通事故。按《中华人民共和国道路交通安全法》第一百一十九条第五项规定："'交

①　深圳泥石流事故背后的启示[EB/OL].搜狐，http：//www.sohu.com/a/49897374_160337，2015－12－22
②　云南江城县 4.3 级地震已致 2257 人受灾[EB/OL].搜狐，http：//news.sohu.com/20160307/n439651896.shtml，2016－03－07
③　南昌大学食堂天花板坠落致多名学生被砸伤[EB/OL].佰佰安全网，http：//www.bbaqw.com/wz/7820.htm，2015－05－04

通事故'，是指车辆在道路上因过错或者意外造成的人身伤亡或者财产损失的事件。"

案例

南昌大学校内发生一起车祸　3 名女生被撞伤①

2013 年 5 月 12 日南昌大学校内商业街口发生一起车祸，3 名女大学生在穿越马路的时候被一辆白色小轿车撞倒，并送往医院。

据目击者称，下午 2 点多，南昌大学校内商业街口发生车祸。当时 3 名被撞女生中的 2 名躺在地上一动不动，另一名女生瘫坐在小轿车前方不停哭泣。撞人的小轿车前脸凹陷，挡风玻璃出现裂痕，肇事女司机当时吓得不知所措。

（3）核辐射事故。根据《国家环境保护总局辐射事故应急预案》的规定，主要指除核设施事故以外，放射性物质丢失、被盗、失控，或者放射性物质造成人员受到意外的异常照射或环境放射性污染的事件。

主要包括：

①放射源丢失、被盗、失控等核技术利用中发生的辐射事故；

②铀（钍）矿冶及伴生矿开发利用中发生的放射性污染事故；

③放射性物质（除易裂变核材料外）运输中发生的事故；

④国外航天器在我国境内坠落造成环境放射性污染的事故。

3．公共卫生事件

主要包括突然发生的、造成或者可能造成社会公众身心健康严重损害的重大传染病、群体性不明原因疾病、重大食物和职业中毒以及因自然灾害、事故灾难或社会安全事件等引起的严重影响公众身心健康的事件。

（1）重大传染病疫情，是指某种传染病在短时间内发生，波及范围广泛，出现大量的病人或死亡病例，其发病率远远超过常年的发病水平。

（2）群体性不明原因疾病，是指一定时间内（通常是指 2 周内），在某个相对集中的区域（如同一个医疗机构、自然村、社区、建筑工地、学校等集体单位）内同时或者相继出现 3 例及以上相同临床表现，经县级及以上医院组织专家会诊，不能诊断或解释病因，有重症病例或死亡病例发生的疾病。

4．社会安全事件

主要包括恐怖袭击事件、民族宗教事件、经济安全事件、涉外突发事件、群体性事件以及其他刑事案件等。

（1）恐怖袭击事件。是指极端分子人为制造的针对但不仅限于平民及民用设施的不符合国际道义的攻击方式。从 20 世纪 90 年代以来，恐怖袭击有在全球范围内迅速蔓延的严峻趋势。极端分子使用的手段也由最初的纯粹军事打击演化到绑架、残杀平民及自杀、爆炸等骇人的行动。

（2）群体性事件。是指一定数量的人在缺乏法定程序和依据的情况下，产生的具有共同

行为指向并对社会秩序造成一定影响的事件。

案例

甘肃一女生坠亡引发群体性事件 致当地市长受伤①

2015年12月28日下午,甘肃省金昌市永昌县13岁初一女生赵某在当地城关镇御山城市广场高层坠亡,事件系其偷窃一超市巧克力等食物引发。由于受极少数人员的煽动,30日上午10时40分,有人到华东超市门口摆放花圈引起群众围观,公安机关及时依法进行了处置,12时左右群众陆续散去。下午14时左右,数千名群众再次聚集在华东超市东街店和西街店门口,冲击超市大门,损坏周边道路防护栏,围攻现场维持秩序的公安干警,损坏执勤车辆。为疏导群众情绪,防止事态进一步扩大,市委、市政府主要领导赶赴现场进行指挥处置,劝离围攻群众。

(二)突发事件分级

根据《中华人民共和国突发事件应对法》的规定,按照社会危害程度、影响范围等因素,自然灾害、事故灾难、公共卫生事件分为特别重大、重大、较大和一般四级。法律、行政法规或者国务院另有规定的,从其规定。

突发事件的分级标准由国务院或者国务院确定的部门制定。

(三)突发事件预警分级

根据《中华人民共和国突发事件应对法》的规定,可以预警的自然灾害、事故灾难和公共卫生事件的预警级别,按照突发事件发生的紧急程度、发展势态和可能造成的危害程度分为一级、二级、三级和四级,分别用红色、橙色、黄色和蓝色标示,一级为最高级别。

预警级别的划分标准由国务院或者国务院确定的部门制定。

第二节　常见突发事件的应对

一、自然灾害

(一)台风

(1)密切关注媒体有关台风的报道。

(2)尽量不要外出,更不要在临时建筑、挡土墙、边坡、广告牌、铁塔等附近避风避雨,车辆尽量避免在强风影响区域内行驶,尽量避免在低洼积水区域行驶。

(3)不宜靠近铁塔、变压器、吊机、金属棚、铁栅栏、金属晒衣架等,不要在大树底下以及铁路轨道附近停留。

(4)及时搬移屋顶、窗口、阳台处的花盆、悬吊物及其他杂物等,室外易被吹动的东西要

---

① 甘肃一女生坠亡引发群体性事件 致当地市长受伤[EB/OL].搜狐,http://news.sohu.com/20151231/n433114737.shtml

加固；检查门窗、室外空调、太阳能热水器等设施的安全。

（5）准备好手电筒、收音机、食物、饮用水及常用药品等，以备急需；并检查电路、煤气，防范火灾。在台风去后，不要去电线吹落处玩耍。看到落地电线，无论电线是否扯断，都不要靠近，更不要用湿竹竿、湿木杆去拨动电线。若住宅区内架空电线落地，可先在周围竖起警示标志，再拨打电力热线报修。

（二）暴风雨

（1）尽量不要外出。同时立即关好门窗，避开有金属管道的地方，切断家用电器电源。低层居民家中的电器插座、开关等最好移装在离地 1 米以上的安全地方。不要在高楼阳台上逗留，提早将阳台上的盆栽搬到安全地方。一旦室外积水漫进屋内，应及时切断电源，然后将人员转移到安全地区；最后采取一切有效办法，将水挡于门外，并排除室内积水。

（2）在外行走时尽可能绕过积水严重地段，在积水中行走特别要注意观察，防止跌入阴井及坑、洞。如在街上遇到雷雨大风，应立即到室内避雨，不要在孤立的大树、高塔、电线杆、大型广告牌下躲雨或停留；尽量走出地下商场，选择其他避雨场所。

（3）开车时应检查发动机是否进水，如果发现发动机潮湿或者进水，应该赶快停车；不要高速过水沟、水坑。见到积水处不要左闪右避，否则容易使后面司机误解，造成意外；保持足够的安全距离；并线时多看多观察。及时打开夜间行车灯；对于未知水深的路段，下车巡视或者等待。

（三）沙尘暴

（1）沙尘暴即将或已经发生时，应尽量减少外出。

（2）沙尘天气发生时，应戴好口罩或纱巾等防尘用品，以避免风沙对呼吸道和眼睛造成损伤。骑车要谨慎，减速慢行。若能见度差，视线不好，应靠路边推行。远离水渠、水沟、水库等，避免落水发生溺水事故。过马路时注意安全，不要贸然横穿马路。如果伴有大风，要远离高层建筑、工地、广告牌、老树、枯树等，以免被高空坠落物砸伤。在牢固、没有下落物的背风处躲避，或寻找安全地点就地躲避。

（3）发生风沙天气时，不要将机动车辆停靠在高楼、大树下方，以免玻璃、树枝等坠落物损坏车辆，或防止车辆被倒伏的大树砸坏。

（4）从风沙天气的户外进入室内，应及时清洗面部，用清水漱口，清理鼻腔，有条件的应该洗浴，并及时更换衣服，保持身体洁净舒适。

（5）风沙天气发生时，呼吸道疾病患者、对风沙比较敏感的人员不要到室外活动。近视患者不宜佩戴隐形眼镜，以免引起眼部炎症。

（6）一旦有沙尘吹入眼内，不要用脏手揉搓，应尽快用清水冲洗或滴眼药水，保持眼睛湿润，以利于沙尘流出。如仍有不适，应及时就医。

（四）大雾"回南天"

（1）出门时一定要穿鲜亮或深色的衣服。开车时关闭大灯，控制车速，保持相当的安全距离，一般要保持在 100 米以上。

（2）要提前关闭门窗，防止室外暖湿气流进入。

（3）要注意人体保健。"回南天"气温虽然突升，但这时地面还没有来得及升温，特别是室内地面仍然阴冷潮湿，不要急着换上轻薄的衣裤，特别要注意关节保暖。"回南天"非常有利于细菌生长，食品、衣物易发霉，要特别注意饮食卫生，衣服要及时烘干或熨干，不穿有异味和潮湿的衣物。"回南天"也容易让人疲惫心烦，应多开灯驱除烦闷，多参加社会活动和体育锻炼。

（五）地震

（1）小地震时躲在桌子底下确实可以避免被上面掉下的东西砸到，但是碰上大地震，那些躲在桌下、床下和柜子里的人往往是最先被压到的。建议平常就要心中有个谱：房间里什么东西最结实。

（2）如果地震时身在高楼层，与其跳楼被摔死、走楼梯被撞伤或乘电梯被困，还不如留在原地找好躲避处。

（3）在高楼层的人最好不要盲目逃命，因为首先下楼要花很多时间；其次在高层走楼梯的话很有可能被掉下来建筑构件砸伤，会增加中途受伤的概率。而如果在较低楼层的人就可以选择先出楼层，然后找空旷地方等待救援。

（六）泥石流

（1）下雨时不在沟谷中停留或行走，刚下过大雨也不要到野外活动。如果身边发生泥石流、塌方、滑坡险情，不要惊慌，赶紧到坚硬的大岩石块下蹲着，因为大岩石块会挡住从山上滚下的碎石，人不至于被砸伤；或者躲避在树林密集的地方，因为碎石滚落遇到树就会减速，这样伤害会减小。也可以立刻往与泥石流呈垂直方向的两边山坡上跑，跑得越快、爬得越高越好。

（2）一般发生泥石流的时候，外面的响声特别大，轰隆轰隆的，有时还伴随着牛羊的嘶鸣。此时唯一的办法就是往高处跑，跑得越快越好。

（3）如果正在车里，应迅速观察周围，如果只是小型的泥石流或落石，那还是待在车里比较安全；也可以跑出车外，向高处爬；还可以躲到车的背面。此时一定要仔细观察，如果规模变大，那就要迅速逃离。如果碰巧在隧道内，那就赶紧冲出去；如果在桥上，也要尽快通过，然后把车开到靠近山脊的山腰处，迅速弃车向高处凸出的山腰处跑。注意要避开山脊和山谷。山谷容易有泥石流和滑坡，山脊则可能会塌方。当然不是说山腰就没有以上这些危险，只是相对而言稍微安全些。

（4）设法脱离险境。如果不幸受伤，找不到脱离险境的好办法，就要尽量保存体力，不要乱动，以免使骨头错位，影响下一步治疗。最实用的方法是用石块敲击能发出声响的物体，向外发出呼救信号，不要哭喊、急躁和盲目行动，这样会大量消耗精力和体力，尽可能控制自己的情绪或闭目休息，等待救援人员到来。

（5）如果有遭受泥石流、塌方、滑坡导致受伤的人，首先要将其受伤的部位固定下来，不要晃动；其次就是要想办法包扎，避免流血过多；最后就是快速求援，发出呼救信号。

（七）踩踏

（1）出现踩踏事故，当拥挤的人群向着自己行走的方向拥来时，应避到一边，切记不要逆着人流前进，可以暂时躲进路边商店、咖啡馆等处。注意远离店铺的玻璃窗，以免因玻璃破碎而被扎伤。

（2）如果已陷入人群之中，一定要先稳住双脚，不要弯腰，如有可能，抓住一样坚固牢靠的东西。若被推倒，要设法靠近并面向墙壁，身体蜷成球状。

(八)溺水

(1)不要独自一人外出游泳，更不要到不熟悉水情或比较危险的地方去游泳。选择安全的游泳场所，对游泳场所的环境卫生、水下情况要了解清楚。

(2)必须要有组织地在熟悉水性的人的带领下去游泳，并指定救生员做安全保护。

(3)要了解自己的身体健康状况，平时四肢容易抽筋者不宜参加游泳或不要到深水区游泳。要做好下水前的准备，先活动活动身体，如水温太低应先在浅水处用水淋洗身体，待适应水温后再下水游泳；有假牙的人应将假牙取下，以防呛水时假牙落入食管或气管。

(4)对自己的水性要有自知之明，下水后不能逞能，不要贸然跳水和潜泳，更不要酒后游泳。

(5)在游泳中如果突然觉得身体不舒服，如眩晕、恶心、心慌、气短等，要立即上岸休息或呼救。

(6)在游泳中，若小腿或脚部抽筋，千万不要惊慌，可用力蹬腿或做跳跃动作，或用力按摩、拉扯抽筋部位，同时呼叫同伴救助。

二、公共卫生事件

(一)流行性感冒

(1)在流感流行期间，应尽量避免去公共场所或参加大型集会等集体活动，到公共场所应戴口罩，不到病人家串门。

(2)居室要常开窗通风换气，使室内保持阳光充足、空气新鲜。

(3)均衡饮食，适当运动，保持充足的睡眠，避免过度疲劳。

(4)养成良好的个人卫生习惯，勤洗手，避免用手触摸眼睛、鼻子和嘴。打喷嚏或咳嗽时用手帕或纸巾掩住口鼻，避免飞沫污染他人。

(二)病毒性肝炎

(1)拒绝毒品。

(2)大力倡导无偿献血，杜绝非法采、供血。

(3)避免不必要的注射、输血和使用血液制品；应到正规的医疗卫生机构进行注射、输血和使用血液制品，可大大减少感染丙肝病毒的风险。

(4)不与他人共用针具或其他纹身、穿刺工具；不与他人共用剃须刀、牙刷等可能引起出血的个人用品。

(三)感染性腹泻

(1)注意饮水饮食卫生，不喝生水，不吃变质食物，尤其注意不要生食或半生食海产品、水产品。

(2)搞好环境卫生，讲究个人卫生，养成饭前便后洗手的习惯。常剪指甲、勤换衣服。

(3)注意劳逸结合，起居有度，生活有规律。加强体育锻炼，增强对疾病的抵抗能力。

(4)当发生腹痛、腹泻、恶心、呕吐等胃肠道症状时，要及时去最近的医疗机构的肠道门诊治疗，以免延误病情。

三、事故灾害

(一)登山迷路

(1)任何情况下首先考虑原路返回，返回到出发前的地点。

(2)仔细衡量后发现来路已经不适合作为退路时，就要开始用手机、对讲机、头灯、镜子或哨子等向外界求救。

(3)通过多种方式证实以上两种方法均无效时，可以尝试攀登上附近最高点，尽量找出清晰和安全的撤离路线。探路撤离时继续做好路标和发出求救信号，并在最初的迷路点留下准确、易理解的信息，告诉可能到来的人己方的人数和大概探路方向。

(二)电梯意外

1.高楼层封闭式电梯

如果遭遇电梯被困事故，首先不要惊慌。因为一般的电梯轿厢上面都有很多条安全钢缆，安全系数很高，所以，电梯一般不会自行下坠。电梯都装有安全保护装置，即使停电，电灯熄灭了，安全装置一般也不会失灵，电梯的安全钳会牢牢夹住电梯轨道，使电梯不至于掉下去。当遇到电梯急坠时，为了防止意外发生，被困人员应马上弯曲双腿，上身向前倾斜，以应对电梯急停可能受到的冲力。

一旦被困，应马上摁下应急铃，或通过电梯内的其他提醒方式求援，让外面的人知道有人被困于电梯中。如果电梯里面有信号，可以拨打电话求助警察；如果无电话或信号不通，可拍门叫喊，或用鞋子敲门。若没人回应，最安全的做法是保持镇定，保存体力，等待救援。切忌在轿厢里扒门或撬门，因为被困的时候，乘客并不清楚轿厢此时的位置，一旦门被打开，就有坠落的危险。

2.商场扶手式电梯

每台扶梯的上部、下部和中部都各有一个急停按钮，一旦发生扶梯意外，靠近按钮的乘客应第一时间按下按钮，扶梯就会自动停下，这能有效避免事态的进一步恶化。同时还需做到两手十指交叉相扣，护住后脑和颈部，两肘向前，护住双侧太阳穴。因为滑倒或从高处跌落时，如果颈部受到强烈的撞击，是很危险的。不慎倒地时，双膝尽量前屈，护住胸腔和腹腔的重要脏器，侧躺在地。当发现前面有人突然摔倒了，马上要停下脚步，同时大声呼救，告知后面的人不要向前靠近。

(三)车船事故

1.火车出轨

火车出事前通常没有什么迹象，不过旅客会察觉到一些异常现象(如紧急刹车)，这时，应充分利用出事前短短几分钟或几秒钟的时间，使自己身体处于较为安全的姿势，采取一些自防自救的措施：

(1)离开门窗或趴下来，抓住牢固的物体，以防碰撞或被抛出车厢。

(2)身体紧靠在牢固的物体上，低下头，下巴贴胸前，以防头部受伤。

(3)如座位不靠门窗，则应留在原位，保持不动；如接近门窗，就应尽快离开。

(4)火车出轨向前时，不要尝试跳车，否则身体会以全部冲力撞向路轨，还可能发生其他危险，如碰到通电流的路轨、飞出去的零件或掉到火车蓄电池破裂而出的残液上。

（5）火车停下来后，看清周围环境如何，如果环境允许，则在原地不动等待救援人员到来。此外，不论怎样，要呼救，想法尽快将遇险的信息传递出去。

2. 船舶遇险

船舶在江河湖海里航行时，也存在着意外事故的威胁，如碰撞、火灾、爆炸、触礁、搁浅甚至船舶翻沉等。因此，要掌握一定的自救互救知识。

登船后，应了解船上备用的救生衣（具）的存放位置，以及救生艇、救生筏存放的位置，要熟悉和了解本船的各通道、出入口处以及通往甲板的最近逃生口，以便在紧急情况下能迅速地离开危险的地方。

跳水前尽量选择较低的位置；要查看水面，避开水面上的漂浮物；应从船的上风舷跳下，如船左右倾斜时应从船首或船尾跳下；跳水姿势要正确；跳入水后尽快游离出事的船。正确的跳水姿势为：右手五指并拢，将鼻口捂紧，双脚并拢，身体保持垂直，头朝上，脚向下跳水；左手紧握右侧救生衣，夹紧并往下拉，入水后也不要松开右手，待浮出水面后再放松。

第三节　正当防卫与紧急避险

一、正当防卫

（一）正当防卫的概念

正当防卫是指为了使公共利益、本人或者他人的人身和其他权利免受正在进行的不法侵害，对不法侵害人以损害某种利益的方式所实施的必要的防卫行为。

正当防卫是国家立法机关赋予公民的一项重要权利，这项权利是通过给正在实施不法侵害的行为人造成某种损害来实现的。

《刑法》第二十条规定："为了使公共利益、本人或者他人的人身和其他权利免受正在进行的不法侵害，而采取的制止不法侵害的行为，对不法侵害人造成损害的，属于正当防卫，不负刑事责任。"

从主观方面看，实施这种行为的动机目的，是由于行为人面对不法侵害的情况，为了保护公共利益、本人或者他人的合法利益而采取的一种反击行为，以抵制或限制不法侵害的发生，行为人不存在危害社会的故意或过失。从客观方面看，正当防卫是同违法行为做斗争，保护国家、社会和人民利益的行为，是正当合法的，而非危害社会的行为。正基于此，我国《刑法》才明确规定正当防卫不负刑事责任。

（二）正当防卫的构成要件

正当防卫的成立条件，一般来说，是指制约和决定防卫行为是否符合法律规定的要素，它决定着正当防卫是否正确合法，是区分正当防卫与危害社会行为的标准。

1. 起因条件——有现实存在的不法侵害行为

所谓不法侵害行为，是指客观上发生的社会危害行为。而社会危害行为是指行为人主观上具有故意或过失，在客观上有社会危害性的违法犯罪行为。但是，在一定条件下，某种侵害行为，在客观上具有社会危害性，而其行为人的主观方面可能并不具有故意或过失。例如意外事件就是这样。

正当防卫是法律为公民设定的一项权利，它只有遭到不法侵害时才能行使。如果不存在不法侵害，正当防卫就无从谈起，这是正当防卫的本质所在。首先，必须有不法侵害存在，这就排除了对任何合法行为进行正当防卫的可能性，这里的不法是"违法""非法"的意思。所以，对于下述行为，无论是被侵害的人或第三者，都无权进行防卫：对依法执行公务或合法命令的行为；公民依法扭送正在实施犯罪或犯罪后立即被发觉的，或通缉在案的，或越狱在逃的，或正在被追捕的人犯；正当防卫的行为；紧急避险的行为等。其次，不法侵害必须是现实存在的，不法侵害必须是客观真实存在的，而不是行为人所臆想或推测出来的。再次，不法侵害通常应是人的不法侵害。最后，不法侵害不应限于犯罪行为，还应包括属于一般违法的不法侵害。

2.时间条件——不法侵害正在进行

正当防卫的时间条件，是指可以实施正当防卫的时间：不法侵害正在进行。

所谓正在进行，是指不法侵害已经开始而尚未结束。不法侵害已经开始，一般来说可以理解为侵害人已经着手直接实行侵害行为。例如，杀人犯持刀向受害人砍去，殴打他人者对受害人举拳打击等，不法侵害就已经开始。但在某些情况下，虽然不法侵害尚未着手实行，但合法权益已直接面临被侵害的危险，不实行正当防卫就可能丧失防卫的时机。在这种情况下，进行正当防卫也是适宜的。不法侵害尚未结束，是指不法侵害行为或其导致的危害状态尚在继续中，防卫人可以用防卫手段予以制止或排除。

不法侵害的尚未结束，可以是不法侵害行为本身正在进行中，例如纵火犯正在向房屋泼汽油；也可以是行为已经结束而其导致的危险状态尚在继续中，例如抢劫罪犯已打昏物主抢得某种财物，但他尚未离开现场。在上述两种情况下，防卫人的防卫行为均可有效地制止不法侵害行为，或排除不法侵害行为所导致的危险状态。

3.对象条件——针对不法侵害者本人实行

对于共同犯罪，因为参与犯罪的每个人都实施了犯罪行为，对每个共同犯罪人都可以实行正当防卫。对于未参与不法侵害的人不能实行防卫。不法侵害是人的积极的行为，是通过人的身体外部动作进行的。制止不法侵害就是要制止不法侵害人的行为能力。正当防卫必须针对不法侵害者本人实行，不能针对任何第三人进行。

4.主观条件——为了使国家、公共利益、本人或者他人的人身、财产或其他权利免受正在进行的不法侵害

即防卫目的的正当性。保护合法权益，表明防卫目的的正当性，是成立正当防卫的重要条件，也是《刑法》规定正当防卫不负刑事责任的根据。

就防卫目的的正当性的具体内容来说，一般可以分为以下三类：一是保护国家、公共利益对正在进行的不法侵害实行正当防卫；二是保护本人的人身、财产或其他权利的自我防卫；三是保护他人的人身、财产或其他权利而对正在进行的不法侵害实行正当防卫。这种动机可能是路见不平、挺身而出、见义勇为的正义感，或者是对亲属朋友的道义责任感。

就正当防卫的主观条件来讲，我们要注意区分形似正当防卫实为违法犯罪的以下四种情况：

（1）防卫挑拨。正当防卫成立的实质在于防卫目的的正义性。如果行为人为达到某种目的，以挑拨、寻衅等手段，故意激怒、诱使他人向自己实施侵害，尔后借口"防卫"，造成他人

伤亡的，则是防卫挑拨，不是正当防卫，这种挑拨行为的外在表现似乎符合正当防卫的客观条件，实则不然。因为对方的不法侵害是由挑拨者故意诱发的，挑拨者意在加害对方，不具有防卫目的的正义性，而是一种预谋性的违法犯罪行为，应按其行为的性质分别论处。

（2）相互斗殴。双方互相殴击或厮打的行为为相互斗殴，它可表现为聚众斗殴或多人厮打，也可以表现为双方均为单人殴击或厮打。只要形成相互斗殴，双方的行为就都是违法的，任何一方都不是正当防卫。任何一方给对方造成了损害的，都要负法律责任。但是，相互斗殴行为的双方，若一方已停止了自己的殴打行为，而另一方仍不罢休，继续殴打对方，这时，继续殴打的一方就成为不法侵害者，就应允许停止殴打的一方实行正当防卫。当然，停止殴打的一方应确实脱离现场，扔掉工具，确实不殴打也不打算再殴打。

（3）为保护非法利益而实行的还击行为。由于其不具有防卫目的的正当性，因而也不是正当防卫行为。例如盗窃犯为了保护窃得的财物而将抢劫其赃物的人打伤或者打死；赌博犯为了保护赌资而将另一行抢的赌徒打伤或者打死等行为都是为了保护其非法利益，并不是为了保护其合法权益，因而并不是排除社会危害性的行为，正当防卫不能成立。

（4）"大义灭亲"。亲属间将违法犯罪的人员私自处置的情况时有出现，但是对于违法犯罪分子，除国家执法机关外，任何机关及个人都不能处置，因此，这种"大义灭亲"不是正当防卫。发现亲属正在进行违法犯罪活动而进行的斗争则另当别论。

（三）防卫过当

1. 防卫过当的概念

防卫过当，是指防卫超过必要的限度，造成不应有的损害的行为。其基本特征是：首先，在客观上具有防卫过当的行为，并对不法侵害人造成重大的损害。其次，在主观上当事人对其过当结果有罪过。在防卫过当的场合，行为人对于其过当行为及其结果，主观上不可能出于直接故意，因为正当防卫的目的与犯罪的目的，在一个人的头脑中不可能同时并存，因此，罪过的形式在主观上表现为间接故意和过失。

对防卫过当的处理应具体情况具体对待。若防卫过当是在间接故意的心理状态支配下客观上造成了死亡结果的可定为故意杀人罪（防卫过当）；若防卫过当是在过失的心理状态支配下客观上造成了死亡结果的可定为过失杀人罪（防卫过当）；造成重伤也是如此。

2. 特殊防卫权

《刑法》第二十条第三款规定："对正在进行行凶、杀人、抢劫、强奸、绑架以及其他严重危及人身安全的暴力犯罪，采取防卫行为，造成不法侵害人伤亡的，不属于防卫过当，不负刑事责任。"实际上，这是对正当防卫的限度条件"防卫不能明显超过必要限度造成重大损害"的突破，与1979年《刑法》相比，这也是新《刑法》所增加的新内容。

法律之所以如此规定，是因为行凶、杀人等严重危及人身安全的暴力犯罪，其侵害的强度极大，对人身安全的危害极其严重，而且具有高度的紧迫性，使被侵害者的人身安全处于非常危险紧迫的状态，从而产生极大的危急恐惧感，在这种情况下往往必须采取可能导致侵害者伤亡的暴烈手段才有可能制止其不法侵害。也就是说，这种造成不法侵害者伤亡的暴烈的防卫手段是为制止不法侵害所必需的，因而是合理的、适当的。

二、紧急避险

(一)紧急避险的概念

根据我国《刑法》第二十一条的规定，紧急避险是指为了使国家、公共利益、本人或者他人的人身、财产和其他权利免受正在发生的危险，不得已而采取的损害另一较小利益的行为。根据法律的规定，紧急避险行为，不负刑事责任。紧急避险的特点是：第一，从客观上看，它是在处于极其危险的状态下，不得已而采取的损害较小的合法权益来保全较大的合法权益的行为；第二，从主观上看，行为人实施紧急避险的目的是为了使国家、公共利益、本人或他人的人身、财产和其他权利免受正在发生的危险，没有犯罪的故意或过失；第三，从总体上看，紧急避险行为不仅不具有社会危害性，而且是一种有益于社会的合法行为，这也是《刑法》规定紧急避险行为不负刑事责任的根据所在。

(二)紧急避险的构成要件

由于紧急避险是采用损害一种合法权益的方法以保全另一种合法权益，所以，只有在一定条件下，它才是合法的，才能排除犯罪行为，才能真正成为对社会有利的行为。

1.起因条件——一定危险的存在

只有当合法权益受到一定危险的威胁时，才会产生实行紧急避险的需要。危险的来源主要有：①自然的力量，如地震、水灾、台风等；②动物的侵袭；③来源于疾病、饥饿等生理机能造成的危险；④人的违法犯罪行为。无论哪种危险，都必须是真实存在的。如某民航班机，在飞行途中突然遇到恶劣的寒冷天气，飞机表面结冰，重量增加，被迫下降，情况紧急，飞行员为了保障旅客的生命安全，防止飞机超重坠毁，在没有其他有效措施可采取的情况下，只得命令将过重的行李、物品抛出舱外。从表面上看，飞行员的行为似乎具有故意毁坏财产罪的犯罪构成，实际上却是紧急避险的合法行为。

如果事实上并不存在危险，但行为人误认为有危险发生，因而对第三者合法权益造成损害的，由于不存在避险的起因条件，不是紧急避险，而是假想的避险。对假想的避险，应按解决事实认识错误的原则来处理。例如，一货船夜间航行在海上，船长见有月晕，便推测必有风暴来临，是时正有海风吹过，掀起阵阵大浪，船长误认为风暴来临，已威胁船只安全，于是下令将部分货物抛入海中。一场虚惊之后，风平浪静，并没有风暴危险，这就是假想避险。

2.时间条件——危险正在发生

正在发生的危险必须是迫在眉睫，对国家、公共利益和其他合法权利已直接构成了威胁。对于尚未到来或已经过去的危险，都不能实行紧急避险。否则就是避险不适时。例如，海上大风已过，已经不存在对航行的威胁，船长这时还命令把货物扔下海去，这就是避险不适时，不属于紧急避险。

3.主观条件——避险意图的存在

行为人实施紧急避险的目的，是为了保护合法权益免遭正在发生的危险的损害，这也是紧急避险成立的主观条件。合法权益，根据法律的规定，包括国家利益、公共利益、本人或者他人的利益。行为人如果出于保护非法利益的目的，不允许实行紧急避险。如一艘走私的货船为避免触礁的危险，为了保护自己的走私货物而将附近一艘渔船撞沉，就不能认为是紧急避险。

4. 可行性条件——不得已性

由于紧急避险是通过损害一个合法权益而保全另一个合法权益，所以只有在不得已，没有其他方法可以避险时，才允许实行紧急避险。如果并非出于迫不得已，还有其他方法可以避险时，就不能实行紧急避险。

如王某乘坐市公共交通公司的公共汽车回家，当时正值下班乘车高峰期，车上很拥挤，王某只得站在公共汽车门口的踏板上，身体倚靠着车门。当车行至距某站台尚有 20 米处时，售票员张某见有人招手要上车，在未提醒站在车门附近的乘客注意的情况下，打开了车门。王某为避免摔出车外，情急之下抓住了站在她前面的乘客何某的衣服，造成何某西服上衣的袖子被撕破，肩上背的一个笔记本式电脑滑下并摔在地上。在这一例中，王某为避免摔出车外抓住何某的衣服，是迫不得已，当时根本没有其他方法可以避险，故王某的行为属于紧急避险。

5. 对象条件——第三者的合法权益

它只能针对第三者的合法权益来实施。所谓第三者，是指与损害危险的发生毫无关系的人，这是紧急避险的对象。损害第三者的合法权益（上例中的何某的衣服和电脑受损），主要是指财产权益、住宅不可侵犯权等，一般情况下，不允许用损害他人生命或健康的方法来保护另一合法权益。

6. 限度条件——不能超过必要限度造成不应有的损害

紧急避险的必要限度就是要求避险行为所引起的损害应小于所避免的损害，二者不能相同，更不能允许大于所要避免的损害。因为，紧急避险所要保护的权益与所损害的权益都是合法的权益，在两个合法权益发生冲突的情况下，只能是"两利相权取其重，两害相权取其轻"，只有牺牲较小的权益来保护较大的权益，才符合紧急避险的目的。"两利相权取其重，两害相权取其轻"应掌握以下标准：①一般情况下，人身权利大于财产权益；②在人身权利中，生命是最高权利；③在财产权益中，应以财产价值进行比较，从而确定财产权益的大小；④当公共利益与个人利益不能两全时，应根据权益的性质及内容确定权利的大小，并非公共利益永远高于个人利益。

三、正当防卫与紧急避险的异同

(一)正当防卫与紧急避险的相同点

(1)目的相同。两者都是为了保护国家、公共利益、本人或他人的合法权益。

(2)前提相同。两者都必须是合法权益正在受到侵害时才能实施。

(3)责任相同。两者超过法定的限度造成相应损害后果的，都应当负刑事责任，但应减轻或者免除处罚。

(二)正当防卫与紧急避险的不同点

(1)危害的来源不同。正当防卫的危害来源只能是人的违法犯罪行为；紧急避险的危害来源既可能是人的不法侵害，也可能是来于自然灾害，还可能是动物的侵袭或者人的生理、病理疾患等。

(2)行为的对象不同。正当防卫行为的对象只能是不法侵害者本人，不能针对第三者，是正义与邪恶的较量；而紧急避险行为的对象则必须是第三者，是合法行为对他人合法权利的损害。

（3）行为的限制不同。正当防卫行为的实施是出于必要，即使能够用其他方法避免不法侵害，也允许进行正当防卫；而紧急避险行为的实施则出于迫不得已，除了避险以外别无其他选择。

（4）行为的限度不同。正当防卫所造成的损害既可以小于也可以大于不法侵害行为可能造成的损害，而紧急避险对第三者合法权益所造成的损害，则只能小于危险可能造成的损害。

（5）主体的限定不同。正当防卫是每个公民的法定权利，是人民警察执行职务时的法定义务；紧急避险则不适用于职务上、业务上负有特定责任的人。根据我国《刑法》第二十条第三款的规定："对正在进行行凶、杀人、抢劫、强奸、绑架以及其他严重危及人身安全的暴力犯罪，采取防卫行为，造成不法侵害人伤亡的，不属于防卫过当，不负刑事责任。"这是法律赋予公民的一种特殊防卫权，也有人称为"无过当防卫权"或者"绝对防卫权"；而紧急避险却没有类似的规定。

第四节　艾滋病的预防

一、艾滋病的概述

（一）艾滋病的含义

艾滋病是一种危害性极大的传染病，由感染艾滋病病毒（HIV 病毒）引起。HIV 是一种能攻击人体免疫系统的病毒。它把人体免疫系统中最重要的 T 淋巴细胞作为主要攻击目标，大量破坏该细胞，使人体丧失免疫功能。因此，人体易于感染各种疾病，并可发生恶性肿瘤，病死率较高。HIV 在人体内的潜伏期平均为 8 ~ 9 年，患艾滋病以前，可以没有任何症状地生活和工作多年。

HIV 感染者要经过数年甚至长达 10 年或更长的潜伏期后才会发展成艾滋病患者，因机体抵抗力极度下降会出现多种感染，如带状疱疹、口腔霉菌感染、肺结核，特殊病原微生物引起的肠炎、肺炎、脑炎，念珠菌、肺孢子虫等多种病原体引起的严重感染等，后期常常发生恶性肿瘤，并发生长期消耗，以至全身衰竭而死亡。

虽然全世界众多医学研究人员付出了巨大的努力，但至今尚未研制出根治艾滋病的特效药物，也还没有可用于预防的有效疫苗。艾滋病已被我国列入乙类法定传染病，并被列为国境卫生监测传染病之一。

发病以青壮年较多，发病年龄 80% 在 18 ~ 45 岁，即性生活较活跃的年龄段。在感染艾滋病后往往患有一些罕见的疾病如肺孢子虫肺炎、弓形体病、非典型性分枝杆菌与真菌感染等。

（二）艾滋病的传播途径

艾滋病病毒感染者虽然外表和正常人一样，但他们的血液、精液、阴道分泌物、皮肤黏膜破损或炎症溃疡的渗出液里都含有大量艾滋病病毒，具有很强的传染性；乳汁也含病毒，有传染性；唾液、泪水、汗液和尿液中也能发现病毒，但含病毒很少，传染性不大。

本病主要通过性接触，尤其是同性恋和静脉注射毒品而传染，其次为治疗性输出和注射血液制品，分娩和哺乳也可造成传染。高危人群有：同性恋者、性乱者和有多个性伙伴者、静脉药瘾者、接受输血以及血液制品者、血友病患者、父母是艾滋病病人的儿童。最近认为，性病患者特别是有生殖器溃疡者（如梅毒、软下疳、生殖器疱疹）也应列为艾滋病的高危人群。

无论是同性、异性还是两性之间的性接触都会导致艾滋病的传播。艾滋病病毒感染者的精液或阴道分泌物中有大量的病毒，在性活动时，由于性交部位的摩擦，很容易造成生殖器黏膜的细微破损，这时，病毒就会乘虚而入，进入未感染者的血液中。值得一提的是，由于直肠的肠壁较阴道壁更容易破损，所以肛门性交的危险性比阴道性交的危险性更大。

血液传播是最直接的感染途径。输入被病毒污染的血液，使用被血液污染而又未经严格消毒的注射器、针灸针、拔牙工具，都是十分危险的。另外，如果与艾滋病病毒感染者共用一只未消毒的注射器，也会被留在针头中的病毒所感染。

如果母亲是艾滋病病毒感染者，那么她很有可能会在怀孕、分娩过程中或是通过母乳喂养使她的孩子受到感染。

二、艾滋病的症状

许多受艾滋病病毒感染的人在潜伏期没有任何自觉症状，但也有一部分人在感染早期出现发烧、头晕、无力、咽痛、关节疼痛、皮疹、全身浅表淋巴结肿大等类似"感冒"的症状，有些人还可发生腹泻。这种症状通常持续 1~2 周后就会消失，此后患者便转入无症状的潜伏期。潜伏期患者的血液中有艾滋病病毒，血清艾滋病病毒抗体检查呈阳性反应，这样的人称为艾滋病病毒感染者，或称为艾滋病病毒携带者，简称带毒者。艾滋病患者的症状因为发生条件性感染的内脏和发生肿瘤的部位不同，表现为多种多样。常见的症状有以下几个方面：

1. 一般症状

持续发烧、虚弱、盗汗，持续广泛性全身淋巴结肿大，特别是颈部、腋窝和腹股沟淋巴结肿大更明显。淋巴结直径在 1 厘米以上，质地坚实，可活动，无疼痛。体重下降在 3 个月之内可达 10% 以上，最多可降低 40%，病人消瘦特别明显。

2. 呼吸道症状

长期咳嗽、胸痛、呼吸困难、严重时痰中带血。

3. 消化道症状

食欲下降、厌食、恶心、呕吐、腹泻，严重时可便血。通常用于治疗消化道感染的药物对这种腹泻无效。

4. 神经系统症状

头晕、头痛、反应迟钝、智力减退、精神异常、抽搐、偏瘫、痴呆等。

5. 皮肤和黏膜损害

单纯疱疹、带状疱疹、口腔和咽部黏膜炎症及溃烂。

6. 肿瘤

可出现多种恶性肿瘤，位于体表的卡波济肉瘤可见红色或紫红色的斑疹、丘疹和浸润性肿块。

三、艾滋病的危害与预防

（一）艾滋病的危害

在地球上，平均每分钟都有一个孩子死于艾滋病，有超过 1500 万的儿童因为艾滋病而失去父母。中国艾滋病病毒感染人数在全球居第 14 位，而且以每年 40% 的速度递增。每年 12 月 1 日是世界艾滋病日，这天旨在提高公众对 HIV 病毒引起的艾滋病在全球传播的意识。定为 12 月 1 日是因为第一个艾滋病病例是在 1981 年 12 月 1 日诊断出来的，从此，艾滋病已造成超过 2500 万人死亡。

（二）艾滋病的预防

目前尚无预防艾滋病的有效疫苗，因此最重要的是采取预防措施。其方法是：

（1）艾滋病是一种病死率极高的严重传染病，目前还没有治愈的药物和方法，但可预防。

（2）艾滋病病毒主要存在于感染者的血液、精液、阴道分泌物、乳汁等体液中，所以通过性接触、血液和母婴三种途径传播。绝大多数感染者要经过 5~10 年时间才发展成病人，一般在发病后的 2~3 年内死亡。

（3）与艾滋病患者及艾滋病病毒感染者的日常生活和工作接触（如握手、拥抱、共同进餐、共用工具、共用办公用具等）不会感染艾滋病，艾滋病不会经马桶圈、电话机、餐饮具、卧具、游泳池或公共浴室等公共设施传播，也不会经咳嗽、打喷嚏、蚊虫叮咬等途径传播。洁身自爱、遵守性道德是预防经性途径传染艾滋病的根本措施。

（4）正确使用避孕套不仅能避孕，还能减少感染艾滋病、性病的危险。

（5）及早治疗并治愈性病可减少感染艾滋病的危险。正规医院能提供正规、保密的检查、诊断、治疗和咨询服务，必要时可借助当地性病、艾滋病热线进行咨询。

（6）共用注射器吸毒是传播艾滋病的重要途径，因此要拒绝毒品，珍爱生命。

（7）避免不必要的输血、注射、使用没有严格消毒器具的不安全拔牙和美容等，使用经艾滋病病毒抗体检测的血液和血液制品。

附　录

附录一　普通高等学校学生管理规定

第一章　总　则

第一条　为规范普通高等学校学生管理行为，维护普通高等学校正常的教育教学秩序和生活秩序，保障学生合法权益，培养德、智、体、美等方面全面发展的社会主义建设者和接班人，依据教育法、高等教育法以及有关法律、法规，制定本规定。

第二条　本规定适用于普通高等学校、承担研究生教育任务的科学研究机构（以下称学校）对接受普通高等学历教育的研究生和本科、专科（高职）学生（以下称学生）的管理。

第三条　学校要坚持社会主义办学方向，坚持马克思主义的指导地位，全面贯彻国家教育方针；要坚持以立德树人为根本，以理想信念教育为核心，培育和践行社会主义核心价值观，弘扬中华优秀传统文化和革命文化、社会主义先进文化，培养学生的社会责任感、创新精神和实践能力；要坚持依法治校，科学管理，健全和完善管理制度，规范管理行为，将管理与育人相结合，不断提高管理和服务水平。

第四条　学生应当拥护中国共产党领导，努力学习马克思列宁主义、毛泽东思想、中国特色社会主义理论体系，深入学习习近平总书记系列重要讲话精神和治国理政新理念新思想新战略，坚定中国特色社会主义道路自信、理论自信、制度自信、文化自信，树立中国特色社会主义共同理想；应当树立爱国主义思想，具有团结统一、爱好和平、勤劳勇敢、自强不息的精神；应当增强法治观念，遵守宪法、法律、法规，遵守公民道德规范，遵守学校管理制度，具有良好的道德品质和行为习惯；应当刻苦学习，勇于探索，积极实践，努力掌握现代科学文化知识和专业技能；应当积极锻炼身体，增进身心健康，提高个人修养，培养审美情趣。

第五条　实施学生管理，应当尊重和保护学生的合法权利，教育和引导学生承担应尽的义务与责任，鼓励和支持学生实行自我管理、自我服务、自我教育、自我监督。

第二章　学生的权利与义务

第六条　学生在校期间依法享有下列权利：

（一）参加学校教育教学计划安排的各项活动，使用学校提供的教育教学资源；

（二）参加社会实践、志愿服务、勤工助学、文娱体育及科技文化创新等活动，获得就业创业指导和服务；

（三）申请奖学金、助学金及助学贷款；

（四）在思想品德、学业成绩等方面获得科学、公正评价，完成学校规定学业后获得相应的学历证书、学位证书；

（五）在校内组织、参加学生团体，以适当方式参与学校管理，对学校与学生权益相关事务享有知情权、参与权、表达权和监督权；

（六）对学校给予的处理或者处分有异议，向学校、教育行政部门提出申诉，对学校、教职员工侵犯其人身权、财产权等合法权益的行为，提出申诉或者依法提起诉讼；

（七）法律、法规及学校章程规定的其他权利。

第七条　学生在校期间依法履行下列义务：

（一）遵守宪法和法律、法规；

（二）遵守学校章程和规章制度；

（三）恪守学术道德，完成规定学业；

（四）按规定缴纳学费及有关费用，履行获得贷学金及助学金的相应义务；

（五）遵守学生行为规范，尊敬师长，养成良好的思想品德和行为习惯；

（六）法律、法规及学校章程规定的其他义务。

第三章　学籍管理
第一节　入学与注册

第八条　按国家招生规定录取的新生，持录取通知书，按学校有关要求和规定的期限到校办理入学手续。因故不能按期入学的，应当向学校请假。未请假或者请假逾期的，除因不可抗力等正当事由以外，视为放弃入学资格。

第九条　学校应当在报到时对新生入学资格进行初步审查，审查合格的办理入学手续，予以注册学籍；审查发现新生的录取通知、考生信息等证明材料，与本人实际情况不符，或者有其他违反国家招生考试规定情形的，取消入学资格。

第十条　新生可以申请保留入学资格。保留入学资格期间不具有学籍。保留入学资格的条件、期限等由学校规定。

新生保留入学资格期满前应向学校申请入学，经学校审查合格后，办理入学手续。审查不合格的，取消入学资格；逾期不办理入学手续且未有因不可抗力延迟等正当理由的，视为放弃入学资格。

第十一条　学生入学后，学校应当在3个月内按照国家招生规定进行复查。复查内容主要包括以下方面：

（一）录取手续及程序等是否合乎国家招生规定；

（二）所获得的录取资格是否真实、合乎相关规定；

（三）本人及身份证明与录取通知、考生档案等是否一致；

（四）身心健康状况是否符合报考专业或者专业类别体检要求，能否保证在校正常学习、生活；

（五）艺术、体育等特殊类型录取学生的专业水平是否符合录取要求。

复查中发现学生存在弄虚作假、徇私舞弊等情形的，确定为复查不合格，应当取消学籍；情节严重的，学校应当移交有关部门调查处理。

复查中发现学生身心状况不适宜在校学习，经学校指定的二级甲等以上医院诊断，需要在家休养的，可以按照第十条的规定保留入学资格。

复查的程序和办法，由学校规定。

第十二条　每学期开学时，学生应当按学校规定办理注册手续。不能如期注册的，应当履行暂缓注册手续。未按学校规定缴纳学费或者有其他不符合注册条件的，不予注册。

家庭经济困难的学生可以申请助学贷款或者其他形式资助，办理有关手续后注册。

学校应当按照国家有关规定为家庭经济困难学生提供教育救助，完善学生资助体系，保证学生不因家庭经济困难而放弃学业。

第二节　考核与成绩记载

第十三条　学生应当参加学校教育教学计划规定的课程和各种教育教学环节（以下统称课程）的考核，考核成绩记入成绩册，并归入学籍档案。

考核分为考试和考查两种。考核和成绩评定方式，以及考核不合格的课程是否重修或者补考，由学校规定。

第十四条　学生思想品德的考核、鉴定，以本规定第四条为主要依据，采取个人小结、师生民主评议等形式进行。

学生体育成绩评定要突出过程管理，可以根据考勤、课内教学、课外锻炼活动和体质健康等情况综合评定。

第十五条　学生每学期或者每学年所修课程或者应修学分数以及升级、跳级、留级、降级等要求，由学校规定。

第十六条　学生根据学校有关规定，可以申请辅修校内其他专业或者选修其他专业课程；可以申请跨校辅修专业或者修读课程，参加学校认可的开放式网络课程学习。学生修读的课程成绩（学分），学校审核同意后，予以承认。

第十七条　学生参加创新创业、社会实践等活动以及发表论文、获得专利授权等与专业学习、学业要求相关的经历、成果，可以折算为学分，计入学业成绩。具体办法由学校规定。

学校应当鼓励、支持和指导学生参加社会实践、创新创业活动，可以建立创新创业档案、设置创新创业学分。

第十八条　学校应当健全学生学业成绩和学籍档案管理制度，真实、完整地记载、出具学生学业成绩，对通过补考、重修获得的成绩，应当予以标注。

学生严重违反考核纪律或者作弊的，该课程考核成绩记为无效，并应视其违纪或者作弊情节，给予相应的纪律处分。给予警告、严重警告、记过及留校察看处分的，经教育表现较好，可以对该课程给予补考或者重修机会。

学生因退学等情况中止学业，其在校学习期间所修课程及已获得学分，应当予以记录。学生重新参加入学考试、符合录取条件，再次入学的，其已获得学分，经录取学校认定，可以予以承认。具体办法由学校规定。

第十九条　学生应当按时参加教育教学计划规定的活动。不能按时参加的，应当事先请假并获得批准。无故缺席的，根据学校有关规定给予批评教育，情节严重的，给予相应的纪律处分。

第二十条　学校应当开展学生诚信教育，以适当方式记录学生学业、学术、品行等方面的诚信信息，建立对失信行为的约束和惩戒机制；对有严重失信行为的，可以规定给予相应的纪律处分，对违背学术诚信的，可以对其获得学位及学术称号、荣誉等作出限制。

第三节　转专业与转学

第二十一条　学生在学习期间对其他专业有兴趣和专长的，可以申请转专业；以特殊招生形式录取的学生，国家有相关规定或者录取前与学校有明确约定的，不得转专业。

学校应当制定学生转专业的具体办法，建立公平、公正的标准和程序，健全公示制度。学校根据社会对人才需求情况的发展变化，需要适当调整专业的，应当允许在读学生转到其他相关专业就读。

休学创业或退役后复学的学生，因自身情况需要转专业的，学校应当优先考虑。

第二十二条　学生一般应当在被录取学校完成学业。因患病或者有特殊困难、特别需要，无法继续在本校学习或者不适应本校学习要求的，可以申请转学。有下列情形之一，不得转学：

（一）入学未满一学期或者毕业前一年的；

（二）高考成绩低于拟转入学校相关专业同一生源地相应年份录取成绩的；

（三）由低学历层次转为高学历层次的；

（四）以定向就业招生录取的；

（五）研究生拟转入学校、专业的录取控制标准高于其所在学校、专业的；

（六）无正当转学理由的。

学生因学校培养条件改变等非本人原因需要转学的，学校应当出具证明，由所在地省级教育行政部门协调转学到同层次学校。

第二十三条　学生转学由学生本人提出申请，说明理由，经所在学校和拟转入学校同意，由转入学校负责审核转学条件及相关证明，认为符合本校培养要求且学校有培养能力的，经学校校长办公会或者专题会议研究决定，可以转入。研究生转学还应当经拟转入专业导师同意。

跨省转学的，由转出地省级教育行政部门商转入地省级教育行政部门，按转学条件确认后办理转学手续。须转户口的由转入地省级教育行政部门将有关文件抄送转入学校所在地的公安机关。

第二十四条　学校应当按照国家有关规定，建立健全学生转学的具体办法；对转学情况应当及时进行公示，并在转学完成后3个月内，由转入学校报所在地省级教育行政部门备案。

省级教育行政部门应当加强对区域内学校转学行为的监督和管理，及时纠正违规转学行为。

第四节　休学与复学

第二十五条　学生可以分阶段完成学业，除另有规定外，应当在学校规定的最长学习年限（含休学和保留学籍）内完成学业。

学生申请休学或者学校认为应当休学的，经学校批准，可以休学。休学次数和期限由学校规定。

第二十六条　学校可以根据情况建立并实行灵活的学习制度。对休学创业的学生，可以单独规定最长学习年限，并简化休学批准程序。

第二十七条　新生和在校学生应征参加中国人民解放军（含中国人民武装警察部队），学校应当保留其入学资格或者学籍至退役后2年。

学生参加学校组织的跨校联合培养项目，在联合培养学校学习期间，学校同时为其保留学籍。

学生保留学籍期间，与其实际所在的部队、学校等组织建立管理关系。

第二十八条　休学学生应当办理手续离校。学生休学期间，学校应为其保留学籍，但不享受在校学习学生待遇。因病休学学生的医疗费按国家及当地的有关规定处理。

第二十九条　学生休学期满前应当在学校规定的期限内提出复学申请，经学校复查合格，方可复学。

第五节　退　学

第三十条　学生有下列情形之一，学校可予退学处理：

（一）学业成绩未达到学校要求或者在学校规定的学习年限内未完成学业的；

（二）休学、保留学籍期满，在学校规定期限内未提出复学申请或者申请复学经复查不合格的；

（三）根据学校指定医院诊断，患有疾病或者意外伤残不能继续在校学习的；

（四）未经批准连续两周未参加学校规定的教学活动的；

（五）超过学校规定期限未注册而又未履行暂缓注册手续的；

（六）学校规定的不能完成学业、应予退学的其他情形。

学生本人申请退学的，经学校审核同意后，办理退学手续。

第三十一条　退学学生，应当按学校规定期限办理退学手续离校。退学的研究生，按已有毕业学历和就业政策可以就业的，由学校报所在地省级毕业生就业部门办理相关手续；在学校规定期限内没有聘用单位的，应当办理退学手续离校。

退学学生的档案由学校退回其家庭所在地，户口应当按照国家相关规定迁回原户籍地或者家庭户籍所在地。

第六节　毕业与结业

第三十二条　学生在学校规定学习年限内，修完教育教学计划规定内容，成绩合格，达到学校毕业要求的，学校应当准予毕业，并在学生离校前发给毕业证书。

符合学位授予条件的，学位授予单位应当颁发学位证书。

学生提前完成教育教学计划规定内容，获得毕业所要求的学分，可以申请提前毕业。学生提前毕业的条件，由学校规定。

第三十三条　学生在学校规定学习年限内，修完教育教学计划规定内容，但未达到学校毕业要求的，学校可以准予结业，发给结业证书。

结业后是否可以补考、重修或者补作毕业设计、论文、答辩，以及是否颁发毕业证书、学位证书，由学校规定。合格后颁发的毕业证书、学位证书，毕业时间、获得学位时间按发证日期填写。

对退学学生，学校应当发给肄业证书或者写实性学习证明。

第七节　学业证书管理

第三十四条　学校应当严格按照招生时确定的办学类型和学习形式，以及学生招生录取时填报的个人信息，填写、颁发学历证书、学位证书及其他学业证书。

学生在校期间变更姓名、出生日期等证书需填写的个人信息的，应当有合理、充分的理由，并提供有法定效力的相应证明文件。学校进行审查，需要学生生源地省级教育行政部门及有关部门协助核查的，有关部门应当予以配合。

第三十五条　学校应当执行高等教育学籍学历电子注册管理制度，完善学籍学历信息管理办法，按相关规定及时完成学生学籍学历电子注册。

第三十六条　对完成本专业学业同时辅修其他专业并达到该专业辅修要求的学生，由学校发给辅修专业证书。

第三十七条　对违反国家招生规定取得入学资格或者学籍的，学校应当取消其学籍，不得发给学历证书、学位证书；已发的学历证书、学位证书，学校应当依法予以撤销。对以作弊、剽窃、抄袭等学术不端行为或者其他不正当手段获得学历证书、学位证书的，学校应当依法予以撤销。

被撤销的学历证书、学位证书已注册的，学校应当予以注销并报教育行政部门宣布无效。

第三十八条　学历证书和学位证书遗失或者损坏，经本人申请，学校核实后应当出具相应的证明书。证明书与原证书具有同等效力。

第四章　校园秩序与课外活动

第三十九条　学校、学生应当共同维护校园正常秩序，保障学校环境安全、稳定，保障学生的正常学习和生活。

第四十条　学校应当建立和完善学生参与管理的组织形式，支持和保障学生依法、依章程参与学校管理。

第四十一条　学生应当自觉遵守公民道德规范，自觉遵守学校管理制度，创造和维护文明、整洁、优美、安全的学习和生活环境，树立安全风险防范和自我保护意识，保障自身合法权益。

第四十二条　学生不得有酗酒、打架斗殴、赌博、吸毒，传播、复制、贩卖非法书刊和音像制品等违法行为；不得参与非法传销和进行邪教、封建迷信活动；不得从事或者参与有损大学生形象、有悖社会公序良俗的活动。

学校发现学生在校内有违法行为或者严重精神疾病可能对他人造成伤害的，可以依法采取或者协助有关部门采取必要措施。

第四十三条　学校应当坚持教育与宗教相分离原则。任何组织和个人不得在学校进行宗教活动。

第四十四条　学校应当建立健全学生代表大会制度，为学生会、研究生会等开展活动提供必要条件，支持其在学生管理中发挥作用。

学生可以在校内成立、参加学生团体。学生成立团体，应当按学校有关规定提出书面申请，报学校批准并施行登记和年检制度。

学生团体应当在宪法、法律、法规和学校管理制度范围内活动，接受学校的领导和管理。学生团体邀请校外组织、人员到校举办讲座等活动，需经学校批准。

第四十五条　学校提倡并支持学生及学生团体开展有益于身心健康、成长成才的学术、科技、艺术、文娱、体育等活动。

学生进行课外活动不得影响学校正常的教育教学秩序和生活秩序。

学生参加勤工助学活动应当遵守法律、法规以及学校、用工单位的管理制度，履行勤工助学活动的有关协议。

第四十六条　学生举行大型集会、游行、示威等活动，应当按法律程序和有关规定获得批准。对未获批准的，学校应当依法劝阻或者制止。

第四十七条　学生应当遵守国家和学校关于网络使用的有关规定，不得登录非法网站和传播非法文字、音频、视频资料等，不得编造或者传播虚假、有害信息；不得攻击、侵入他人计算机和移动通信网络系统。

第四十八条　学校应当建立健全学生住宿管理制度。学生应当遵守学校关于学生住宿管理的规定。鼓励和支持学生通过制定公约，实施自我管理。

第五章　奖励与处分

第四十九条　学校、省(区、市)和国家有关部门应当对在德、智、体、美等方面全面发展或者在思想品德、学业成绩、科技创造、体育竞赛、文艺活动、志愿服务及社会实践等方面表现突出的学生，给予表彰和奖励。

第五十条　对学生的表彰和奖励可以采取授予"三好学生"称号或者其他荣誉称号、颁发奖学金等多种形式，给予相应的精神鼓励或者物质奖励。

学校对学生予以表彰和奖励，以及确定推荐免试研究生、国家奖学金、公派出国留学人选等赋予学生利益的行为，应当建立公开、公平、公正的程序和规定，建立和完善相应的选拔、公示等制度。

第五十一条　对有违反法律法规、本规定以及学校纪律行为的学生，学校应当给予批评教育，并可视情节轻重，给予如下纪律处分：

（一）警告；

（二）严重警告；

（三）记过；

（四）留校察看；

（五）开除学籍。

第五十二条　学生有下列情形之一，学校可以给予开除学籍处分：

（一）违反宪法，反对四项基本原则、破坏安定团结、扰乱社会秩序的；

（二）触犯国家法律，构成刑事犯罪的；

（三）受到治安管理处罚，情节严重、性质恶劣的；

（四）代替他人或者让他人代替自己参加考试、组织作弊、使用通信设备或其他器材作弊、向他人出售考试试题或答案牟取利益，以及其他严重作弊或扰乱考试秩序行为的；

（五）学位论文、公开发表的研究成果存在抄袭、篡改、伪造等学术不端行为，情节严重的，或者代写论文、买卖论文的；

（六）违反本规定和学校规定，严重影响学校教育教学秩序、生活秩序以及公共场所管理秩序的；

（七）侵害其他个人、组织合法权益，造成严重后果的；

（八）屡次违反学校规定受到纪律处分，经教育不改的。

第五十三条　学校对学生作出处分，应当出具处分决定书。处分决定书应当包括下列内容：

（一）学生的基本信息；

（二）作出处分的事实和证据；

（三）处分的种类、依据、期限；

（四）申诉的途径和期限；

（五）其他必要内容。

第五十四条 学校给予学生处分，应当坚持教育与惩戒相结合，与学生违法、违纪行为的性质和过错的严重程度相适应。学校对学生的处分，应当做到证据充分、依据明确、定性准确、程序正当、处分适当。

第五十五条 在对学生作出处分或者其他不利决定之前，学校应当告知学生作出决定的事实、理由及依据，并告知学生享有陈述和申辩的权利，听取学生的陈述和申辩。

处理、处分决定以及处分告知书等，应当直接送达学生本人，学生拒绝签收的，可以以留置方式送达；已离校的，可以采取邮寄方式送达；难于联系的，可以利用学校网站、新闻媒体等以公告方式送达。

第五十六条 对学生作出取消入学资格、取消学籍、退学、开除学籍或者其他涉及学生重大利益的处理或者处分决定的，应当提交校长办公会或者校长授权的专门会议研究决定，并应当事先进行合法性审查。

第五十七条 除开除学籍处分以外，给予学生处分一般应当设置 6 到 12 个月期限，到期按学校规定程序予以解除。解除处分后，学生获得表彰、奖励及其他权益，不再受原处分的影响。

第五十八条 对学生的奖励、处理、处分及解除处分材料，学校应当真实完整地归入学校文书档案和本人档案。

被开除学籍的学生，由学校发给学习证明。学生按学校规定期限离校，档案由学校退回其家庭所在地，户口应当按照国家相关规定迁回原户籍地或者家庭户籍所在地。

第六章 学生申诉

第五十九条 学校应当成立学生申诉处理委员会，负责受理学生对处理或者处分决定不服提起的申诉。

学生申诉处理委员会应当由学校相关负责人、职能部门负责人、教师代表、学生代表、负责法律事务的相关机构负责人等组成，可以聘请校外法律、教育等方面专家参加。

学校应当制定学生申诉的具体办法，健全学生申诉处理委员会的组成与工作规则，提供必要条件，保证其能够客观、公正地履行职责。

第六十条 学生对学校的处理或者处分决定有异议的，可以在接到学校处理或者处分决定书之日起 10 日内，向学校学生申诉处理委员会提出书面申诉。

第六十一条 学生申诉处理委员会对学生提出的申诉进行复查，并在接到书面申诉之日起 15 日内作出复查结论并告知申诉人。情况复杂不能在规定限期内作出结论的，经学校负责人批准，可延长 15 日。学生申诉处理委员会认为必要的，可以建议学校暂缓执行有关决定。

学生申诉处理委员会经复查，认为做出处理或者处分的事实、依据、程序等存在不当，可以作出建议撤销或变更的复查意见，要求相关职能部门予以研究，重新提交校长办公会或者专门会议作出决定。

第六十二条 学生对复查决定有异议的，在接到学校复查决定书之日起 15 日内，可以向学校所在地省级教育行政部门提出书面申诉。

省级教育行政部门应当在接到学生书面申诉之日起 30 个工作日内，对申诉人的问题给予处理并作出决定。

第六十三条 省级教育行政部门在处理因对学校处理或者处分决定不服提起的学生申诉

时，应当听取学生和学校的意见，并可根据需要进行必要的调查。根据审查结论，区别不同情况，分别作出下列处理：

（一）事实清楚、依据明确、定性准确、程序正当、处分适当的，予以维持；

（二）认定事实不存在，或者学校超越职权、违反上位法规定作出决定的，责令学校予以撤销；

（三）认定事实清楚，但认定情节有误、定性不准确，或者适用依据有错误的，责令学校变更或者重新作出决定；

（四）认定事实不清、证据不足，或者违反本规定以及学校规定的程序和权限的，责令学校重新作出决定。

第六十四条　自处理、处分或者复查决定书送达之日起，学生在申诉期内未提出申诉的视为放弃申诉，学校或者省级教育行政部门不再受理其提出的申诉。

处理、处分或者复查决定书未告知学生申诉期限的，申诉期限自学生知道或者应当知道处理或者处分决定之日起计算，但最长不得超过6个月。

第六十五条　学生认为学校及其工作人员违反本规定，侵害其合法权益的，或者学校制定的规章制度与法律法规和本规定抵触的，可以向学校所在地省级教育行政部门投诉。

教育主管部门在实施监督或者处理申诉、投诉过程中，发现学校及其工作人员有违反法律、法规及本规定的行为或者未按照本规定履行相应义务的，或者学校自行制定的相关管理制度、规定，侵害学生合法权益的，应当责令改正；发现存在违法违纪的，应当及时进行调查处理或者移送有关部门，依据有关法律和相关规定，追究有关责任人的责任。

第七章　附　则

第六十六条　学校对接受高等学历继续教育的学生、港澳台侨学生、留学生的管理，参照本规定执行。

第六十七条　学校应当根据本规定制定或修改学校的学生管理规定或者纪律处分规定，报主管教育行政部门备案（中央部委属校同时抄报所在地省级教育行政部门），并及时向学生公布。

省级教育行政部门根据本规定，指导、检查和监督本地区高等学校的学生管理工作。

第六十八条　本规定自2017年9月1日起施行。原《普通高等学校学生管理规定》（教育部令第21号）同时废止。其他有关文件规定与本规定不一致的，以本规定为准。

附录二　普通高等学校学生安全教育及管理暂行规定

第一章　总　则

第一条　为了加强高等学校管理，维护正常的教学和生活秩序，保障学生人身和财物的安全，促进身心健康发展，特制定本暂行规定。

第二条　高等学校学生安全教育及管理的主要任务是：宣传、贯彻国家有关安全管理工作的方针、政策、法律、法规，对学生实施安全教育及管理，妥善处理各类安全事故，引导学生健康成长。

第三条　高等学校学生安全教育及管理，要以预防为主，本着保护学生、教育先行、明确责任、教管结合、实事求是、妥善处理的原则，做好教育、管理和处理工作。

第四条　本暂行规定所称学生指在普通高等学校学习取得学籍的全日制学生，即按国家任务、用人单位委托培养、自费三种计划形式录取的学生。

第二章　安全教育

第五条　高等学校应将对学生进行安全教育作为一项经常性工作，列入学校工作的重要议事日程，加强领导。学校各部门和有关群众团体或组织要相互配合，积极开展安全教育，普及安全知识，增强学生的安全意识和法制观念，提高防范能力。

第六条　学生安全教育应根据不同专业及青年学生的特点，从学生入学到毕业，在各种教学活动和日常生活中，特别是节假日前适时进行，并善于利用发生的安全事故教育学生，防患于未然。学校应根据环境、季节及有关规律进行防盗、防火、防特、防病、防事故等方面的教育，并使之经常化、制度化。

第七条　高等学校对学生进行安全教育须注重心理疏导，加强思想政治工作，教育学生注意保持健康的心理状态，帮助学生克服因各种原因造成的心理障碍，把事故消除在萌芽状态。

第三章　安全管理

第八条　高等学校要做好学生日常安全管理工作，加强安全防范，建立和健全规章制度，严格管理。学校要把安全教育及管理工作纳入领导任期的责任目标，落实到年级班主任。学校应由一名校领导主要负责。

第九条　高等学校应确定学生安全教育及管理工作的主管部门，明确其职责，具体组织实施安全教育及其管理工作。各有关部门应分工协作，积极配合。

第十条　全体教职工要从关心学生、爱护学生出发，树立安全思想，努力做好本职工作和改善环境与条件，保护学生人身和财产安全。

第十一条　学生发生意外事故以及学生要求保护人身或财物安全等情况时，学校应迅速采取有效措施。

第十二条　学生必须严格遵守国家法律、法规和学校各项规章制度，注意自身的人身和财物安全，防止各种事故的发生。

第十三条　学生在日常教学及各项活动中，应遵守纪律和有关规定，听从指导，服从管理；在公共场所，要遵守社会公德，增强安全防范意识，提高自我保护能力。

第十四条　学生组织集体课外活动，须经学校同意，按学校规定进行。学校须认真进行安全审查，条件不具备时不得批准。

第十五条　学生应严格遵守宿舍管理的规定，自觉维护宿舍的安全与卫生，提高自我管理能力。

第十六条　发现刑事、治安案件或交通、灾害等事故，在场学生应保护现场，及时报告学校或公安部门并协助处理。在学校范围内的，学校应迅速采取措施，控制事态发展，减轻伤害和损失。

第四章　事故处理

第十七条　学生人身和财产发生一般伤害后，学校要及时调查处理，根据当事人或他人的过错，责令其赔偿损失，并给予批评教育或相应的行政、纪律处分。

　　在校园内，发生学生非正常死亡、重伤或被窃、失火等造成财产重大损失事故后，学校应迅速采取措施进行抢救、保护现场，同时加强思想政治工作，稳定情绪，恢复秩序，并协同地方有关部门妥善处理。

　　第十八条　学校对事故调查后认为涉及追究刑事责任的，要及时与公安部门联系，协助调查处理。

　　重大事故学校有关领导应亲自参与调查工作，并认真研究调查报告，及时处理。

　　第十九条　在安全管理或事故处理过程中，学校认为有必要需搜查学生住处，须报请公安部门依法进行。调查处理案件中要以事实为依据，不得逼供或诱供。

　　第二十条　重大事故发生后，学校应在一天内向所在省、直辖市、自治区有关主管部门报告，并及时通知学生家长。事故处理结束后一周内书面报告有关主管部门。

　　第二十一条　学生在教学、实习过程与日常生活中，因学校或有关单位责任发生死亡、重伤或残疾，由学校或有关单位承担责任，做好处理及善后工作。

　　在教学、实习过程与日常生活中，学生因不遵守纪律或不按要求活动而发生意外事故，学校不承担责任。

　　第二十二条　因忽视安全生产、管理不善；工作不负责任，违章指挥；玩忽职守，徇私舞弊等对学生造成严重的人身、财物损害的，由其所在单位或上级主管部门，视具体情况对有关责任人员分别给予责令检查、赔偿损失、行政处分，直至依法追究刑事责任。

　　第二十三条　学生未经批准擅自离校不归发生意外事故的，学校不承担责任。对擅自离校不归，学校不知去向的学生，学校应及时寻找并报告当地公安部门，及时通知学生家长。半月不归且未说明原因者，学校可张榜公布，按自动退学除名。

　　第二十四条　学生假期或办理离校手续后发生意外事故的，学校不承担责任。

　　第二十五条　在校内正常生活及由学校在校外组织的活动中，由于不能避免的原因或自然灾害而发生的事故，由学校视具体情况处理。

　　第二十六条　有条件的高等学校可为学生办理人身保险。

　　第二十七条　凡经学校指定的专业医院确诊为精神病、癫痫病患者的学生，应予退学，由其监护人负责领回。学生及其监护人不得无理纠缠，扰乱学校教学、生活秩序。

　　第二十八条　因事故伤残的学生，经治疗后病情稳定，学校认为生活能自理，能坚持在校学习，可留校继续学习；不能坚持在校学习者，应予退学，由学校按其实际学习年限发给肄业证书，并根据事故性质和伤残程度一次性给予适当经济补助。退学学生回其监护人所在地，当地民政等有关部门应协助做好接收、落户等工作，由当地劳动部门按国家关于残疾人劳动就业有关规定安置。

　　第二十九条　学生因病死亡和责任不由学校承担的意外死亡，学校不承担丧葬费。如家庭确有困难者，学校可酌情予以一次性经济补助。

　　第三十条　因责任不在本人的意外死亡学生，由学校或有关单位参照国家关于事业单位职工死亡丧葬有关规定处理，负担丧葬费的全部，学校可一次性给予适当经济补助。

　　无论何种情况（事故）给予的经济补助，一般不超过国家规定的学生在校期间（以四年计）的平均奖学金数。

　　凡是事故责任由学校以外的其他单位、个人承担的，学校不再给予经济补助。

第三十一条　因保护国家财产和他人人身安全，见义勇为而致残或英勇牺牲的学生，学校应报请所在省、自治区、直辖市人民政府授予荣誉称号，并给予相应的待遇。

第三十二条　对事故处理不服或持有异议者，可向学校或学校上一级部门申诉，或者依法向人民法院提起民事诉讼。

第五章　附　则

第三十三条　普通高等学校研究生事故处理，参照本办法执行。

第三十四条　本暂行规定结合《普通高等学校学生管理规定》、《高等学校校园秩序管理若干规定》执行。

第三十五条　各省、自治区、直辖市教育行政部门和各高等学校可根据本暂行规定制定实施细则。

第三十六条　本暂行规定由国家教育部解释。

第三十七条　本暂行规定自发布之日起试行。

附录三　高等学校校园秩序管理若干规定

第一条　为了优化育人环境，加强高等学校校园管理，维护教学、科研、生活秩序和安定团结的局面，建立有利于培养社会主义现代化建设专门人才的校园秩序，制定本规定。

第二条　本规定所称的高等学校(以下简称"学校")是指全日制普通高等学校和成人高等学校。

本规定所称的师生员工是指学校的教师(包括外籍教师)、学生(包括外国在华留学生)、教育教学辅助人员、管理人员和工勤人员。

第三条　学校的师生员工以及其他到学校活动的人员都应当遵守本规定，维护宪法确立的根本制度和国家利益，维护学校的教学、科研秩序和生活秩序。

学校应当加强校园管理，采取措施，及时有效地预防和制止校园内的违反法律、法规、校规的活动。

第四条　学校应当尊重和维护师生员工的人身权利、政治权利、教育和受教育的权利以及法律规定的其他权利。不得限制、剥夺师生员工的权利。

第五条　进入学校的人员，必须持有本校的学生证、工作证、听课证或者学校颁发的其他进入学校的证章、证件。

未持有前款规定的证章、证件的国内人员进入学校，应当向门卫登记后进入学校。

第六条　国内新闻记者进入学校采访，必须持有记者证和采访介绍信，在通知学校有关机构后，方可进入学校采访。

外国新闻记者和港澳台新闻记者进入学校采访，必须持有学校所在省、自治区、直辖市人民政府外事机关或港澳台办的介绍信和记者证，并在进校采访前与学校外事机构联系，经许可后方可进入学校采访。

第七条　外国人、港澳台人员进入学校进行公务、业务活动，应当经过省、自治区、直辖市或者国务院有关部门同意并告知学校后，或按学术交流计划经学校主管领导研究同意后，方可进入学校。

自行要求进入学校的外国人、港澳台人员，应当在学校外事机构或港澳台办批准后，方可进入学校。

接受师生员工个人邀请进入学校探亲访友的外国人、港澳台人员，应当履行门卫登记手续后进入学校。

第八条　依法照本规定第五条、第六条、第七条的规定进入学校的人员，应当遵守法律、法规、规章和学校的制度，不得从事与其身份不符的活动，不得危害校园治安。

对违反本规定第五条、第六条、第七条和本条前款规定的人员，师生员工有权向学校保卫机构报告，学校保卫机构可以要求其说明情况或者责令其离开学校。

第九条　学生一般不得在学生宿舍留宿校外人员，遇有特殊情况留宿校外人员，应当报请学校有关机构许可，并且进行留宿登记，留宿人离校应注销登记。不得在学生宿舍内留宿异性。

违反前款规定的，学校保卫机构可以责令留宿人离开学生宿舍。

第十条　告示、通知、启事、广告等，应当张贴在学校指定或者许可的地点。散发宣传品、印刷品应当经过学校有关机构同意。

对于张贴、散发反对我国宪法确立的根本制度、损害国家利益或者侮辱诽谤他人的公开张贴物、宣传品和印刷品的当事者，由司法机关依法追究其法律责任。

第十一条　在校园设置临时或者永久建筑物以及安装音响、广播、电视设施，设置者、安装者应当报请学校有关机构审批，未经批准不得擅自设置、安装。

师生员工或者有关团体、组织使用学校的广播、电视设施，必须报请学校有关机构批准，禁止任何组织或者个人擅自使用学校广播、电视设施。

在校内举行文化娱乐活动，不得干扰学校的教学、科研和生活秩序。

违反第一款、第二款、第三款规定的，学校有关机构可以劝其停止设置、安装或者停止活动，已经设置、安装的，学校有关机构可以拆除，或者责令设置者、安装者拆除。

第十二条　在校内举行集会、讲演等公共活动，组织者必须在七十二小时前向学校有关机构提出申请，申请中应当说明活动的目的、人数、时间、地点和负责人的姓名。学校有关机构应当最迟在举行时间的四小时前将许可或者不许可的决定通知组织者。逾期未通知的，视为许可。

集会、讲演等应符合我国的教育方针和相应的法规、规章，不得反对我国宪法确立的根本制度，不得干扰学校的教学、科研和生活秩序，不得损害国家财产和其他公民的权利。

第十三条　在校内组织讲座、报告等室内活动，组织者应当在七十二小时前向学校有关机构提出申请，申请中应当说明活动的内容、报告人和负责人的姓名，学校有关机构应当最迟在举行时间的四小时前将许可或者不许可的决定通知组织者。逾期未通知的，视为许可。

讲座、报告等不得反对我国宪法确立的根本制度，不得违反我国的教育方针，不得宣传封建迷信，不得进行宗教活动，不得干扰学校的教学、科研和生活秩序。

第十四条　师生员工应当严格按照学校的安排进行教学、科研、生活和其他活动，任何人都不得破坏学校的教学、科研和生活秩序，不得阻止他人根据学校的安排进行教学、科研、生活和其他活动。

禁止师生员工赌博、酗酒、打架斗殴以及其他干扰学校的教学、科研和生活秩序的行为。

第十五条　师生员工组织社会团体，应当按照《社会团体登记管理条例》的规定办理。成立校内非社会团体的组织，应当在成立前由其组织者报请学校有关机构批准，未经批准不得成立和开展活动。

校内非社会团体的组织和校内报刊必须遵守法律、法规、规章，贯彻我国的教育方针和遵守学校的制度，接受学校的管理，不得进行超出其宗旨的活动。

第十六条　违反本规定第十二条、第十三条、第十四条和第十五条的规定的，学校有关机构可以责令其组织者以及其他当事人立即停止活动。

违反本规定第十二条第二款的规定，损害国家财产的，学校有关机构可以责令其赔偿损失。

第十七条　禁止无照人员在校园内经商。设在校园内的商业网点必须在指定地点经营。违反前款规定的，学校有关机构可以责令其停止经商活动或者离开校园。

第十八条　对违反本规定，经过劝告、制止仍不改正的师生员工，学校可视情节给予行政处分或者纪律处分；属于违反治安管理行为的，由公安机关依法处理；情节严重构成犯罪的，由司法机关处理。

师生员工对学校的处分不服的，可以向有关教育行政部门提出申诉，教育行政部门应当在接到申诉的三十日内作出处理决定。

对违反本规定，经劝告、制止仍不改正的校外人员，由公安、司法机关根据情节依法处理。

第十九条　各高等学校可以根据本规定制定具体管理制度。

第二十条　本规定自发布之日起施行。

附录四　学生伤害事故处理办法

第一章　总　则

第一条　为积极预防、妥善处理在校学生伤害事故，保护学生、学校的合法权益，根据《中华人民共和国教育法》、《中华人民共和国未成年人保护法》和其他相关法律、行政法规及有关规定，制定本办法。

第二条　在学校实施的教育教学活动或者学校组织的校外活动中，以及在学校负有管理责任的校舍、场地、其他教育教学设施、生活设施内发生的，造成在校学生人身损害后果的事故的处理，适用本办法。

第三条　学生伤害事故应当遵循依法、客观公正、合理适当的原则，及时、妥善地处理。

第四条　学校的举办者应当提供符合安全标准的校舍、场地、其他教育教学设施和生活设施。

教育行政部门应当加强学校安全工作，指导学校落实预防学生伤害事故的措施，指导、协助学校妥善处理学生伤害事故，维护学校正常的教育教学秩序。

第五条　学校应当对在校学生进行必要的安全教育和自护自救教育；应当按照规定，建立健全安全制度，采取相应的管理措施，预防和消除教育教学环境中存在的安全隐患；当发生伤害事故时，应当及时采取措施救助受伤害学生。

学校对学生进行安全教育、管理和保护，应当针对学生年龄、认知能力和法律行为能力的不同，采用相应的内容和预防措施。

第六条 学生应当遵守学校的规章制度和纪律；在不同的受教育阶段，应当根据自身的年龄、认知能力和法律行为能力，避免和消除相应的危险。

第七条 未成年学生的父母或者其他监护人(以下称为监护人)应当依法履行监护职责，配合学校对学生进行安全教育、管理和保护工作。

学校对未成年学生不承担监护职责，但法律有规定的或者学校依法接受委托承担相应监护职责的情形除外。

第二章 事故与责任

第八条 学生伤害事故的责任，应当根据相关当事人的行为与损害后果之间的因果关系依法确定。

因学校、学生或者其他相关当事人的过错造成的学生伤害事故，相关当事人应当根据其行为过错程度的比例及其与损害后果之间的因果关系承担相应的责任。当事人的行为是损害后果发生的主要原因，应当承担主要责任；当事人的行为是损害后果发生的非主要原因，承担相应的责任。

第九条 因下列情形之一造成的学生伤害事故，学校应当依法承担相应的责任：

(一)学校的校舍、场地、其他公共设施，以及学校提供给学生使用的学具、教育教学和生活设施、设备不符合国家规定的标准，或者有明显不安全因素的；

(二)学校的安全保卫、消防、设施设备管理等安全管理制度有明显疏漏，或者管理混乱，存在重大安全隐患，而未及时采取措施的；

(三)学校向学生提供的药品、食品、饮用水等不符合国家或者行业的有关标准、要求的；

(四)学校组织学生参加教育教学活动或者校外活动，未对学生进行相应的安全教育，并未在可预见的范围内采取必要的安全措施的；

(五)学校知道教师或者其他工作人员患有不适宜担任教育教学工作的疾病，但未采取必要措施的；

(六)学校违反有关规定，组织或者安排未成年学生从事不宜未成年人参加的劳动、体育运动或者其他活动的；

(七)学生有特异体质或者特定疾病，不宜参加某种教育教学活动，学校知道或者应当知道，但未予以必要的注意的；

(八)学生在校期间突发疾病或者受到伤害，学校发现，但未根据实际情况及时采取相应措施，导致不良后果加重的；

(九)学校教师或者其他工作人员体罚或者变相体罚学生，或者在履行职责过程中违反工作要求、操作规程、职业道德或者其他有关规定的；

(十)学校教师或者其他工作人员在负有组织、管理未成年学生的职责期间，发现学生行为具有危险性，但未进行必要的管理、告诫或者制止的；

(十一)对未成年学生擅自离校等与学生人身安全直接相关的信息，学校发现或者知道，但未及时告知未成年学生的监护人，导致未成年学生因脱离监护人的保护而发生伤害的；

(十二)学校有未依法履行职责的其他情形的。

第十条 学生或者未成年学生监护人由于过错，有下列情形之一，造成学生伤害事故，应当依法承担相应的责任：

（一）学生违反法律法规的规定，违反社会公共行为准则、学校的规章制度或者纪律，实施按其年龄和认知能力应当知道具有危险或者可能危及他人的行为的；

（二）学生行为具有危险性，学校、教师已经告诫、纠正，但学生不听劝阻、拒不改正的；

（三）学生或者其监护人知道学生有特异体质，或者患有特定疾病，但未告知学校的；

（四）未成年学生的身体状况、行为、情绪等有异常情况，监护人知道或者已被学校告知，但未履行相应监护职责的；

（五）学生或者未成年学生监护人有其他过错的。

第十一条 学校安排学生参加活动，因提供场地、设备、交通工具、食品及其他消费与服务的经营者，或者学校以外的活动组织者的过错造成的学生伤害事故，有过错的当事人应当依法承担相应的责任。

第十二条 因下列情形之一造成的学生伤害事故，学校已履行了相应职责，行为并无不当的，无法律责任：

（一）地震、雷击、台风、洪水等不可抗的自然因素造成的；

（二）来自学校外部的突发性、偶发性侵害造成的；

（三）学生有特异体质、特定疾病或者异常心理状态，学校不知道或者难于知道的；

（四）学生自杀、自伤的；

（五）在对抗性或者具有风险性的体育竞赛活动中发生意外伤害的；

（六）其他意外因素造成的。

第十三条 下列情形下发生的造成学生人身损害后果的事故，学校行为并无不当的，不承担事故责任；事故责任应当按有关法律法规或者其他有关规定认定：

（一）在学生自行上学、放学、返校、离校途中发生的；

（二）在学生自行外出或者擅自离校期间发生的；

（三）在放学后、节假日或者假期等学校工作时间以外，学生自行滞留学校或者自行到校发生的；

（四）其他在学校管理职责范围外发生的。

第十四条 因学校教师或者其他工作人员与其职务无关的个人行为，或者因学生、教师及其他个人故意实施的违法犯罪行为，造成学生人身损害的，由致害人依法承担相应的责任。

第三章 事故处理程序

第十五条 发生学生伤害事故，学校应当及时救助受伤害学生，并应当及时告知未成年学生的监护人；有条件的，应当采取紧急救援等方式救助。

第十六条 发生学生伤害事故，情形严重的，学校应当及时向主管教育行政部门及有关部门报告；属于重大伤亡事故的，教育行政部门应当按照有关规定及时向同级人民政府和上一级教育行政部门报告。

第十七条 学校的主管教育行政部门应学校要求或者认为必要，可以指导、协助学校进行事故的处理工作，尽快恢复学校正常的教育教学秩序。

第十八条 发生学生伤害事故，学校与受伤害学生或者学生家长可以通过协商方式解决；双方自愿，可以书面请求主管教育行政部门进行调解。成年学生或者未成年学生的监护人也可以依法直接提起诉讼。

第十九条　教育行政部门收到调解申请，认为必要的，可以指定专门人员进行调解，并应当在受理申请之日起 60 日内完成调解。

第二十条　经教育行政部门调解，双方就事故处理达成一致意见的，应当在调解人员的见证下签订调解协议，结束调解；在调解期限内，双方不能达成一致意见，或者调解过程中一方提起诉讼，人民法院已经受理的，应当终止调解。调解结束或者终止，教育行政部门应当书面通知当事人。

第二十一条　对经调解达成的协议，一方当事人不履行或者反悔的，双方可以依法提起诉讼。

第二十二条　事故处理结束，学校应当将事故处理结果书面报告主管的教育行政部门；重大伤亡事故的处理结果，学校主管的教育行政部门应当向同级人民政府和上一级教育行政部门报告。

第四章　事故损害的赔偿

第二十三条　对发生学生伤害事故负有责任的组织或者个人，应当按照法律法规的有关规定，承担相应的损害赔偿责任。

第二十四条　学生伤害事故赔偿的范围与标准，按照有关行政法规、地方性法规或者最高人民法院司法解释中的有关规定确定。

教育行政部门进行调解时，认为学校有责任的，可以依照有关法律法规及国家有关规定，提出相应的调解方案。

第二十五条　对受伤害学生的伤残程度存在争议的，可以委托当地具有相应鉴定资格的医院或者有关机构，依据国家规定的人体伤残标准进行鉴定。

第二十六条　学校对学生伤害事故负有责任的，根据责任大小，适当予以经济赔偿，但不承担解决户口、住房、就业等与救助受伤害学生、赔偿相应经济损失无直接关系的其他事项。

学校无责任的，如果有条件，可以根据实际情况，本着自愿和可能的原则，对受伤害学生给予适当的帮助。

第二十七条　因学校教师或者其他工作人员在履行职务中的故意或者重大过失造成的学生伤害事故，学校予以赔偿后，可以向有关责任人员追偿。

第二十八条　未成年学生对学生伤害事故负有责任的，由其监护人依法承担相应的赔偿责任。

学生的行为侵害学校教师及其他工作人员以及其他组织、个人的合法权益，造成损失的，成年学生或者未成年学生的监护人应当依法予以赔偿。

第二十九条　根据双方达成的协议、经调解形成的协议或者人民法院的生效判决，应当由学校负担的赔偿金，学校应当负责筹措；学校无力完全筹措的，由学校的主管部门或者举办者协助筹措。

第三十条　县级以上人民政府教育行政部门或者学校举办者有条件的，可以通过设立学生伤害赔偿准备金等多种形式，依法筹措伤害赔偿金。

第三十一条　学校有条件的，应当依据保险法的有关规定，参加学校责任保险。

教育行政部门可以根据实际情况，鼓励中小学参加学校责任保险。

提倡学生自愿参加意外伤害保险。在尊重学生意愿的前提下，学校可以为学生参加意外伤害保险创造便利条件，但不得从中收取任何费用。

第五章 事故责任者的处理

第三十二条 发生学生伤害事故，学校负有责任且情节严重的，教育行政部门应当根据有关规定，对学校的直接负责的主管人员和其他直接责任人员，分别给予相应的行政处分；有关责任人的行为触犯刑律的，应当移送司法机关依法追究刑事责任。

第三十三条 学校管理混乱，存在重大安全隐患的，主管的教育行政部门或者其他有关部门应当责令其限期整顿；对情节严重或者拒不改正的，应当依据法律法规的有关规定，给予相应的行政处罚。

第三十四条 教育行政部门未履行相应职责，对学生伤害事故的发生负有责任的，由有关部门对直接负责的主管人员和其他直接责任人员分别给予相应的行政处分；有关责任人的行为触犯刑律的，应当移送司法机关依法追究刑事责任。

第三十五条 违反学校纪律，对造成学生伤害事故负有责任的学生，学校可以给予相应的处分；触犯刑律的，由司法机关依法追究刑事责任。

第三十六条 受伤害学生的监护人、亲属或者其他有关人员，在事故处理过程中无理取闹，扰乱学校正常教育教学秩序，或者侵犯学校、学校教师或者其他工作人员的合法权益的，学校应当报告公安机关依法处理；造成损失的，可以依法要求赔偿。

第六章 附 则

第三十七条 本办法所称学校，是指国家或者社会力量举办的全日制的中小学（含特殊教育学校）、各类中等职业学校、高等学校。本办法所称学生是指在上述学校中全日制就读的受教育者。

第三十八条 幼儿园发生的幼儿伤害事故，应当根据幼儿为完全无行为能力人的特点，参照本办法处理。

第三十九条 其他教育机构发生的学生伤害事故，参照本办法处理。

在学校注册的其他受教育者在学校管理范围内发生的伤害事故，参照本办法处理。

第四十条 本办法自2002年9月1日起实施，原国家教委、教育部颁布的与学生人身安全事故处理有关的规定，与本办法不符的，以本办法为准。

在本办法实施之前已处理完毕的学生伤害事故不再重新处理。

参考文献

［1］刘志彧.大学生安全教育教程［M］.北京：高等教育出版社，2016.

［2］赖春麟.大学生安全教育［M］.北京：北京邮电大学出版社，2016.

［3］蒋和法.大学生安全教育教程［M］.宁波：宁波出版社，2014.

［4］张金学.大学生安全教育［M］.长沙：中南大学出版社，2008.

［5］黄胜泉.大学生安全教程［M］.长沙：中南大学出版社，2008.

［6］黄自力.大学生安全教程［M］.北京：北京理工大学出版社，2016.

［7］林英姿.大学生入学教育［M］.北京：科学出版社，2015.

［8］毛茂山.大学生入学教育［M］.厦门：厦门大学出版社，2016.